어거스틴

기독교 학문론

기독교 학문론

발행일	2018년 6월 18일		
지은이	어거스틴(Augustine)	옮긴이	김 광 채
펴낸이	손 형 국		
펴낸곳	(주)북랩		
편집인	선일영	편집	권혁신, 오경진, 최승헌, 최예은, 김경무
디자인	이현수, 김민하, 한수희, 김윤주, 허지혜	제작	박기성, 황동현, 구성우, 정성배
마케팅	김회란, 박진관, 조하라		
출판등록	2004. 12. 1(제2012-000051호)		
주소	서울시 금천구 가산디지털 1로 168, 우림라이온스밸리 B동 B113, 114호		
홈페이지	www.book.co.kr		
전화번호	(02)2026-5777	팩스	(02)2026-5747
ISBN	979-11-6299-184-8 03230 (종이책)		979-11-6299-185-5 05230 (전자책)

잘못된 책은 구입한 곳에서 교환해드립니다.
이 책은 저작권법에 따라 보호받는 저작물이므로 무단 전재와 복제를 금합니다.

이 도서의 국립중앙도서관 출판예정도서목록(CIP)은 서지정보유통지원시스템 홈페이지(http://seoji.nl.go.kr)와
국가자료공동목록시스템(http://www.nl.go.kr/kolisnet)에서 이용하실 수 있습니다.
(CIP제어번호: CIP2018018055)

(주)북랩 성공출판의 파트너

북랩 홈페이지와 패밀리 사이트에서 다양한 출판 솔루션을 만나 보세요!

홈페이지 book.co.kr • **블로그** blog.naver.com/essaybook • **원고모집** book@book.co.kr

어거스틴
기독교 학문론

김광채 옮김

북랩 book Lab

기독교 학문론 목차

서언 / 7

제1권 대상론 / 16

제2권 표상론 및 학문론 / 65

제3권 성경 해석의 규칙 / 137

제4권 설교학 / 199

해제 / 287

역자 후기 / 291

AXPΩ

서 언

이 책을 쓰는 목적

(1) 성경을 대하는 데는 몇 가지 규칙이 있는데, 나는 이를 성경 연구자들에게 전해 주는 것이 무익(無益)하지 않을 것이라 생각한다. 우리가 성경에서 유익을 얻는 길은, 하나님 말씀의 비밀을 밝힌 자들이 쓴 글을 읽는 길이 하나 있고, 또, 자기 스스로 발견한 것을 남에게 밝혀 주는 길이 하나 있다. 나는 이 [성경 연구의 규칙을] 배우기 원하는 사람들 내지 배울 능력이 있는 사람들에게 전해 줄 마음을 가지게 되었다. 우리 주 하나님께서, 이 문제에 대해 내가 생각할 때 주신 영감(靈感)을, 내가 글을 쓸 때에도 주시기를 마다하지 않으신다면 말이다. [작업을] 시작하기 전에, 이런 규칙에 대해 부정적 입장을 취할 사람들, 혹은, 내가 사전에 양해를 구하지 않으면, 부정적 입장을 취할지도 모르는 사람들에게 양해를 구하는 것이 좋을 것으로 생각된다. 이렇게 양해를 구했는데도, 부정적 입장을 계속 취하는 사람들이 전혀 없지는 않겠지만, 그런 사람들이 다른 사람들에게 영향을 미치는 일은 최소한 없을 것이고, 사람들로 하여금 유익한 공부를 그만두고, 무지함 때문에 오는 나태함으로 되돌아 가게 만들지는 못할 것이다. 즉, 미리 방비를 갖춘 사람들, 미리 준비를 한 사람들이 [악]영향을 받는 일은 없을 것이다.

부정적 입장을 취할 사람들을 열거함

(2) 어떤 사람들은, 우리가 제시하고자 하는 규칙을 이해하지 못하기 때문에, 우리의 이 작품에 대해 부정적 입장을 취할 것이다. 또 어떤 사람들은, 이 규칙을 이해해 보고도 싶고, 적용해 보고도 싶어서, 이 규칙에 따라 하나님의 말씀을 상고(詳考)하려는 시도를 해 보겠지만, [감추어진 비밀을 자기네가] 원하는 만큼 밝혀 내지도 풀이하지도 못하는 관계로, 내가 [이 책을 쓰고자] 애쓴 것이 공연한 일이었다고 생각할 것이고, 그래서, 자기네들이 이 책에서 유익을 얻지 못하니, [이 책에서] 유익을 얻을 사람은 아무도 없을 것이라 생각할 것이다. 부정적 입장을 취할 세 번째 부류의 사람들은, [스스로] 하나님의 말씀을 정말 잘 해석할 수 있는 사람들이거나, 아니면, 잘 해석할 수 있다고 스스로 믿는 사람들이다. 이 사람들은, 내가 지금 말해 주고자 하는 것과 같은 경험에 대해서 전혀 읽어 보지 않고서도, 자기 스스로가 성경을 해석할 능력을 이미 습득하고 있다고 생각하거나 믿는 사람들로, 그들은 큰 소리 치기를, 이런 규칙을 필요로 하는 사람은 아무도 없고, 이 성경 가운데 희미한 부분을 놀랍게 밝혀 주는 일은 오히려 모두 하나님의 은혜로[만] 가능하다고 한다.

부정적 입장을 취하는 사람들에 대한 답변

(3) 이 모든 사람들에게 간략하게 답변을 하고자 한다. [우선,] 내가 쓰는 이 내용을 이해하지 못하는 사람들에게는 이런 말을 하고자 한다.

> 이것을 이해하지 못한다 하여 나를 그렇게 나무라지는 말아야 한다. 그믐달이나 초생달, 또는 아주 희미하게 빛나는 별을 보고 싶은데, 내가 보여 주려고 손가락으로 가리켜도, 그들의 시력이 내 손가락을 볼 정도에도 미치지 못한다 하여, 그 때문에 나에게 화를 내서는 안 될 것이다.

다음으로, 이 규칙을 이해하고 깨친 다음에도, 하나님의 책인 성경의 희미한 부분을 깨닫지 못하는 사람들의 경우는, 내 손가락은 보이는데, 그것으로 가리켜 보여 주려고 하는 별들은 볼 수 없다고 생각할 것이다. 그런데, 첫 번째 부류의 사람들이나, 두 번째 부류의 사람들 모두 나를 나무라지 말고, 하나님께서 자기들에게 시력(視力)의 빛을 허락해 달라 간구해야 할 것이다. 왜냐하면, 내가 나의 지체(肢體)를 움직여 무엇을 가리킬 수는 있다 해도, [그들의] 눈까지 내가 밝혀서, 나의 가리키는 행위 자체든지, 아니면, 내가 가리키려고 하는 대상 자체를 볼 수 있도록 만들 수는 없기 때문이다.

(4) 그렇지만, 하나님의 은사로 말미암아 환호작약(歡呼雀躍)하면서, 내가 지금 전해 주려고 마음 먹은 것과 같은 규칙이 없어도, [얼마든지] 혼자 힘으로 성경을 이해할 수 있고, 풀이할 수 있다고 자부(自負)하는 사람들, 그러니까 내가 [이런 책을] 쓸 계획을 한 것은 의미 없는 일이다 생각하는 사람들은 흥분을 가라앉히고, [조용히] 기억해야 할 것이 있는데, 그것은, 비록 하나님께서 주신, 크신 은사를 인해 기뻐하는 것이 당연하다 해도, 자기네 역시 사람을 통해서든지, 글을 통해서든지 [그런 능력을] 배웠다 하는 사실이다. 그러나 그렇다고, 거룩하고 완전했던 애굽의 수도사 안토니우스(Antōnius)가 글을 전혀 공부하지 않았지만, 하나님의 말씀인 성경을 듣기[만] 하고서도 [다] 외었다든가, 슬기롭게 묵상함을 통해 [다] 깨쳤다는 말에 기가 죽을 필요는 없다. 또는, 신앙이 아주 두텁고, 지극히 존귀한 사람들에게서 최근 우리가 들은 이야기인데, 기독교를 믿는, 야만족 출신인 어떤 노예가, [그에게] 글을 가르쳐 준 사람이 전혀 없었음에도 불구하고, 자기에게 계시를 달라는 기도를 하여, 사흘 간의 간절한 기도 끝에, [글을] 완전히 깨쳤고, 무슨 책을 갖다 주든지, 줄줄 읽어 내려가, 주위에 있는 사람들을 놀라게 했다는 말에도 [기가 죽을 필요가 없다].

(5) 이런 이야기를 누가 거짓말이라 치부(置簿)해도, 나는 싸울 마음이 없다. [이런 이야기는] 분명, 우리 크리스챤 가운데는, 인도해 주는 사람이 없는데도, 자기 혼자 힘으로 성경을 이해했다고 좋아하는 사람들이 있다는 이야기인데, 이것이 [정말] 사실이라면, 이런 사람들은 크나큰 은사를 누리는 셈이다. 하지만, 그렇다 해도, 우리 한 사람 한 사람은 아주 어린 시절부터 계속 듣는 것을 통해 모국어를 배웠고, 다른 외국어, 곧, 헬라어든, 히브리어든, 다른 어떠한 종류의 외국어 역시 [이와] 비슷하게 듣는 것을

통해서든지, 아니면, [어학] 교사 되는 사람을 통해서든지, [배움을 통해] 습득했다는 사실을 인정할 필요가 있다. 그러므로, 만일 [이런 사실을] 인정하고 싶지 않다면, 우리는 우리 형제들보고 자기 자녀들한테 어학을 가르치지 말라고 권고해야 할 것이다. 왜냐하면, 성령이 임하자, 일순간에 사도들이 모든 이방인들의 방언을 하였기 때문이다. 그래서, 방언을 받지 못한 사람은, 자기를 크리스챤이라 생각하지 말거나, 자기가 성령을 받았다는 사실에 대해 의심해야 할 것이다.

    그렇지만, 사실 [우리는] 사람을 통해 배워야 할 것은 교만함 없이 배워야 한다. 그리고, 다른 사람을 가르치는 사람은 교만함이나 시기심 없이, 자기가 받은 것을 전수(傳授)해 주어야 한다. 우리가 믿는 분, [그리스도를] 시험해서는 안 되는 것은, 원수 [마귀의] 간계나, [우리 자신의] 그릇됨에 속아, 복음을 듣고 배우기 위해 교회 가기를 싫어한다든지, [성경] 책 읽기를 싫어한다든지, 강론이나 설교하는 사람의 말을 듣기 싫어하는 일이 없어야 하기 때문이다. 또한, 사도 바울이 말하는 대로, "셋째 하늘에 이끌려" 올라가, "몸 안에 있었는지, 몸 밖에 있었는지"(고후 12:2) 모르는 사람, 거기서 "말할 수 없는 말", "사람이 가히 이르지 못할 말"(고후 12:4)을 들은 사람이 있었는데, 우리가 그렇게 되기를, 그리하여, 거기서 주 예수 그리스도를 뵙고, 그리스도에게서 [직접] 복음을 듣기 원하여, 사람들에게서 복음 듣는 것을 하찮게 여기는 일이 없어야 히기 때문이다.

이 책의 유용성을 입증하는 예에 대해 이야기함

(6) 그러므로, 이렇게 아주 큰 교만에서 오는, 아주 위태로운 시험에 빠지지 않도록 조심하자! 도리어 사도 바울을 생각하자! 그는 땅에 엎드러져 있을 때, 하늘로부터 오는, 하나님의 음성을 통해 가르침을 받았지만, 그럼에도 사람에게 보냄을 받아, 세례를 받고 교회의 일원(一員)이 되었다.[1] 백부장 고넬료도, 비록 그의 "기도와 구제가 [하나님 앞에] 상달하여 기억하신 바"(행 10:4) 되었다고 천사가 그에게 전해 주었지만, 그럼에도 베드로에게 맡겨져, 인도함을 받았는데, 그는 베드로를 통하여 세례를 받았을 뿐 아니라, 무엇을 믿고, 무엇을 바라고, 무엇을 사랑해야 하는지에 대하여도 배웠다. 사실, 이 모든 것이 천사를 통해서도 이루어질 수 있다. 하지만, 하나님께서 만일, 자신의 말씀을 사람들을 통해 사람들에게 전해 주실 의향이 없으셨다면, 인간의 존엄성이 아마도 훼손되었을 것이다. "하나님의 성전은 거룩하니, 너희도 그러하니라"(고전 3:17)는 말씀이 있지만, 만약에 하나님께서 사람인 "성전"을 통하여는 아무런 대답도 아니하시고, 사람들이 배워야 할 바, 곧, 사람들에게 전해 주시기를 원하시는 바를 전부 하늘로부터 천사들을 통하여 전해 주신다고 한다면, 어떻게 그 말씀이 참될 수 있겠는가? 만약에 그렇다면, 즉, 사람들이 사람들을 통하여 배우는 것이 아무것도 없다면, 사람들을 하나됨의 끈으로 서로 묶어 주는 사랑 역시 마음을 쏟아 부어, 마치 서로 섞이게 하는 것과 같은 일을 할 도리가 없을 것이다.

---

[1] 행 9:3 이하 참조.

(7) 또, 선지자 이사야[의 글]을 읽고는 있었지만, 깨닫지는 못하고 있던 내시를, 분명 사도는 천사에게 보내지도 않았고, 그 내시가 깨닫지 못하고 있던 것을 천사를 통해 설명하지도 않았다. 혹은, 사람의 섬김을 통하지 않고, 하나님께서 직접 [그 내시의] 심령 속에 계시하지도 않으셨다. 도리어, 하나님의 지시로 말미암아 빌립이 그에게로 보내져, 그의 곁에 앉았다. 선지자 아시야에 대해 알고 있었던 빌립은 그에게 인간의 말과 언어로, 성경 속에 감추어져 있던 내용을 밝히 드러내 주었다. 모세는 하나님과 대화를 나누는 사이였지만, 그처럼 큰 민족을 치리하고 지도하는 데 필요한 아이디어는, 아주 신중하면서도, 아주 교만하지 않게, 자기 장인, 곧, 이방인이었던 사람에게서 얻지 않았던가? 이 위대한 인물은, 참으로 좋은 아이디어는, 누구 머리에서 나왔든지 간에, 결국은 사람에게서 비롯된 것이 아니고, 진리 되신, 불변하시는 하나님에게서 비롯된 것임을 알고 있었던 것이다.

(8) 아무런 규칙도 배우지 않았지만, 하나님의 은혜로, 성경 속에 있는, 어려운 내용을, 그것이 어떠한 내용이 되었든지, 잘 이해한다고 자랑하는 사람에 대해서는 끝으로, 그가 누가 되었든지, 그의 그러한 믿음이 좋은 믿음이라는 것을 비록 인정할 수는 있어도, 그의 그러한 능력이 자기 자신에게서 비롯된 것이 아니고, 하나님께서 주신 것이라는 사실도 인정해야 한다. 왜냐하면, 그래야 그는 하나님의 영광을 구하는 사람이 되고, 자기의 영광을 구하는 사람이 되지 않기 때문이다. 그렇지만, 그가 [성경을] 읽을 때, 설명해 주는 사람이 전혀 없어도, [잘] 이해를 한다면, 그는 왜 굳이 다른 사람들에게 [성경을] 설명해 주려고 하는가? 다른 사람들을 차라리 하나님께 맡겨 드리는 것이 옳지 않을까? 그래서, 그들도 사람을 통해서가 아니라, 내면적으로 가르치시는 그 분[= 하나님]을 통하여 [성경에 대한] 이해에 도달하게 해야 하지 않을까? 하지만 그는 분명히, 주님으로부터 다음과 같은 말씀을 들을까 두려워할 것이다.

> 악하고 [게으른] 종아! … 네가 마땅히 내 돈을 취리(取利)하는 자들에게나 두었다가[, 나로 돌아와서 내 본전과 변리를 받게 할 것이니라](마 25:26-27).

그러니까 이 사람들이, 자기네가 이해한 것을, 다른 사람들에게 말을 통해서든, 글을 통해서든, 전해 주는 것 같이, 나도, 내가 이해한 것을 전해 준다 해도, 또 나아가서, 이해하기 위하여 지켜야 할 규칙들을 전해 준다 해도, 그들로부터 내가 비난을 받을 이유가 전혀 없다. 다만, 거짓말을 제외하고는 아무도 그 어떤 것이라도, [자기가 이해한 내용이] 마치 자기 자신의 소유인 것처럼 생각해서는 안 된다. 왜냐하면, 모든 참된 것은 "내가 곧 … 진리"(요 14:6)라 말씀하신 그 분에게서 온 것이기 때문이다. 우리에게 "있는 것 중에 받지 아니한 것이 무엇"이냐? 받았다면, 우리가 "어찌하여 받지 아니한 것 같이 자랑"할 수 있느냐? (고전 4:7)

(9) 청중에게 책을 낭독해 주는 사람은 분명, 그가 [이미] 알고 있는 것을 낭독해 주는 것이다. 반면에, 글을 가르치는 사람이 글을 가르치는 것은, 다른 사람들도 글 읽는 법을 알게 하려고 그렇게 하는 것이다. 하지만, 두 사람 다, 자기가 전수받은 것을 전수해 주는 것이다. 이와 같이 성경에서 자기가 깨달은 바를 청중에게 설명해 주는 사람 역시, 낭독자의 직분을 가진 사람이, 자기가 [이미] 알고 있는 내용을 낭독해 주는 것과 같다. 그러나 어떻게 해석해야 할지, 그 규칙을 가르치는 자는 글을 가르치는 사람, 곧, 글 읽는 법을 가르치는 사람과 비슷하다. 글을 읽을 줄 아는 사람은, 그가 책을 보았을 때, 그 책에 무엇이 씌어 있는지를 들려 줄 다른 낭독자가 필요하지 않다. 이와 마찬가지로, 우리가 전수해 주고자 하는 규칙을 전수받은 사람은, 성경에서 무슨 희미한 부분을 만나더라도, 글자를 익히 알고 있듯, 규칙을 익히 알고 있는 까닭에, 감추어져 있는 것을 자기에게 밝히 보여 줄, 다른 해설자를 필요로 하지 않는다. 도리어, [이 책이 남겨 놓은] 흔적을 추적하다 보면, 감추어져 있는 의미에 아무 오류 없이 도달할 수 있든지, 아니면 [최소한,] 그릇된 견해에 도달하게 되는 우[愚]는 범하지 않을 것이다. 그러므로, [이] 책 자체를 보면, [자기] 직무에 충실하기 위한 [우리의] 이 작업에 대해 반대하는 것이 옳지 않다는 것을 누구라도 충분히 알 수 있을 것이다. 그럼에도 불구하고, 어떠한 반대자가 일어나든 가에, 이와 같은 서언을 통해 적절히게 답변을 해 주었다고 생각이 되고, 그렇다면 내가 이 책에서 취하고자 하는 길에 대한 서론적인 설명이 이런 식으로라도 되었다 생각된다.

제1권 대상론

성경 연구는 하나님의 도우심으로 할 수 있는데, 발견법과 전달법을 사용함

제1장 (1) 모든 성경 연구는 두 가지 것에 기초하는데, 그 하나는, 우리가 이해해야 할 대상을 발견하는 방법이고, 다른 하나는 이해한 내용을 전달하는 방법이다. 우리는 먼저 발견에 관하여 논하고, 전달에 대하여는 나중에 논할 것이다. [이 일은] 중대하면서도 힘든 일이다. 그런데 [이 일이] 감당하기 어려운 일이라면, [이 일을] 시도하는 것 자체가 무모한 일이 아닐까 걱정된다. 만약 우리 자신의 힘만을 의지한다면, 분명 그럴 것이다. 하지만, 이 일을 완수할 수 있다는 희망은 주님 때문에 가질 수 있는 것이다. 그리고 우리는, 이 문제에 대해 [깊이] 생각하는 중에, 주님께서 주시는 많은 것을, [우리 안에] 받아 간직하게 된다. 그러므로, 우리가 받은 것을 나누어주는 일을 시작할 때, 이 밖의 것을 안 주실까 보아 염려할 필요가 없다.

    사실, 어떠한 물건이든지, 준다고 하여 없어지는 것이 아니다. 도리어, 주지 않고 간직[만] 하고 있는 것은, 마땅히 간직해야 할 방식대로 간직하는 것이 아니다. 그래서, 주님께서는 말씀하시기를, "무릇 있는 자는 받아 넉넉하게"(마 13:12) 된다고 하셨다. 그러므로, 주님은 "있는 자"들에게 주실 것이다. 즉, 자기가 받은 것을 인심 후하게 쓰는 사람들에게, 그가 주신 것을 [더] 채워 주시고, 쌓아 주실 것이다. 굶주린 자들에게 떡을 나누어주기 전에, 이 사람에게는 떡이 "다섯 개"(마 14:17), 저 사람에게는 떡이 "일곱 개"(마 15:34) 있었다. [그러나,] 나누는 일이 시작되자, 수천명의 사람들이

배불리 먹고서도 광주리들과 바구니들을 채울 수 있었다. 그러므로, 떡을 뗄 때, 떡이 불어난 것처럼, 이 일을 시작할 수 있게 주께서 이미 베풀어 주신 바를 나누어주기 시작할 때, 주께서 친히 주시는 영감으로 말미암아, [주께서 이미 베풀어 주신] 은사가 증가될 것이다. 그리하여, 우리의 이 봉사로 인해 우리가 아무런 부족도 느끼게 되지 않고, 도리어 놀라운 풍성함을 즐거이 누리게 될 것이다.

대상과 표상

제2장 (2) 모든 가르침은 대상(對象)에 대한 가르침이거나, 아니면, 표상(表象)에 대한 가르침이지만, 대상은 표상을 통하여 배우게 된다. 그러나 방금 내가 대상이라고 부른 것은 본디, 다른 것을 가리키는 데 사용되지 않는 것, 예컨대, 나무, 돌, 짐승 등등을 말한다. 하지만, 나무라고 해도, 우리가 성경에서 읽었던, 모세가 쓴 물에 넣어, 그 물의 쓴 맛을 없어지게 했던 나무나(출 15:25), 돌이라고 해도, 야곱이 자기 머리를 위해 베개로 삼았던 돌이나(창 28:11), 짐승이라 해도, 아브라함이 아들 대신 제물로 바쳤던 짐승(창 22:13)을 말하는 것은 아니다. 왜냐하면, 이것들은 대상이면서도, 다른 대상의 표상 역할도 하기 때문이다.

그런데, 표상들 중에는 전적으로 가리키는 데만 사용되는 표상들이 있는데, 예를 들면 언어가 그렇다. 언어의 용도는 오직 무엇인가를 가리키는 데 있기 때문이다. 이로부터 무엇을 내가 표상이라 부르는지를 알 수 있다. 그것은 곧 다른 것을 가리키기 위하여 사용되는 사물이다. 이런 이유로 표상은 모두 다 무슨 사물이기도 하다. 왜냐하면, 아무것도 아닌 것은 전혀 없기 때문이다. 하지만, 모든 사물 / 대상(rēs)이 다 표상(sīgnum)이 되는 것은 아니다. 그러므로, 사물 / 대상과 표상을 이렇게 구분하였다고는 하지만, 우리가 사물 / 대상에 대하여 말할 때는 다음과 같이 말하여야 한다. 즉, 그 중 일부가 [다른 것을] 가리키는 데 사용될 수 있다 하더라도, 우리가 먼저 사물 / 대상에 대하여 논하고, 그 다음에 표상에 대하여 논하면서 행하는 구별은 그만두어서는 안 된다. 우리가 지금 기억해 두어야 할 것은, 사물 / 대상에 관한 한, 그 본질을 우리가 고찰해야 한다는 것이다. 그래서, 그 본질은 도외시한 채, 그것이 무엇을 가리키는지를 고찰할 필요는 없는 것이다.

대상의 구분

제3장 (3) 그러므로, 대상에는 향유(享有)를 위한 것과, 사용(使用)을 위한 것과, 향유와 사용 두 가지를 다 위한 것이 있다. 향유를 위한 것은 우리에게 행복을 가져다 주는 것이다. 사용을 위한 것은, 우리가 행복을 추구할 수 있도록 돕는 것으로, 마치 우리를 붙들어서, 우리에게 행복을 가져다 주는 것에 우리가 도달할 수 있도록, 그것에 매달릴 수 있도록 뒷받침해 주는 것이다. 그러나, 우리 [인간]은 향유의 대상도 되고, 사용의

대상도 되는 것이므로, 중간적 위치에 놓여 있다. [그래서,] 만약 우리가 사용해야 할 것을 향유하려고 한다면, 우리의 길은 막히게 되고, 때로는 비뚤어져서, [정작] 향유해야 할 대상을 획득하는 일이 지체되거나, 아예 불가능해질 수 있는데, 그것은, 우리의 앞길이 열등한 것들에 대한 사랑으로 말미암아 막히기 때문이다.

향유와 사용의 본질

제4장 (4) 향유(享有)한다 함은 어떤 대상(對象) 자체에 대한 사랑 때문에 그 대상을 붙드는 것이다. 그런데, 사용(使用)한다 함은, 사람이 자기의 소유(所有)를, 자기가 추구하는 것을 얻기 위해 – 그 추구의 대상이 올바른 것이라는 가정(假定) 하에서 – 투입(投入)하는 것을 의미한다. 왜냐하면, 잘못된 사용은 차라리 남용(濫用) 내지 오용(誤用)이라 불러야 하기 때문이다. 그래서, 우리가 순례자들이라면, 오직 본향에서만 [진정] 복된 삶을 살 수 있는 존재라 한다면, 그리고 이 순례의 여정으로 인해 가련한 존재가 된 우리가 [언젠가 이] 가련함에서 벗어나 본향으로 돌아가기를 원한다면, 향유(享有)의 대상인 본향에 까지 가는 데 사용(使用)할 수레나 선박이 필요할 것이디. 만약에 행로(行路)의 아름다운 경지나 딜 것의 움직임 자체가 우리를 즐겁게 한다 하여, 우리가 변심, 사용해야 할 것을 향유할 생각을 한다고 하면, 우리는 길을 빨리 마치는 것을 원하지 아니할 것이고, 그릇된 즐거움에 사로잡혀, 본향으로부터 마음이 멀어질 것이다. 본향의 즐거움[만]이 우리를 [진정] 복되게 할 텐데도 말이다.

그리하여, 본향에서[만] 우리는 [진정] 복될 수 있기 때문에, 이 죽을 인생 길을 가는 동안 "주와 따로 거하는"(고후 5:6) 우리가 본향으로 되돌아가기를 원한다면, 이 세상을 향유의 대상으로가 아니라, 사용의 대상으로 삼아야 한다. 그래야[만], "하나님의 보이지 아니하는 것들, [곧, 그의 영원하신 능력과 신성]이 그 만드신 만물에 분명히 보여 알게"(롬 1:20) 된다. 즉, 물질적인 것, 시간적인 것을 통하여 영원한 것들과 영적인 것들을 우리가 파악할 수 있다.

향유의 대상이신 성삼위 하나님

제5장 (5) 그러므로, 향유(享有)의 대상(對象)은 성부, 성자, 성령, 곧, 동일하신 삼위일체시다. 그는 유일한 지고(至高)의 존재이시며, 그를 향유하는 모든 자들에게 공유(共有)의 대상이시다. 하지만, 그를 대상으로 불러야 할지, 아니면, 모든 대상의 원인으로 불러야 하는 것은 아닌지, 혹은 [대상도 되시고] 원인도 되신다고 해야 할지를 [알기는 어렵다]. 왜냐하면, 삼위일체 하나님과 같이 엄청난 존재에 합당한 이름을 찾는다는 것은 쉽지 않기 때문이다. 그래서, 성삼위를 유일하신 하나님이라 부르면서, 모든 것이 그분에게서 나오고, 모든 것이 그분으로 말미암고, 모든 것이 그분 안에 있다 말하는 것이 더 낫다.

그리하여, 성부, 성자, 성령이 계시는데, 이들 모두가 각기 하나님이시고, 이들 모두가 동시에 유일하신 하나님이시다. 또한, 이들 모두가 각기 온전한 본체(本體)시고, 이들 모두가 동시에 하나의 본체시다. 성부는 성자, 성령이 아니시고, 성자는 성부, 성령이 아니시며, 성령은 성부 성자가 아니시다.

도리어, 성부는 성부이실 따름이고, 성자는 성자이실 따름이며, 성령은 성령이실 따름이다. 세 분에게 동일한 영원성, 동일한 불변성, 동일한 존귀, 동일한 권세가 있다. 성부께는 유일성, 성자께는 동일성, 성령께는 유일성과 동일성의 조화가 있다. 그리고 이 셋이 성부로 말미암아 모두 하나이며, 성자로 말미암아 모두 동등하며, 성령으로 말미암아 모두 연결되어 있다.

하나님은 형언할 수 없으신데, 어떻게 형언할 수 있을까?

제6장 (6) 우리가 하나님에 대하여 무언가 합당한 것을 말했을까? 우리가 과연 하나님에 대하여 합당한 소리를 했을까? 하지만 내가 느끼기에는, 내가 무언가를 말하려고 했던 것에 지나지 않는 것 같다. 그러나, 내가 [무슨] 말을 했다면, 그것은, 내가 본디 말하려고 했던 것이 아니었다. 하나님이 형언할 수 없는 분이 아니시라 한다면, 내가 이것을 어떻게 알겠는가? 그런데 형언할 수 없는 분이시라 한다면, 내가 말한 것이, 말이 되지 않을 것이다. 그렇지 않은가? 그렇다면, 하나님에 대하여 형언할 수 없다는 말조차 해서는 안 된다. 왜냐하면, 이런 말을 하는 것조차 [하나님에 대하여] 무언가를 말하는 것이 되기 때문이나. 그래서, 일종의 어불성설(語不成說) 현상이 나타닌다. 말힐 수 없는 존재인 까닭에, 형언할 수 없는 것이라 한다면, 형언할 수 없다 말을 하는 것 자체가 형언할 수 없는 존재에 적합한 말이 될 수 없기 때문이다. 이와 같은 어불성설 현상은, 침묵으로 삼가는 것이 차라리 낫지, 말로 해결하려고 하는 것은 [별로 좋지 않다].

[이렇게] 하나님에 대하여 합당하게 말한다는 것이 불가능하기는 하지만, 그럼에도 불구하고 하나님께서는 인간의 언어로 [하나님에 대하여] 말하는 것을 허용하셨고, 우리가 우리의 언어로 당신을 찬양하는 중에 기뻐하는 것을 하나님은 원하셨다. 그래서, "하나님"이라는 말도 하게 되는 것이다. 이 두 음절로 된 [Deus라는] 말을 한다 해서, 하나님의 참 본질이 이해되는 것은 물론 아니다. 그러나, 라틴어를 할 줄 아는 사람들은 모두 다, 이 소리가 그들 귀에 들릴 때, 지극히 존귀하고 불가사적(不可死的)인, 무슨 존재를 생각하게 되는 것이다.[1]

하나님보다 더 훌륭한 존재가 없음을 모든 사람들은 안다

제7장 (7) [일반적으로] 사람들은 하나님을 유일하신 분으로, 신(神)들의 신(神)으로 생각한다. 하늘에 있는 신(神)들이든, 땅에 있는 신(神)들이든, 다른 신(神)들을 인정하고, 부르고, 섬기는 자들도 역시 그렇게 생각한다. 그런데 그러한 생각으로 붙들려고 시도하는 존재는, 그 어떤 것보다 더 선하고, 더 고귀한 존재다. [하지만,] 사람들의 마음은 진실로 여러 가지 재화(財貨)에 이끌림을 받는다. 때로는 육신의 감각과 관련된 재화에 이끌림을 받고, 때로는 영혼의 인식 능력과 관련된 재화에 이끌림을 받지만 말이다. [그런데,] 육신의 감각에 얽매이는 사람들은 하늘을 보든, 하늘에서 극히 찬란하게 빛나는 것을 보든, 혹은 이 세상 자체를 보든, 그것을 곧 신

---

[1] Deus는 라틴어로 "하나님"이라는 뜻.

(神)들의 신(神)이라 생각한다. 그러나, 이 사람들이 초월적인 세계로 나가기를 추구한다면, [하나님을] 무슨 빛나는 존재로 생각하면서, [그들의] 허망한 상상력을 동원, 그를 무한히 큰 존재로 상상하거나, 혹은, 가장 훌륭한 형상을 지닌 존재로 상상하거나, 혹은, 인간의 신체적 형상을 여타(餘他)의 것들보다 선호(選好)하는 경우에는, 인간의 신체적 형상을 하고 있는 것으로 상상한다. 만약 그들이 신(神)들의 신(神)의 유일성을 믿지 못하고, 오히려 수많은 신(神)들, 혹은, 무수한 동급의 신(神)들의 존재를 믿는다면, 자기들이 마음에 상상하는 바 가장 탁월한 육체적 성격을 각 신(神)들에게 부여한다.

그러나, [영혼의] 인식 능력을 통하여 하나님의 본질을 인식하려고 계속 노력하는 사람은 하나님을 모든 가시적(可視的)인 것, 육신적(肉身的)인 것들보다 앞세우며, 이지적(理智的)이고 영적(靈的)이지만, 가변적(可變的)인 것들보다도 앞세운다. 하지만, 모든 자들이 앞을 다투어 하나님의 탁월하심을 주장하기 때문에, 다른 것보다 더 훌륭하지 못한 것을 하나님이라 믿는 사람은 전혀 찾아볼 수 없다. 따라서, 하나님은 여타(餘他)의 모든 존재보다 더 훌륭한 분이시라는 데는 모든 사람들이 생각을 같이한다.

하나님은 불변적 지혜이시므로, 모든 것보다 더 훌륭하시다 해야 함

제8장 (8) 그런데, 하나님에 대하여 생각하는 사람들은 모두 [하나님을] 생명을 지닌 무슨 존재로 생각하지만, [하나님을] 생명 자체로 생각하는 사람들만이 하나님에 대하여 그릇된 상상, 부적절한 상상을 하지 않을 수 있다. 그리고 이런 사람들은, 자기네에게 어떠한 형태의 존재가 나타나든지 간에, 그 존재가 생명을 지니고 있느냐, 지니고 있지 않느냐를 판단해 보고서, 생명을 지니고 있는 것을 생명을 지니고 있지 않은 것보다 더 낫다고 여긴다. [나아가,] 생명체의 형태 자체에 대하여는, 그것이 제아무리 엄청난 빛을 발한다 하더라도, 그 크기가 제아무리 엄청나다 하더라도, 그 아름다움이 제아무리 뛰어나다 하더라도, 생명 자체인 생명체와, 생명력을 부여받은 생명체는 서로 다른 것임을 안다. 그래서, 생명 자체인 생명체의 품위가, 생명력과 생기를 부여받은 생명체의 품위보다 비할 나위 없이 높다는 것을 인정한다. 그리하여, 그들은 생명을 지닌 존재들을 바라보는 가운데, 나무와 같이, 감각 기능은 없으나 생명력은 있는 것을 발견하면, 이런 것보다는, 육축(六畜)처럼, 감각 기능을 가지고 있는 것을 더 높이 평가한다. 그러나 이 육축보다는, 사람과 같이, 이지적(理智的)인 존재를 더 높이 평가한다.

 하지만, 이 이지적(理智的) 존재마저도 가변적(可變的)임을 발견하게 되면, 무슨 불변적인 존재를 더 높이 평가하지 않을 수 없게 된다. 다시 말해, 지혜롭지 않을 때도 있고, 지혜로울 때도 있는, 그러한 생명체보다는 오히려 지혜 자체가 되는 생명체를 더 높이 평가하지 않을 수 없게 된다. 왜냐하면, 지혜로운 영혼, 곧, 지혜를 획득한 영혼은, 그가 [지혜를] 획득하기 전까지는 지혜롭지 않았기 때문이다. 반면, 지혜 자체가 되는 생명체는 한

번도 지혜롭지 않을 때가 없었고, 뿐 아니라 지혜롭지 않게 되는 것 자체가 불가능하다. [사람들이] 만약에 이 지혜[의 존재]를 인식하지 못한다면, 불변적으로 지혜로운 생명체를 가변적인 생명체보다 더 높이 평가하는 일을 결코 자신 있게 하지는 못할 것이다. 사실, [사람들은] 진리의 규준(規準)이 불변적인 것을 안다. 그들이, 불변적으로 지혜로운 생명체가 가변적인 생명체보다 더 낫다 외치는 것은 이 규준에 따른 것이다. 그들은, 자기네가 가변적이라는 사실을 알기 때문에, [이 진리의 규준이] 자기네의 본성보다 더 우월하다는 것을 안다.

불변적 지혜를 가변적 지혜보다 더 선호해야 함

제9장 (9) "불변적으로 지혜로운 생명체를 가변적인 것보다 더 선호해야 한다는 것을 당신이 어떻게 알 수 있느냐?"고 묻는 사람처럼 철면피하고 어리석은 사람은 정말 없다. "어떻게 알 수 있느냐?"는 질문의 답 자체가, 모든 사람들이 공통적으로 잘 알 수 있는 것으로, 불변적인 성격을 지니고 있다. 그런데, 이것을 모르는 사람은 청맹과니 같은 사람이다. 이런 사람에게는 태양이 중천에 떠 있고, 그의 눈 바로 앞에서 환한 전광이 번쩍번쩍 빛나도, 아무 소용이 없다. 반면에, 이것을 알면서도 도망하는 사람은, 육신의 어두움에 익숙해져서, 영혼의 날카로움이 무디어지게 된다. 그래서, 사람들은 악한 습관으로 인해 마치 역류(逆流)를 만난 듯, 본향으로부터 내팽개침을 당해, 더 훌륭하고, 더 낫다고 스스로 인정하는 존재보다 더 열등한 것, 더 못한 것을 추구하게 된다.

하나님을 만나 뵈려면, 영혼이 깨끗해져야 함

제10장 (10) 그러므로, 불변적 생명체인 진리를 온전히 향유하고자 한다면, 영혼이 깨끗해져야 한다. 만유의 창조자시요, 건설자이신 삼위일체 하나님은 이 진리 안에서, 그가 지으신 것들을 보살펴신다. [사실,] 정결한 영혼[만]이 이 진리의 빛을 볼 수 있고, 그가 본 바 [진리의 빛]을 끝까지 사랑할 수 있다. 우리는[, 영혼이] 깨끗해지는 것을 마치 본향을 향한 일종의 여행 내지는 일종의 항해로 생각할 수 있다. [그러나,] 무소부재(無所不在)하신 그분에게로 우리가 나아가는 것은 장소적 이동이 아니다. 그것은 오히려 선한 열심과 선한 행실을 통하여 하는 것이다.

지혜가 우리의 길이 되어 줌

제11장 (11) 지혜 자체가 되신 분이 우리의 이처럼 큰 연약함까지도 함께 나누어 지시지 않았다 한다면, 그리하여 삶의 모본(模本)을 우리에게 제시하시지 않았다 한다면, 이러한 일을 우리는 하지 못할 것이다. 우리 자신도 인간이기 때문에, [삶의 모본을 우리에게 제시해 주실 때,] 그는 인간의 모습 이외의 방법으로는 하지 않으셨다. 그런데, 우리가 그에게 나아가는 것은 지혜로운 일이 되지만, 그가 우리에게 오신 것은, 교만한 사람들에게는, 그가 어리석은 행동을 한 것으로 생각되었다. 그리고, 우리가 그에게 나아가면, 우리는 강함을 얻게 되지만, 그가 우리에게 오셨을 때, 그는 마치 연약한 자처럼 여겨졌다. 그러나, "하나님의 미련한 것이 사람보다 지혜 있고, 하나님의 약한 것이 사람보다 강"하다(고전 1:25). 그러므로, 비록 그가

[우리의] 본향 되시지만, 그 자신이 우리를 위해 본향으로 가는 길도 되어 주신 것이다.

제12장 (11) 그런데, 내면적인 눈이 건강하고 순전하면, 그가 무소부재(無所不在)하심을 알 수 있다. 그러나, 그는 연약한 눈, 순전하지 못한 눈을 가진 사람들의 육신의 눈에도 나타나 주시는 것을 합당하게 여기셨다. "하나님의 지혜에 있어서는 [이] 세상이 [자기] 지혜로 하나님을 알지 못하는 고로, 하나님께서 전도의 미련한 것으로 믿는 자들을 구원하시기를 기뻐"하신 것이다(고전 1:21).

하나님의 지혜가 전도의 미련한 것으로 나타남

제12장 (12) 그래서, 그가 우리에게 오신 것은 장소의 이동을 통해 오신 것이 아니라, 죽을 몸을 입고 죽을 존재들에게 현현(顯現)하신 것이라 말씀하시는 것이다. 그러므로 그는, 그가 이미 계셨던 곳에 오신 것이다. 이는, "그가 세상에 계셨으며, 세상은 그로 말미암아 지은 바" 되었기 때문이다(요 1:10). 그러나, 사람들은 창조주 대신에 피조물을 향유(享有)하려는 욕심으로 인해 이 세상을 닮아 갔으므로, "세상"이라는 이름으로 불리는 것도 지극히 당연할 지경이 되었고, 그를 알아보지도 못하였다. 그래서 복음서 기자는, "세상이 그를 알지 못하였고"(요 1:10)라 말하였던 것이다. 즉, "하나님의 지혜에 있어서는 [이] 세상이 [자기] 지혜로 하나님을 알지 못"하였던 것이다(고전 1:21). "하나님께서 전도의 미련한 것으로 믿는 자들을 구원하시기를 기뻐"(고전 1:21)하시지 않으셨다고 하면, [본디] 여기 계셨던 분이 왜 [굳이 육신으로] 오셨겠는가?

말씀이 육신이 되심

제13장 (12) "말씀이 육신이 되어 우리 가운데 거하시"(요 1:14)는 길 외에 그가 어떤 길로 오실 수 있었겠는가? 이것은, 우리가 말을 할 때나 마찬가지다. 우리가 마음에 품은 것이 육신의 귀를 통해 듣는 사람의 마음에 들어가는 것이지만, 우리가 마음에 간직한 말이 소리가 되는 것이고, 그것이 "언어"라 불린다. 그러나, 우리의 생각 자체는 소리로 변하지 않고, 우리 속에 온전히 남아 있고, 음성의 형태를 취하여 귀로 들어가면서도, 생각 자체에는 변화로 인한 흠결이 전혀 생기지 않는다. 이와 마찬가지로 하나님의 "말씀이 육신이 되어 우리 가운데 거하시지"만, 그 말씀에 변화가 생기는 것은 아니다.

사람을 치유하는, 하나님의 놀라운 지혜

제14장 (13) 그런데, 치료가 건강에 이르는 길인 것처럼, 치료 자체이신 분이 죄인들을 용납하사, 그들을 치유, 회복시키고자 하셨다. 그리고, 의사들이 상처를 싸맬 때, 아무렇게나 하지 않고, 가지런히 하여, 붕대로 그저 상처만 싸매는 것이 아니라, 모양도 생각하는 것처럼, 지혜라는 약(藥)도 인성(人性)을 취하실 때, 스스로를 우리 상처에 적응시키사, 어떤 상처에 대하여는 반대되는 것으로, 어떤 상처에 대하여는 비슷한 것으로 치료하셨다. 육신의 상처를 치료하는 사람도 반대되는 것을 사용할 때가 있는데, 예를 들어, 열(熱)에는 냉기를, 마른 것에는 습(濕)한 것을 사용하는 것과 같은 방식으로 한다. 비슷한 것을 사용할 때도 있는데, 예를

들어, 둥근 상처에는 둥근 붕대를 사용하고, 길죽한 상처에는 길죽한 붕대를 사용하는 것과 같다. 모든 지체(肢體)에 똑같은 붕대를 사용하지 않고, 그 지체의 모양과 비슷한 것으로 맞춘다. 이와 마찬가지로 하나님의 지혜도 사람을 치유하실 때, 치유받을 사람에게 자기 자신을 맞추사, 스스로 의사도 되시고, 스스로 약(藥)도 되셨다.

그래서 인간이 교만으로 인해 타락하였으므로, [이의] 치유를 위해 겸손을 사용하셨다. 우리가 뱀의 간교한 것에 속임을 당했는데, "하나님의 미련한 것"(고전 1:25)으로 놓임을 받는다. 그러나, 그가 "지혜"라 칭함을 받았지만, 하나님을 멸시하는 자들에게는 "미련한 것"이 되었던 것 같이, "미련한 것"이라 불리는 이것이 마귀를 이기는 자들에게는 지혜가 된다. 우리는 불가사성(不可死性)을 그릇 이용한 까닭에 죽게 되었지만, 그리스도는 가사성(可死性)을 잘 이용하신 까닭에, 우리가 살게 되었다. 여자의 부패한 마음으로 인해 질병이 들어왔지만, 여자의 온전한 몸으로 인해 구원이 나왔다. 그가 덕의 모범을 보이사, 우리의 악덕을 치유하시는 것은 이와 마찬가지로 반대요법(反對療法)에 해당한다. 그러나, 마치 우리의 상처 부위에 따라 [거기에] 맞는 붕대를 사용하듯, 유사요법(類似療法)도 사용하셨는데, 그것은, 여자로 말미암아 속임을 당한 자들을 여자로 말미암아 태어나신 자가 해방시켜 주셨고, 사람이 되신 분이 사람들을, 죽을 몸을 입은 몸이 죽을 자들을 해방시켜 주셨다. 그는 죽음을 통하여 죽은 자들을 해방시켜 주신 것이다. [나 같이] 시작한 일을 빨리 끝내야 할 필요가 없는 사람들은 [나보다] 더 세심하게 궁구(窮究)하여, 기독교적인 반대요법과 유사요법에 관련된 내용을 더 많이 밝혀낼 것이다.

그리스도의 부활과 승천은 신앙의 버팀목, 심판은 자극제

제15장 (14) 주님께서 죽은 자들 가운데서 부활하신 것과, 하늘로 승천하심을 믿는 것은 지금 진실로 우리의 신앙을 큰 소망으로 북돋아 준다. 왜냐하면, [주님의 부활과 승천은,] 그가 어떻게 우리를 위해 자발적으로 목숨을 내놓으셨는지를, 그리고 그에게는 목숨을 다시 얻을 권세가 있다는 사실을 아주 명확하게 보여 주기 때문이다. 그러므로, 믿는 자들의 소망이 얼마나 큰 확신으로 위로를 받는지는, 그가 아직 믿지 않는 자들을 위하여 얼마나 많은 고난을 당했으며, 그가 얼마나 크신 분인지를 깊이 생각하면, [알 수 있다]. 그런데, 그가 산 자와 죽은 자의 심판자로 하늘에서 [강림하실 것이] 기대되고 있고, 바로 이 때문에 나태한 자들에게 큰 두려움이 주입되어, 그러한 자들이 돌이켜 열심을 내게 되고, 악을 행하며 두려움에 떨기보다는, 오히려 선을 행하는 중에 주님을 사모하게 된다. 그러나, 그가 마지막 날에 주실 상급을 무슨 말로 형용하며, 무슨 개념으로 파악할 수 있을 것인가? 왜냐하면, 그는 [우리로 하여금] 이 순례의 길에 그의 영으로 말미암아 많은 위로를 얻도록 허락하시기 때문이다. 그리고 이 세상의 어려움 속에서도 우리가 아직 뵙지 못한 주님에 대한 신뢰와 사랑을 우리로 하여금 가지게 하셨고, [우리] 각자에게 특별한 은사를 주사, 주님의 교회 건설에 이바지하게 하실 때, [우리에게] 행하라 명하신 바를 [아무] 불평 없이 행하는 정도가 아니라, 기쁜 마음으로 행하게 하셨기 때문이다.

교회는 그리스도의 몸이요 신부

제16장 (15) 교회는 무릇 사도들의 가르침대로 그리스도의 몸인데, 그의 신부라 불리기도 한다. 그러므로, 그의 몸은 여러 가지 직임(職任)을 수행하는 수많은 지체로 구성되어 있으나, 일치와 사랑의 끈으로 연결되어 있는 것이, 마치 [몸이] 건강이라는 끈으로 연결되어 있는 것과 같다. 하지만, 이 세대에 [주님은] 신부인 교회를 고난이라고 하는 일종의 의약품으로 연단, 정화시키신다. 그리하여, 이 세대에서 끌어내사 영원히 자기와 결합시키시되, "티나, 주름 잡힌 것이나, 이런 것들이"(엡 5:27) 없게 하신다.

그리스도는 죄를 용서하심으로 본향으로의 길을 열어 주심

제17장 (16) 그런데, 우리가 가는 길은, 이 땅 위에 난 길이 아니라, [마음에서 우러나는] 정서를 통하여 가는 길이다. 이 길은, [우리의] 과거의 죄악이 마치 가시나무로 된 산울타리처럼 가로막고 있는 길이다. 우리에게 돌아갈 길을 마련해 주시기 위해 자기 자신을 내어주사, 회개한 자들에게 모든 죄를 용서해 주시고, 우리를 대신해 십자가에 못 박히사, 우리의 되돌아감을 철저히 막고 있던 금지령을 철회시키셨으니, 이보다 더 관후(寬厚)하고 자비로운 일을 어떻게 하실 수 있었겠는가?

천국 열쇠를 교회에 맡기심

제18장 (17) 주님은 이 열쇠를 자기 교회에 맡기사, 땅에서 풀면, 하늘에서도 풀리게 하셨고, 땅에서 매면, 하늘에서도 매이게 하셨다(마 16:19 참조). 즉, 누구든지 그의 교회에서 자기의 죄가 사해짐을 믿지 않는다면, 사함을 받지 못하지만, 그러나 누구든지 믿고, 죄에서 돌이켜 스스로를 고친다면, 주님의 교회의 품에 받아들여지게 될 것이고, 그의 믿음과 회개로 말미암아 구원을 받을 것이다. 무릇 누구든지, 자기의 죄가 사해질 수 있음을 믿지 않는다면, 그는 낙심으로 인하여, [상태가] 더욱 악화될 것이다. 그는 자기 회심의 효과를 믿지 못하는 관계로, 악한 상태로 계속 남아 있는 것만 생각하지, 더 좋은 일이 자기에게 생기리라는 믿음을 전혀 가지지 못한다.

육신과 영혼의 죽음과 부활

제19장 (18) 회개를 통해 일어나는 바, 이전의 삶과 행실의 청산이 영혼에게는 정말 일종의 죽음인 것과 꼭 마찬가지로, 육신의 죽음도, 이전에 존재하던 생기(生氣)가 소멸되는 것이다. 그리고 영혼은 회개를 통하여 이전의 그릇된 행실을 청산한 후에 더 나은 영혼으로 변화되는데, 이와 같이 육신도, 우리 모두가 죄의 사슬 때문에 당해야 하는 죽음 후에, 부활로 말미암아 더 나은 것으로 변화되리라는 것을 믿고 바라야 한다. "혈과 육은 하나님 나라를 유업으로 받을 수" 없다(고전 15: 50). 그러므로, "이 썩을 것이 불가불 썩지 아니함을 입고, 이 죽을 것이 죽지 아니함을" 입게 될

것이다. 그리 되면, 육신으로 인한 고난은 사라지게 된다. 왜냐하면, 육신은 아무런 부족함도 느끼지 않을 것이고, 복되고 온전한 영혼으로 말미암아 지극한 평정(平靜) 가운데 생을 영위할 것이기 때문이다.

형벌을 받기 위해 부활하는 사람들

제20장 (19) 그러나, 이 세상에 대해 죽지 아니하고, 진리의 형상 닮기를 시작하지 않은 사람은 육신의 죽음으로 인해 더 심한 죽음으로 이끌림을 받는다. 즉, 그도 부활하겠으나, 그 목적은 하늘의 처소로 옮김을 받는 데 있지 않고, 형벌을 받는 데 있다.

육신의 부활에 관한 재론

제21장 (19) 이것은 신앙의 가르침일 뿐 아니라, 우리가 믿어야 할 사실이기도 하다. 인간의 영혼과 육신은 모두 완전히 소멸되지 않는다. 도리어, 사악한 자들은 부활하여 가늠하기 어려운 형벌을 받을 것이고, 경건한 자들은 부활하여 영원한 생명에 이를 것이다.

사람이 아니라 하나님이 향유의 대상

제22장 (20) 그러므로 이 모든 것들 가운데서 오직, 우리가 영원하고 불변적이라 말한 것들만 향유의 대상이다. 반면, 이밖의 것들은, 우리가 영원하고 불변적인 것들의 온전한 향유에 도달하기 위해 필요한, 사용의 대상이다. 그래서, 다른 존재를 향유하기도 하고, 사용하기도 하는 우리 [인간] 역시 일종의 존재다. 물론, 인간은 일종의 위대한 존재다. 인간은 하나님의 형상과 모양대로 지음을 받았다. 그가 위대한 것은, 그가 가사적(可死的) 육신 가운데 갇혀 있기 때문이 아니라, 이성적 영혼이라는, 영광스러운 은사로 인하여 짐승들보다 탁월한 위치에 있기 때문이다. 그러므로, 사람들이 스스로를 향유의 대상으로 생각해야 할지, 사용의 대상으로 생각해야 할지, 아니면, 두 가지 방향으로 다 생각해도 되는지 하는 것은 중요한 문제다. 왜냐하면 우리는 서로 사랑하라는 명령을 받았기 때문이다. 그러나 사람이 사람을 사랑해야 할 이유가 [사람] 자신에게 있는지, 아니면, 다른 데 있는지 하는 문제가 제기된다. 하지만, 내 생각에는 사람을 사랑해야 하는 이유는 다른 데 있다. 왜냐하면, 사랑해야 할 이유가 자기 자신에게 있는 것은, 그 안에 복된 생명이 있는데, 현세에서 우리는 이 생명을 아직 실제로 누리지는 못하고, [장차 누릴 수 있다는] 소망으로 말미암아 위로를 받기 때문이다. "무릇 사람을 믿으며 … [마음이 여호와에게서 떠난] 그 사람은 저주를 받을 것"이다(렘 17:5).

사랑의 열정이 온전히 하나님께로 향함

제22장 (21) 하지만, 제대로 살피는 사람이라면 알 수 있는 대로, 사람은 누구나 자기 자신을 향유의 대상으로 삼아서는 안 된다. 그것은, 사람은 자기를 사랑하기는 하되, 자기 자신 때문이 아니라, 향유의 대상이 되시는 분 때문에 사랑해야 하기 때문이다. 그러므로, 사람은 자기의 생명을 다해 불변적 생명을 향해 가고, 온 마음을 다해 이 생명에 매달릴 그때에 가장 좋은 사람이 된다. 그러나, 그가 만일 자기 자신 때문에 자기를 사랑한다고 하면, 그것은 자기를 하나님께 결부시키는 것이 아니다. 그것은 자기 자신을 향하는 것이지, 불변적 존재를 향하는 것이 아니다. 그런데, 이 경우 그는 자기 자신을 향유하는 것도 불완전하게 할 수밖에 없다. 왜냐하면, 불변적 재화(財貨)에 온전히 매달리고, 자기 자신을 결부시킬 때가, 그것에서 떠나거나 자기 자신에게로 향할 때보다 더 낫기 때문이다.

그러므로, 그대는 그대 자신 때문이 아니라 그대 사랑의 가장 올바른 목적이 되시는 그 분 때문에 그대 자신을 사랑해야 한다. 그렇다면, 다른 사람도, 그대가 그를 하나님 때문에 사랑한다고 하여도, 서운하게 생각해서는 안 된다. 왜냐하면, 다음과 같은 사랑의 규준을 정해 주신 분은 하나님이시기 때문이다.

> 네 이웃을 네 몸과 같이 사랑하라! (마 22:39)
> 네 마음을 다하고 목숨을 다하고 뜻을 다하여 주 너의 하나님을 사랑하라! (마 22:37)

그러므로 그대는 그대의 온 생각과, 온 생명과, 온 지성을 그분께 드려야 한다. 그대가 드리는 것은, 그분께 받은 것이다. 여기서 "마음을 다하고 목숨을 다하고 뜻을 다하여"라고 말씀하신 것은, 우리 생명의 어떠한 부분도 빈 채로 남겨 두어서는 안 된다는 뜻, [스스로에게 하나님] 이외의 다른 존재를 향유할 틈을 주어서는 안 된다는 뜻이다. 그리하여, 그 어떠한 것이 영혼에 다가와, 사랑을 요구할 때에도, [우리] 사랑의 열정은 온전히 하나님께로만 향하여 달려가야 한다. 그러므로, 누구든지 이웃을 올바로 사랑하는 사람은, 그 이웃도 "마음을 다하고 목숨을 다하고 뜻을 다하여" 하나님을 사랑하도록 만들기 위해 노력해야 한다. 이리하여, 이웃을 자기 몸처럼 사랑하는 자는 자기 자신에 대한 사랑과 이웃에 대한 사랑을 온전히 하나님 사랑과 결부시킨다. 하나님 사랑은, [우리 사랑의 하수(河水)가] 샛강을 통해 다른 곳으로 빠져 나가는 것을 용인(容認)하지 않기 때문이다.

사랑의 대상 하나하나를 잘 구별할 것

제23장 (22) 그런데, 사용의 대상 전부가 사랑의 대상이 될 수 없다. 도리어, 사람이나 천사와 같이, 우리와 모종의 관계를 맺으면서 하나님을 섬기는 것이든지, 아니면, 육신과 같이, 우리와 결부되어 있어서 우리 때문에 하나님의 은총을 필요로 하는 것이 사랑의 대상이 돼야 한다. 사실, 순교자들이라 하여도, 자기를 박해하는 자들의 죄악까지는 사랑하지 않았고, 다만 그들의 죄악을 하나님께 가까이 나아가는 데 사용했을 따름이다. 그래서 사랑의 대상에는 네 가지가 있는데, 첫째는 우리 위에 있는 존재, 둘째는 우리 자신, 셋째는 우리와 이웃한 존재, 넷째는 우리 아래에 있는 존재다. 둘째와 넷째에 대하여는 아무런 계명을 주시지 않았다. 왜냐하면, 사람이 진리에서 아무리 멀리 떨어져 나갔다 하더라도, 그에게는 자기에 대한 사랑과 자기 육신에 대한 사랑은 남아 있기 때문이다. 즉, [사람의] 영혼이 만유를 통치하는, 불변하는 빛으로부터 도망하는 경우, 사람은 자기 자신과 자기 육신의 지배만을 추구하게 되고, 따라서 자기 자신과 자기 육신 외에는 사랑할 수가 없기 때문이다.

사랑의 질서에 관하여

제23장 (23) 그런데 [사람들은,] 자기가 동료들, 곧, 다른 사람들을 지배할 수 있게 되었다고 해도, 무슨 대단한 일을 성취한 것처럼 생각한다. 왜냐하면 악한 심성을 가진 인간은, 본디 하나님 한 분에게만 속한 것을 오히려 갈망하고, 그것을 자기 권리인 것처럼 주장하려는 성향이 있기 때문이다. 그러나 이 같은 자기 사랑은 미움이라 부르는 것이 더 낫다. 왜냐하면 자기는 위에 계신 분을 섬기기 싫어하면서, 자기보다 밑에 있는 것이 자기를 섬기기를 바라는 것은 악한 것이기 때문이다. 그러므로, 다음과 같은 말씀은 지극히 옳은 말씀이다.

> 하온데, 죄악을 사랑하는 자는 자기 영혼을 미워하는 자라.

그래서 영혼이 연약해지는 것이고, 죽을 수밖에 없는 육신 때문에 고통을 당하는 것이다. 왜냐하면, 영혼은 육신을 사랑할 수밖에 없고, 육신의 후패(朽敗)는 매우 괴로울 수밖에 없기 때문이다. 무릇 육신의 불가사성(不可死性)과 불후성(不朽性)은 영혼의 건강에서 비롯되는 것이다. 하지만 영혼의 건강은 더 능력 있는 분, 곧, 변함이 없으신 하나님께 온전히 매달릴 때 얻을 수 있는 것이다. 그러나, 본성이 자기와 같은 자들, 곧, 사람들을 지배할 마음을 먹는다고 하면, 그것은 도저히 용납할 수 없는 교만의 소치(所致)다.

아무도 자기 육신을 미워하지 않는데, 이 점에서는 자기 육신을 연단하는 자도 마찬가지임

제24장 (24) 그래서, 아무도 자기 자신을 미워하지는 않는다. 그리고 이 점에 대해서는 어떠한 종파도 아무런 의심을 보이지 않는다. "누구든지 언제든지 제 육체를 미워하지 않고"(엡 5:29)라고 사도 [바울]이 말한 것은 정말 옳다. 또한, 몇몇 사람들이, "차라리 육신이 전혀 없었으면 좋았겠다"고 말한 것은 완전히 틀린 말이다. 그들이 실상 미워하는 것은 자기네의 육신이 아니고, 육신의 후패성(朽敗性)과 무게다. 그러므로 그들은, 육신이 전혀 없기를 바라는 것이 아니고, 불후의 육신, 지극히 민첩한 육신을 바라는 것이다. 그들은 다만, 이와 같은 육신은 육신이 전혀 아니라 믿는다. 오히려 이와 같은 육신은 영혼이라 믿는다. 그러나, 그들이 금욕과 노동으로 자기 육신을 마치 핍박하는 것 같이 보이기는 하여도, 그 일을 올바로만 한다면, 육신을 없애기 위해서 하는 일이 아니고, 육신을 어거(馭車)하여, 꼭 필요한 일을 할 수 있는 태세를 갖추게 하기 위해서 하는 일이 된다. 왜냐하면 육신을 잘못 사용하게 하는 정욕들, 곧, 열등한 것들을 향유하고자 하는 영혼의 [잘못된] 습관과 경향들을 그들이 자기 육신의 힘든 연단을 통하여 소멸시키기를 원하기 때문이다. 이를 통해 그들이 자기 자신을 파괴하려는 것이 절대 아니다. 그들은 도리어 자기의 건강을 돌보고 있는 것이다.

영혼과 육신이 서로 싸움

제24장 (25) 그러나 육신의 연단을 잘못된 방향으로 행하는 사람들은, 자기 육신이 마치 철천지원수(徹天之怨讐)라도 되는 것처럼, 자기 육신에 대해 전쟁을 행한다. 그들은 다음과 같은 말씀을 잘못 읽은 것이다.

> 육체의 소욕은 성령을 거스리고, 성령의 소욕은 육체를 거스리나니, 이 둘이 서로 대적함으로 [너희의 원하는 것을 하지 못하게 하려 함이니라](갈 5:17).

이 말씀은 어거(馭車)되지 않는 육신의 습관 때문에 하신 말씀으로, 영은 이러한 습관에 대항한다는 뜻이다. 즉, 육신을 없애고자 하는 것이 아니고, 육신의 정욕, 곧, 잘못된 습관을 온전히 순치(馴致)하여, 육신이 영에, 자연의 질서가 요구하는 대로, 순복하게 한다는 뜻이다. 이와 같은 일은 부활 후에나 일어날 것인데, [부활 후에는] 육신이 모든 면에서 지극한 평강을 누리는 중에, 영에 순복하면서 불멸(不滅)의 삶을 살 것이다. 하지만 현세(現世)에서도 이에 대하여 묵상하는 것이 필요하다. 그래서, 육신적인 습관이 보다 좋은 것으로 바꾸어져야 하고, 무질서한 충동으로 말미암아 영을 거스르는 일이 있어서는 안 될 것이다.

이 일이 이루어지기까지는, "육체의 소욕은 성령을 거스리고, 성령의 소욕은 육체를"(갈 5:17) 거스리는 일이 계속될 것인데, 영이 육신을 거스리는 것은 미움 때문이 아니라, 주도권 때문이다. 왜냐하면 [영은], 그가 사랑하는 육신이 보다 좋은 것에 순복하기를 바라기 때문이다. 육신 역시 [영을] 거스리는 것은 미움 때문이 아니라, 습관의 멍에 때문인데, 이 멍에로 말하면, 조상으로부터 유전에 의해 물려받은 것으로, 본성의 법칙에 단단히 접붙힘을 받은 것이다. 그러므로, 영은 육신을 순치(馴致)함에 있어, 잘못된 습관을 버리기 위해 노력하되, 마치 잘못된 계약을 파기하는 것 같이 해야 한다. 그리고 선한 습관에 근거한 평화를 얻기 위해 노력해야 한다. 하지만 그릇된 생각에 미혹되어, 자기 육신을 혐오하는 사람들이라 해도, 자기 눈 하나를 잃어도 좋다는 생각까지는 하지 않는다. 눈을 잃는 일이 설령 고통 없이 일어난다고 해도, 또 한 눈만 있어도, 두 눈 다 있을 때와 똑같은 시력을 계속 가질 수 있다 해도, 다른 더 중요한 일로 인해 불가피한 경우를 제외하고는 그와 같은 생각을 하지 않는다. 이러한 예 혹은 이와 비슷한 예를 생각해 볼 때, 강퍅한 심령으로 진리를 찾지 않는 사람이라면, 사도 [바울]의 다음과 같은 말이 얼마나 정확한지를 잘 알 것이다.

누구든지, 언제든지 제 육체를 미워하지 않고 (엡 5:29a)

[사도 바울은] 여기에 [이 말씀도] 덧붙였다.

오직 양육하여 보호하기를 그리스도께서 교회를 보호함과 같이 하나니 (엡 5:29b)

몸보다 다른 것을 더 사랑한다 해도 몸을 미워하지 않음

제25장 (26) 그러므로 사람은 사랑하는 법을 배워야 한다. 곧, 어떻게 자기를 사랑하는 것이 자기에게 유익한 것인지를 배워야 한다. [사람이] 자기를 사랑하고, 자기에게 유익한 것을 원한다는 사실을 의심하는 것은 미친 짓이다. [사람은] 자기 몸을 사랑하는 방법, 즉, 자기 몸을 질서 있고 현명하게 돌볼 수 있는 방법에 대해서도 배워야 한다. 정말이지, 사람이 자기 몸을 사랑한다는 것, 그리하여 자기 몸을 건강하고 온전하게 지키고자 하는 것은 극히 자명한 이치다. 물론, 자기 몸의 건강과 온전함 이상으로 다른 것을 더 사랑하는 사람이 있을 수 있다. 왜냐하면, [자기 몸의 건강이나 온전함보다] 더 사랑하는 것을 얻기 위해서, 자발적으로 고통이나, 지체 중 일부의 상실까지도 감내하는 사람들이 많이 있기 때문이다. [그러나] 다른 것을 더 사랑한다고 하여, 자기 몸의 건강과 온점함을 사랑하지 않는 사람이 하나라도 있다는 말을 해서는 안 된다. 왜냐하면, 비록 예를 들어 욕심장이가 돈을 사랑하기는 하여도, 자기 먹을 빵은 사기 때문이다. 그가 [자기 몸의] 유지를 위해 빵을 살 때, 그가 아주 사랑하고, 늘리고 싶어하는 돈을 내놓는 것은, 그가 자기 몸의 건강을 [돈보다] 더 소중히 여기기 때문이다. 극히 명백한 일에 대해 더 이상 말하는 것은 불필요한 일이지만, 불경한 사람들이 저지르는 오류 때문에 우리도 어쩔 수 없이 이야기를 해야 할 때가 상당히 많다.

하나님과 이웃을 사랑하라는 계명 속에 자기 자신에 대한 사랑도 포함돼 있음

제26장 (27) 그러므로, 누구든지 자기 자신과 자기 몸을 사랑하는 일에는 계명이 필요 없다. 왜냐하면, 우리 자신의 자아와, 우리 아래에 있지만, 우리 자신에 소속된 것(몸)은, 우리가 흔들림 없는 자연의 법에 따라 사랑하기 때문이다. 이 법은 심지어 짐승들에게까지 공포(公布)가 되었다. (실상, 짐승들도 자기 자신과 자기 몸은 사랑한다.) 그래서, 우리는 우리 위에 계신 분(하나님)과, 우리 곁에 있는 존재(이웃)에 대하여 계명을 받게 되었다. [주님은] 말씀하셨다.

> 네 마음을 다하고, 목숨을 다하고, 뜻을 다하여, 주 너의 하나님을 사랑하라!(마 22:37)
> 네 이웃을 네 몸과 같이 사랑하라!(마 22:39)
> 이 두 계명이 온 율법과 선지자의 강령이니라(마 22:40)

그러므로, 율법의 목적은 사랑이다. 다시 말해, 이 두 가지 사랑, 곧, 하나님 사랑과 이웃 사랑이다.

만약 그대가 그대 자신, 곧, 그대의 영혼과 육신을 통전적(統全的)으로 이해한다면, 그리고 이웃을 통전적으로 이해하되, 그의 영혼과 육신을 통전적으로 이해한다면(대개 인간은 영혼과 육신으로 구성되어 있다), 이 두 계명 속에는 어떠한 종류의 사랑의 대상도 간과되고 있지 않다[는 사실을 알게 될 것이다]. 즉, 하나님 사랑이 우선적이기 때문에, 또 하나님 사랑이라는 기준을 보면, 다른 것은 [모두] 이 사랑에 수렴(收斂)하도록 규정되어 있는 것처럼 보이기 때문에, 그대 자신에 대한 사랑에 관하여는 아무 말씀이 없는 것처럼 보인다. 그러나, "네 이웃을 네 몸과 같이 사랑하라!" (마 22:39) 말씀하신 것을 보면, 그대 자신에 대한 사랑이 함께 고려되고 있다는 것, 곧, 간과되지 않고 있다는 것을 바로 [알 수 있다].

하나님은 하나님 자신 때문에, 사람은 하나님 때문에 사랑해야

제27장 (28) 그런데, 사물을 제대로 평가하는 사람은 의롭고 거룩한 삶을 사는 사람이다. 이런 사람은 그러나 올바른 사랑을 하는 사람인데, 그는 사랑해서는 안 될 것을 사랑하지 않으며, 사랑해야 할 것을 사랑하지 않는 일이 없고, 적게 사랑해야 할 것을 많이 사랑하는 일이나, 더 많이 사랑해야 할 것, 혹은, 더 적게 사랑해야 할 것을 똑같이 사랑하는 일이 없다. 어떠한 죄인이든지, 그가 죄인이기 때문에 사랑해서는 안 되며, 어떠한 사람이든지, 그가 사람이기 때문에, 하나님으로 말미암아 사랑해야 한다. 그러나 하나님은 하나님 자신 때문에 사랑해야 한다. 그리고, 만일 하나님을 모든 사람보다 더 사랑해야 한다면, 누구든지 하나님을 자기 자신보다 더 사랑해야 한다. 마찬가지로 다른 사람을 우리 육신보다 더 사랑해야 한다.

왜냐하면, 하나님 때문에 이 모든 것을 사랑해야 하기 때문이다. 그리고 다른 사람은 우리처럼 하나님을 향유(享有)할 수 있지만, 육신은 [하나님을 향유]할 수 없기 때문이다. 육신은 영혼으로 말미암아 사는 것이고, 우리는 영혼으로 말미암아 하나님을 향유하는 것이다.

모든 사람을 다 도울 수 없을 때, 누구를 먼저 도와야 하는가?

제28장 (29) 무릇 모든 사람은 똑같이 사랑해야 한다. 그러나, 그대가 모든 사람에게 다 유익을 끼칠 수 없을 때, 공간적으로, 시간적으로, 혹은, 어떠한 종류의 것이 됐든지, 여러 가지 형편으로 그대와 아주 긴밀하게 연결돼 있는 사람들을 가장 우선적으로 돌보아야 한다. 가령 그대에게 무언가 남는 것이 있어서, 그것을 없는 사람에게 주어야 하는데, 두 사람에게 [다] 줄 수 있을 정도는 아니라고 하자! 만약 그대 앞에 두 사람이 있지만, 그 두 사람의 궁핍함의 정도나, 그대와의 친분관계가 똑같다고 가정한다면, 제비를 뽑아 누구에게 줄 것인지를 정하는 것이 가장 합당할 것이다. 왜냐하면, 두 사람 모두에게 주는 것은 불가능하기 때문이다. 그러므로, 그대 형편에 모든 사람을 진부 돕는 것이 불가능하다면, 그 순간에 있어서는 모든 사람이 그대와 똑같은 관계를 가지고 있을 것이라는 전제 하에서 제비를 뽑아 [정해야] 할 것이다.

모든 사람이 하나님을 사랑하게 되는 것 ― 이것이 우리의 소원이 되어야 하고, 우리의 행동 목적이 되어야 함

제29장 (30) 그런데, 우리와 더불어 하나님을 향유할 수 있는 사람들 모두를 우리가 사랑하지만, 그들 가운데 일부는, 우리가 도움을 주는 사람들이고, 일부는 우리에게 도움을 받는 사람들이고, 일부는, 그들의 도움을 우리가 필요로 하거나, 그들의 어려움을 우리가 덜어 주는 사람들이고, 일부는, 그들에게 우리가 아무런 도움도 주지 못하고, 그들에게서 무슨 도움받을 것을 기대하지도 못하는 사람들이다. 그럼에도 불구하고 우리가 바라야 할 것은, 모든 사람들이 우리와 더불어 하나님을 사랑하는 것이고, 그들이 우리에게서 도움을 받는 것이든, 우리가 그들에게서 도움을 받는 것이든, 일체가 이 한 가지 목적에 관계해야 한다.

    예를 들어 보자! 악이 난무하는 극장에서, 누가 어떤 배우를 좋아하여, 그의 연기를 훌륭하다, 혹은, 심지어 최고다는 생각으로 즐긴다 하면, 그는 자기처럼 그 배우를 좋아하는 모든 사람들을 다 좋아하게 된다. [그런데 그가 그 사람들을 좋아하게 되는 것은] 그 사람들 자신 때문이 아니고, 그들이 다같이 좋아하는 그 배우 때문이다. 그리고 그 배우를 좋아하는 마음이 강렬하면 강렬할수록, [동원] 가능한 방법은 다 동원하여, 그 배우를 보다 많은 사람들이 좋아하게 하려고 노력하게 되고, 보다 많은 사람들에게 그 배우를 소개하고자 하는 마음을 품게 된다. 혹여 무관심한 사람을 만나면, 그 배우에 대한 찬사를 최대한 늘어놓아, 그 무관심한 사람의 마음을 돌려 놓으려 한다. 하지만, 반감을 가진 사람을 만나면, 그 사람 속에 있는, 자기가 좋아하는 배우에 대한 반감. 그것을 격렬하게 증오하면서, 그가 동원할 수 있는 방법을 다 동원, [그 반감을] 제거하고자 애를 쓸 것이다. [그렇다면,]

하나님에 대한 사랑으로 형성된 공동체에서는 어떻게 하는 것이 옳은가? 하나님을 향유하는 것이 복된 삶이다. 그리고, 하나님을 사랑하는 모든 자들이 자기의 존재뿐 아니라, 그들이 하나님 사랑하는 힘까지도 하나님에게서 얻는다. 하나님에 대하여 [한번] 알기만 하면, 아무에게도 하나님은 실망을 안겨 주시지 않는 까닭에, 하나님이 우리에게 실망을 안겨 주시지나 않을까 하는 염려는 전혀 할 필요가 없다. 그런데, 그가 사랑받기 원하시는 것은, 그가 무엇을 얻기 위함이 아니다. 도리어, 그를 사랑하는 자들에게 영원한 상급을 주시기 위함이지만, 그 상급은, 그들의 사랑의 대상이 되시는 그분 자신이 아닌가?

 그러므로, 우리가 우리 원수들까지도 사랑하게 되는 것은 이 때문이다. 우리가 그들을 두려워하지 않는 것은, 우리가 사랑하는 것을, 그들이 빼앗아 가지 못하기 때문이다. 우리가 그들을 불쌍히 여기는 것은, 우리가 사랑하는 분에게서 그들이 분리되어 있으면 있을수록, 그들이 더 많이 우리를 미워하게 되기 때문이다. 하지만, 만약 그들이 그분에게로 돌이킨다면, 그들은 그분을 반드시 사랑하게 될 것이고, 그분이 [우리를] 복되게 하는 보화임을 깨닫게 될 것이고, 우리에 대하여는, 이처럼 엄청난 보화에 함께 동참한 자임을 깨닫게 될 것이다.

모든 사람들, 심지어 천사들도 우리의 이웃임

제30장 (31) 그런데, 이 자리에서 천사들에 관한, 모종(某種)의 문제가 제기된다. 이는, 천사들도, 우리가 향유하기를 간절히 바라는 그분(= 삼위일체 하나님)을 향유하는 가운데 복락을 누리고 있기 때문이다. 그리고, 우리가 [그분을] 향유하는 것이, 현세(現世)에서는 "거울로 보는 것 같이 희미"(고전 13:12)하게만 이루어진다 하더라도, 그럴수록 우리는 우리의 순례의 길을 더 큰 인내를 가지고 참고, 이 길 마치기를 더 간절히 사모하게 된다. 그러나 저 [사랑의] 이중계명에 천사들에 관한 사랑도 포함되는지에 대해 질문하는 것은 결코 무리한 질문이 아니다.

그런데, 우리에게 이웃을 사랑하라 명하신 분이 어떠한 사람도 [사랑의 대상에서] 제외시키지 아니하셨음은, 복음서에서 주님 자신이 밝히셨고, 사도 바울도 [밝혔다]. 주님이 어떤 서기관에게 사랑의 이중계명을 제시하시고, "이 두 계명이 온 율법과 선지자의 강령"(마 22:40)이라 말씀하셨을 때, 그 서기관은 주님께 이렇게 질문을 하였다.

> 그러면 내 이웃이 누구오니이까? (눅 10:29)

[이에 주님은 그에게,] "어떤 사람이 예루살렘에서 여리고로 내려가다가 강도를"(눅 10:30) 만난 사실을 소개하셨다. 강도들은 그 사람을 심히 때린 다음, 상처를 입고 거반 죽게 된 그 사람을 버리고 갔다. 주님은 [그 서기관에게] 가르치시기를, 그 사람에게 이웃은 그 사람에게 "자비를 베푼 자"(눅 10:36), 그래서 그 사람을 소생시키고 치료한 자였다고 하셨는데, 이것은, 질문을 한 바로 그 서기관이 주님의 반문을 받고 인정을 한 그대로였다. 그 서기관에게 주님은 이렇게 말씀하셨다.

가서 너도 이와 같이 하라! (눅 10:31)

우리는 이 말씀을 이렇게 이해해야 한다. 곧, [우리의 자비를] 필요로 하여, [우리가] 자비를 베풀어야 할 자, 혹은, [우리의 자비를] 필요로 했어서, [우리가] 자비를 베풀어야 했던 자가 "이웃"이라고 말이다. 이로부터 다음과 같은 추론도 가능하다. 즉, 거꾸로 우리에게 자비를 베풀어야 하는 자도 우리의 "이웃"이 될 수 있다고 말이다. 이는, "이웃"이라는 말 자체가 어떤 대상에 대한 관계를 나타내는 말이기 때문이다. 그리고, [정말로 가까이] 이웃한 사이가 아니면, 이웃이 될 수 없기 때문이다. 그렇지만, 어느 누구도 예외 없이 자비의 대상에서 제외되어서는 안 된다는 사실을 모를 사람이 어디 있겠는가? 이는, 자비의 대상 속에는 원수까지도 포함되기 때문이다. 우리 주님께서는 이렇게 말씀하셨다.

너희 원수를 사랑하며, 너희를 미워하는 자를 선대하며 (눅 6:27)

율법의 완성은 사랑

제30장 (32) 바울 사도 역시 같은 가르침을 내려 다음과 같이 말한다.

> 간음하지 말라, 살인하지 말라, 도적질하지 말라, 탐내지 말라 한 것과, 그 외에 다른 계명이 있을지라도, 네 이웃을 네 자신과 같이 사랑하라 하신 그 말씀 가운데 다 들었느니라. 사랑은 이웃에게 악을 행치 아니하나니, … (롬 13:9-10)

그러므로 누구든지, [바울] 사도가 모든 사람을 대상으로 이 명령을 하지 않았다 여긴다면, 누가 불신자나 원수의 아내와 간음을 한다 해도, 혹은, 불신자나 원수를 죽인다 해도, 혹은, 불신자나 원수의 재산을 탐낸다 해도, 죄가 아니라는 생각을 [바울] 사도가 했으리라는, 극히 황당하고 불경스러운 추론을 하지 않을 수 없게 한다. 이러한 추론은, 정신이상자나 할 수 있는 것이라고 한다면, 모든 사람을 이웃으로 간주해야 함이 분명하다. 왜냐하면 아무에게도 악을 행해서는 안 되기 때문이다.

보이지 않는 자들에 대한 사랑에 우리가 붙들려 감

제30장 (33) [우리가] 자비를 베풀어야 할 사람이나, 우리에게 [자비를] 베풀어야 할 사람이나, [다] 우리의 이웃이라 부르는 것이 옳다고 한다면, 이웃을 사랑하라는 이 계명의 대상 속에 거룩한 천사들도 포함되는 것이 분명하다. 천사들에게서 우리가 자비 베풂을 받는 일이 아주 많음은 성경의 수많은 구절을 통해서 쉽게 알 수 있다. 이런 이유로 우리 주 되신 하나님께서도, 당신이 우리 이웃이라 불림받는 것을 기뻐하셨다. 이는, 주 예수 그리스도께서는, 강도들에게 맞아 반쯤 죽은 채로 길에 버려진 그 사람을 구해 준 [선한 사마리아] 사람이 바로 당신이었음을 암시하시기 때문이다 (눅 10:33). 그리고 선지자인 [시편 기자]도 기도 중에 이렇게 말하고 있다.

> 내가 나의 친구와 형제에게 행함 같이 저희에게 행하였으며 (시 35:14)

그러나, 하나님의 실체는 탁월하고 우리의 본성보다 존귀하므로, 우리가 하나님을 사랑해야 한다는 계명은 이웃 사랑[의 계명]과는 구별된다. 이는, 하나님은 당신의 선하심 때문에 우리에게 자비를 베푸시는 반면, 우리 인간은 하나님의 선하심 때문에 서로 자비를 베풀기 때문이다. 즉, 하나님께서 우리를 불쌍히 여기시는 것은, 우리로 하여금 당신을 향유하도록 만드시기 위함이지만, 우리 인간이 서로를 불쌍히 여기는 것은, 하나님을 향유하기 위함인 것이다.

하나님께서는 우리를 향유하시는 것이 아니라 사용하심

제31장 (34) 그러므로, 우리가 어떤 대상을 그 대상 자체 때문에 사랑할 때, 우리가 그 대상을 [온전히] 향유하는 것이라 말한다면, 또 우리를 복되게 만들어 주는 대상만을 우리가 향유해야 하며, 다른 대상은 사용[만] 해야 한다고 말한다면, [우리의 이런 말에는] 아직 모호한 점이 있는 것처럼 보인다. 하나님은 우리를 사랑하신다. 그리고, 하나님의 [말씀인] 성경은, 우리를 향한 하나님의 사랑에 대하여 많이 이야기한다. 그렇다면, 하나님은 [우리를] 어떻게 사랑하시는가? 우리를 향유하시기 위해서인가? 아니면, 사용하시기 위해서인가? 만약 향유하시는 것이라 한다면, 하나님이 우리의 재화(財貨)를 필요로 하신다는 말이 된다. [하지만] 이런 말은, [정신이] 온전한 사람이라면 하지 못할 것이다. 왜냐하면 우리의 모든 재화는 하나님 자신이든지, 아니면, 하나님에게서 온 것이기 때문이다. 빛은, 그것이 조명(照明)해 주는 대상들에게서 나오는 광채를 필요로 하지 않는다는 사실을 누가 확실히 모르겠는가? 혹은, [그런 사실을] 누가 의심하겠는가? 그러므로 선지자도 [이것을] 대단히 밝히 말한다.

> 내가 여호와께 아뢰되, 주는 나의 주시오니, 주는 나의 재화를 필요로 하시지 않나이다 (시 16:2 의역)

따라서 하나님은 우리를 향유하시는 것이 아니라, 사용하시는 것이다. 왜냐하면 하나님이 [우리를] 만약 향유하시는 것도, 사용하시는 것도 아니라 한다면, 하나님이 [우리를 도대체] 어떻게 사랑하시는지, 알 수 없기 때문이다.

하나님이 우리의 상급

제32장 (35) 그러나, [하나님의] 사용하심은 우리와 다르다. 이는, 우리가 어떤 대상을 사용하는 것은, 하나님을 [온전히] 향유하기 위한 것이기 때문이다. 하지만, 하나님이 우리를 사용하시는 것은 당신의 선하심 때문이다. 이는, 하나님이 선하시기 때문에, 우리가 존재하고, 우리의 선함은 우리의 존재에 비례하기 때문이다. 그러나 이뿐 아니라 하나님은 의로우시기 때문에, 우리가 악한 자가 되고서도 벌을 면할 길이 없다. 그리고, 우리의 악함의 정도에 비례하여, 우리의 존재는 축소된다. 이는, 하나님이 최고, 최초의 존재이시기 때문이다. 하나님은 절대 불변이시고, "나는 스스로 있는 자니라"는 말씀, "너는 이스라엘 자손에게 이같이 이르기를, 스스로 있는 자가 나를 보내셨다 하라"(출 3:14)는 말씀을 아주 얼마든지 하실 수 있는 분이셨다. [하나님] 이외의 존재들은 [존재를 하되,] 하나님으로 말미암지 않고는 존재할 수 없고, [하나님으로부터] 존재의 능력을 받은 만큼만 선한 것이 된다.

그러므로 하나님이 우리를 사용하신다고 할 때, 그 사용은 당신의 유익을 위한 것이 아니라, 우리의 유익을 위한 것, 곧, 하나님의 선하심을 드러내시기 위한 것이다. 그런데, 우리가 어떤 사람을 불쌍히 여기고, 그 사람에게 도움을 주는 경우, 우리는 그 사람의 유익을 위해 그 일을 하고, [사실,] 그 사람의 유익을 염두에 둔다. 그러나, 알 수 없는 일은, 자비를 필요로 하는 사람에게 우리가 자비를 베풀 때, 어찌하여 그것이 우리에게도 유익이 되는지 하는 것이다. 왜냐하면, 하나님께서는 [선행에 대하여] 상급을 주시지 않는 일이 없기 때문이다. 하지만, 최대의 상급은 이것인데, 곧, 우리가 하나님을 온전히 향유하는 것, 또, 하나님을 향유하는 우리 모두가 하나님 안에서 서로서로를 온전히 향유하는 것이다.

복락에 대한 소망을 피조물에다 두지 말라!

제33장 (36) 만일 우리가 이 일, [곧, 하나님을 향유하는 일과, 우리가 서로 서로를 향유하는 일]을 우리 자신 안에서 행하고자 한다면, 우리는 길 위에 멈춰 서게 되고, 우리의 복락에 대한 소망을 사람이나 천사에게 두게 된다. 교만한 사람도, 교만한 천사도 이와 같이 부당한 일을 행한다. 그리고 다른 사람들이 자기에게 소망을 둘 때, 희열을 느낀다. 그러나, 거룩한 사람과 거룩한 천사는, 우리가 비록 곤비(困憊)하여, 자기네 곁에 머무르며 쉼을 얻고자 할지라도, 우리를 소성(蘇醒)케 하기는 하되, [하나님에게서] 받은 것을 가지고 그렇게 한다. 그들이 우리를 위하여 받았든, 자기네 스스로를 위하여 받았든, 그들이 받은 것은 [하나님에게서] 받은 것이다. 그러므로 우리가 소성함을 받은 다음에, 그들은 [우리를] 하나님께 나아가도록 떠다 민다. 하나님을 향유할 때, [그들이나] 우리는 다 함께 복된 자들이 될 수 있[기 때문이]다. 그래서, 사도 [바울]도 이렇게 외친다.

> 바울이 너희를 위하여 십자가에 못 박혔으며, 바울의 이름으로 너희가 세례를 받았느뇨? (고전 1:13)

또 [이렇게 외친다].

> 그런즉, 심는 이나 물 주는 이는 아무것도 아니로되, 오직 자라나게 하시는 하나님 뿐이니라(고전 3:7)

또한 천사도 자기에게 경배하려는 사람에게 권하기를, 자기도 같은 주님 아래에서 함께 일하는 종이니, [오직] 주님에게[만] 경배하라고 하였다(계 19:10 참조).

사람을 향유할 때는 하나님 안에서, 하나님 때문에 해야

제33장 (37) 그런데, 그대가 사람을 하나님 안에서 향유한다고 하면, 그대는 사람보다는 하나님을 더 많이 향유하는 셈이다. 이는, [이 경우] 그대는 그대를 복되게 해 주신 바로 그분을 향유하는 것이기 때문이다. 그리고 그대가 이르고자 희망을 거는 바로 그분에게 이르렀음을 기뻐하게 될 것이기 때문이다. 그래서, 바울도 빌레몬에게 이렇게 말한다.

> 오, 형제여! 나로 주 안에서 너를 인하여 기쁨을 얻게 [하고, 내 마음이 그리스도 안에서 평안하게] 하라! (몬 20)

만약 [바울이] "주 안에서"라는 말을 덧붙이지 않고, "너를 인하여 기쁨을 얻게 하라"는 말만 했다고 하면, [바울이] 복락의 소망을 빌레몬에게 둔 셈이 되었을 것이다. 그렇지만, "향유"라는 말은 "애용한다"는 말과 매우 흡사한 의미로 사용되기도 한다. 이는, 사랑하는 것이 옆에 있으면, 필연적으로 즐거움이 수반되기 때문이다. [그런데,] 그대가 만약 이에서 더 나아가, 그 사랑하는 대상을 영원한 존재와 결부시킨다고 하면, 그대는 그 대상을 사용하게 된다. 이 경우 "향유"라는 말을 사용하는 것은 본래적 의미로 사용하는 것이 아니고, 비본래적 의미로 사용하는 것이다. 그러나, 그대가 만일 그 대상에 애착을 가지고 그 대상 곁에 영구히 머무르고자 한다면, 그리하여, 그 대상에 그대의 최종적 기쁨을 두는 경우는, 그대가 그 대상을 진정으로, 본래적 의미로 향유한다고 말할 수 있다. [하지만,] 이와 같은 의미의 향유는 성삼위, 곧, 최고의 불변적 재화(財貨)에 대해서만 해야 한다.

하나님께 이르는 으뜸길 그리스도

제34장 (38) [그리스도는] 진리 자체이시고 말씀이시다. 모든 것이 말씀으로 지은 바 되었는데, 그 말씀이 육신이 되사, 우리 가운데 거하셨지만, 그럼에도 사도 [바울은] 말하기를, "비록 우리가 그리스도도 육체대로 알았으나, 이제부터는 이같이 알지 아니하노라"(고후 5:16) 하였다. 이것이 어떻게 된 일인지 살펴보라! 그리스도는, 이미 도달한 사람들에게만 자신이 상급이심을 보여 주시려고 하신 것이 아니라, 이제 순례를 막 시작한 사람들에게도 자신이 길이심을 나타내시려고 하셨기 때문에, 육신을 취하신 것이다. 그래서 다음과 같은 말씀이 있는 것이다.

> 여호와께서 그 조화의 시작, 곧, 태초에 일하시기 전에 나를 가지셨으며 (잠 8:22)

그러므로 [하나님께] 이르기를 원하는 자들은 그리스도를 출발점으로 삼아야 한다. 그래서 사도 [바울은], 비록 그가 아직 [순례의] 길을 걷는 중이었고, "위에서 부르신 부름의 상을 위하여"(빌 3:14) 하나님을 향하여 나아가는 중이었지만, "뒤에 있는 것은 잊어버리고 앞에 있는 것을 잡으려고"(빌 3:13) 하였으므로, 시작 단계는 이미 넘어선 상황이었다. 즉, 진리에 도달하여 영원한 생명 가운데 거하기를 사모하는 모든 사람들이 길을 시작함에 있어 출발점으로 삼아야 할 바로 그분을 또다시 믿기 시작할 필요는 없었다. 이는, 그리스도께서 이렇게 말씀하시기 때문이다.

> 내가 곧 길이요, 진리요, 생명이니 (요 14:6)

이것은, "나를 통해 오고, 나에게로 도달하고, 내 안에 영원히 거한다"는 뜻이다. 이는, 그에게 도달하는 것은 아버지께 도달하는 것이 되기 때문이다. 즉, [아버지와] 동등하신 분을 통해 [아들과] 동등하신 분을 알게 되기 때문이다. [한편,] 성령님은 우리를 연결시키시는 분, 말하자면 든든히 결합시켜 주시는 분이시므로, 우리는 성령으로 말미암아 최고의 불변적 재화(財貨) 속에 영원히 거할 수 있게 된다. 이를 통해 알 수 있는 대로, 어떠한 것도 우리를 길 한가운데 [머무르도록] 붙잡아서는 안 된다. 이는, 우리의 길이 되어 주신 주님께서도 우리를 붙잡아 두려고 하지 않으셨기 때문이다. 도리어 [주님은] 우리가 [자기를] 지나가기를 바라셨다. 시간적인 것들은, 주님께서 우리의 구원을 위해 용납하신 것, 감당하신 것이다. 하지만 우리가 이런 것들에 나약하게 애착을 갖지 않고, 도리어 이런 것들로 말미암아 더욱 더 힘차게 달려가기를 [주님은 바라셨다]. 이는, 우리의 본성을 시간적인 것들로부터 해방시키사, 아버지의 우편에 자리잡게 하신 바로 그분에게로 우리가 나아가고 도달하기에 합당한 자들이 되는 것을 [주님은 원하셨기] 때문이다.

인류에 대한 구속경륜이 제시됨

제35장 (39) 그러므로, 우리가 [향유와 사용의] 대상에 대해 논하면서 말한 것은 전부 다, 그 핵심은 이것이다. 곧, 율법과 하나님의 책 성경 전체의 완성과 목적은 사랑에 있다는 것을 이해하는 일이다. 이 사랑은 마땅히 향유해야 할 대상에 대한 사랑과, 우리와 더불어 그 대상을 향유하도록 부름받은 대상에 대한 사랑을 포함한다. 이는, 누구든지 자기 자신을 사랑하는 것에 대해서는 계명이 필요하지 않기 때문이다. 그래서, 우리가 이것을 알고 실천에 옮길 수 있게 하기 위해서, 하나님의 섭리로 말미암아 우리 구원을 위해 [역사의] 전 과정을 아우르는 경륜이 세워졌다. [그런데] 역사는 사용의 대상이므로, 무슨 영속적인 사랑과 즐김의 대상이라도 되는 것처럼 생각해서는 안 된다. 오히려 임시적인 것으로, 말하자면, 마치 길처럼, 마치 수레처럼, 혹은 여타의 그 어떠한 도구처럼 사용해야 한다. 혹은 무슨 더 적절한 표현이 있다면, 그러한 표현을 사용해도 좋다. 그래서 우리를 이끌어 가는 수단이 되는 것은, 우리를 이끌어 가는 그 목적 때문에 사랑의 대상이 되어야 한다.

성경 해석은 거짓되어서는 안 되고 사랑을 세우는 데 유익해야 함

제36장 (40) 그러므로 누구든지, 자기가 하나님의 책 성경을 혹 그 일부라도 이해했다고 생각한다 해도, 그 이해한 것을 가지고 하나님 사랑과 이웃 사랑이라고 하는 이 두 가지 사랑을 세우지 못한다고 하면, 그는 아직 [참된] 이해에 도달한 것이 아니다. 하지만, 누구든지 이와 같은 사랑을 세우는 데 유익한 교훈을 성경에서 이끌어 낸다고 하면, 성경 기자가 그 개소(個所)에서 의도한 바였다고 인정을 받을 수 있는 말을 이 독자가 비록 하지 않는다고 할지라도, 이 독자가 위험천만한 오류를 범하고 있는 것도, 혹은, 진짜로 거짓말을 하는 것도 아니다. 왜냐하면, 거짓말하는 사람[의 마음] 속에는 거짓된 것을 말하고자 하는 의지가 있기 때문이다. 그래서, 거짓말을 할 생각을 가진 사람을 우리는 많이 본다. 그러나, 속임당하려는 생각을 가진 사람은 아무도 없다. 그런데, 인간은 알면서 [남을] 속이고, 모르고서 속임을 당하기 때문에, 똑같은 이 한 가지 사실만 보더라도, 속임을 당하는 자가 속이는 자보다 더 낫다는 것이 아주 명확해진다. 정말이지, 불의를 행하는 것보다 불의를 당하는 것이 더 낫다. 그런데, 누구든지 속이는 자는, 불의를 행하는 것이고, 누구든지 어떤 때에라도 거짓말을 유리하다 생각하는 자가 있다면, 그는 어떤 때에라도 불의를 유리하다 생각할 수가 있다. 이는, 거짓말을 하면서, 자기가 거짓말한 그 사실에 대해서 믿음을 가지는 자는 아무도 없기 때문이다. 그런데도 거짓말쟁이는, 자기가 속이는 사람이 자기에게 믿음을 가져 주기를 바란다. 물론, 자기는 그 사람에게 신의를 지키지 않는다. 하지만, 신의를 저버리는 자는 불의한 자다. 그러므로 불의가 때로는 유익하다는 것, 이것은 결코 있을 수 없다. 도리어 거짓말은 항상 무익한 것이다.

성경 기자의 의도를 먼저 파악해야 함

제36장 (41) 그런데 누구든지 성경을 보고, 성경 기자가 의도한 것과는 다른 해석을 한다면, 오류에 빠지게 된다. 물론, 그를 오류에 빠지게 한 것은 성경이 아니다. 하지만, 이미 말을 꺼냈으니, 하는 말이지만, 계명의 목적이 되는 사랑을 세우는 교훈 때문에 그가 오류에 빠졌다고 하면, 그가 비록 오류에 빠졌다 해도, 그는 실수로 길을 버리고 들판을 헤매는 사람과 비슷한 사람이다. 그러나 그는 결국, 길이 인도하는 그곳으로 가게 될 것이다. 하지만, 그를 바로잡아 주고, 정도(正道)를 버리지 않는 것이 얼마나 유익한지를 가르쳐 주어야 한다. 그래야, 습관적으로 정도(正道)에서 벗어나, 비스듬한 길 내지는 그릇된 길로 가는 일이 없을 것이기에 말이다.

성경을 경건한 마음으로 읽는다면, 믿음, 소망, 사랑이 함양됨

제37장 (41) 성경 기자가 의도하지 않은 바를 무턱대고 주장하는 독자는 자기 생각에 부합하지 않을 수 있는, 다른 개소(個所)를 만나기가 십상이다. 나중에 본 이 개소가 참되고 확실하다는 것을 이 독자가 인정한다면, [전에 본 개소에 대해] 그가 이해했던 바가 옳다 인정할 수 없을 것이다. 이런 사람한테는 어찌 된 일인지는 알 수 없지만, 자기 견해에 대해 애착을 가지는 과정에서, 자기 자신에 대해서보다 성경에 대해 적대적이 되어 가는 일이 발생한다. 만일 그가 이와 같은 잘못을 허용하게 되면, 그는 이 때문에 망하게 될 것이다. "우리는 믿음으로 행하고, 보는 것으로 하지 아니"한다 (고후 5:7). 하지만, 성경의 권위가 흔들리면, 믿음이 흔들리게 될 것이다. 그런데, 믿음이 흔들리면, 사랑도 식는다. 이는, 누구든지 믿음에서 떨어지면, 사랑에서도 떨어지기 때문이다. 정말이지, 존재한다 믿지 않는 것을 사랑할 수는 없는 노릇이다. 그런데, 믿기도 하고 사랑하기도 한다면, 선을 행함으로 말미암아, 또, 착한 행실을 위한 계명을 지킴으로 말미암아, 그가 사랑하는 대상에, 그가 장차 도달하리라는 소망을 가지는 일이 가능하다. 그러므로 모든 지식과 예언이 추구하는 바는 다음 세 가지, 곧, 믿음, 소망, 사랑이다.

사랑은 길이 남음

제38장 (42) 그런데, 믿음 다음에는 우리가 보게 될 형상이 오고, 소망 다음에는 우리가 이르게 될 복락 그 자체가 온다. 하지만 사랑은, 믿음과 소망이 없어질지라도, 오히려 커질 것이다. 우리가 아직 보지 못하는 것을 믿음으로 사랑하는 것이라 한다면, 우리가 보기 시작할 때에는 얼마나 더 사랑하겠는가? 그리고 우리가 아직 도달하지 못한 것을 소망으로 사랑하는 것이라 한다면, 우리가 도달하게 되었을 때에는 얼마나 더 사랑하겠는가? 그런데, 시간적인 것과 영원한 것 사이에는 다음과 같은 차이가 있다. 곧, 시간적인 것은, 그것을 소유하기 전에는 사랑을 많이 하지만, 일단 [그것을] 소유하게 된 다음에는, [그것에 대한 사랑이] 시들해진다. 이는, [시간적인 것 가지고는] 영혼을 만족시킬 수 없기 때문이다. 영혼에게는 영원[만]이 참되고 안전한 처소가 될 수 있는 것이다. 그런데 영원이라 하는 것은, 사모할 때보다 도달하였을 때, 더욱 뜨겁게 사랑하게 된다. 무엇을 사모하는 자는, 그것이 간직하고 있는 것보다 더 많은 것을 절대 기대하지 않기 때문에, 그것이 [생각보다] 못하다는 것을 알게 되면, [사랑하는 마음이] 시들해지지만, [영원이라 하는 것은, 그것을 향해] 가면서 [그것에 거는] 기대가 어떠하든지 간에, [일단] 도달하게 되면, [기대했던 것보다] 더하다는 것을 발견하게 되는 것이다.

성경 해설자는 믿음, 소망, 사랑의 가르침을 받아야

제39장 (43) 그러므로, 믿음, 소망, 사랑에 의지하는 사람, 이것을 굳게 붙드는 사람에게 성경이 필요한 이유는 오직 한 가지. 곧, 남을 가르치기 위해서다. 그래서, 많은 사람들이 [신망애] 이 세 가지로 말미암아 광야에서도 성경 책 없이 살아간다. 그러므로 내 생각에, 이 사람들에게는 다음과 같은 성경 말씀이 이미 이루어진 것이다.

> 예언도 폐하고, 방언도 그치고, 지식도 폐하리라(고전 13:8)

그러나, 이런 것들이 이 사람들에게는 마치 보조수단의 역할을 하여서, 믿음, 소망, 사랑에 대한 가르침이 대단히 큰 성과를 거두어, 온전한 것을 이들이 소유하게 된 까닭에, 부분적인 것들은 구할 필요가 전혀 없을 정도가 되었다. 물론, [여기서] 온전함이라 하는 것은, 현세에서 가능한 범위 내에서의 온전함이기는 하지만 말이다. 이는, 장래의 삶과 비교할 때, 아무리 의롭고 거룩한 자들의 삶이라 할지라도 온전하지는 않기 때문이다. 그러므로, "믿음, 소망, 사랑, 이 세 가지는 항상 있을 것인데"(고전 13:13)라는 말씀이 있는 것이다. 그러나, "그 중에 제일은 사랑"이다. 왜냐하면, 누구든지 영원한 [세계에] 이르게 되면, [믿음과 소망,] 이 두 가지가 없어질시라노, 사랑은 더욱 더 자라고, 더욱 더 확실하게 될 것, 그리하여 "항상 있을 것"이기 때문이다.

성경을 올바로 읽으려면?

제40장 (44) 이런 이유로, 계명의 목적이 "청결한 마음과, 선한 양심과, 거짓이 없는 믿음으로 나는 사랑"(딤전 1:5)이라는 사실을 아는 사람이라면 누구든지, 그리고 하나님의 [말씀인] 성경의 모든 의미가 이 세 가지에 달려 있음을 아는 사람이라면 누구든지, 이 성경 연구하는 일을 별다른 어려움 없이 행하게 될 것이다. [사도 바울은] 사랑이라는 말을 하면서 "청결한 마음"이라는 말을 덧붙였는데, 그것은, [우리로 하여금] 사랑해야 할 것 이외에는 아무것도 사랑의 대상으로 삼지 말도록 하기 위함이었다. 그런데, "선한 양심"이라는 말을 덧붙인 것은 소망 때문이었다. 이는, 악한 양심으로 인해 가책을 받는 사람은, 자기가 믿고 사랑하는 것에 [과연] 도달할 수 있을 것인지, 낙심하기 때문이다. 셋째로는, "거짓 없는 믿음으로"라는 말이 나온다. 이는, 우리 믿음에 거짓이 없다면, 사랑하지 말아야 할 것을 우리가 사랑하지 않게 되고, 올바른 삶을 사는 중에, 우리 소망이 결코 헛되지 않게 되기를 바라게 되기 때문이다.

 제1권에서 나는 믿음의 대상에 관하여 현재 상황에서 [가장] 필요하다 생각되는 것만을 이야기해 보려 하였다. 왜냐하면, 다른 사람들이 쓴 책이든, 내가 쓴 책이든, 다른 여러 책에 이에 대한 것이 많이 취급되고 있기 때문이다. 그래서 제1권은 여기서 끝내려고 한다. 표상에 대한 것은 주께서 허락하시는 범위 안에서 [다음 권에서] 논의하고자 한다.

제2권 표상론 및 학문론

대상과 표상에 관하여

제1장 (1) 대상(對象)에 관해 [글을] 쓰면서, 나는, [어떤] 대상이 자기 자신 이외의 다른 것을 가리킬 수 있다 하더라도, 그 대상의 본질 이외의 것에 대하여는 관심을 가지지 말아야 한다는 권고를 먼저 한 바 있다. [이제 나는] 거꾸로 표상(表象)에 관해 논하게 되었는데, [이제는] 대상의 본질보다는 오히려 표상의 본질에 대하여, 곧, 표상이 무엇을 의미하는지에 대하여 관심을 가져 달라는 말을 하고 싶다. 이는, 표상이란, 그것이 감관(感官)에 주입시키는 형상(形象) 이외의 것을 스스로 내어 놓아, 그것으로 하여금 [우리] 생각 속에 들어오게 하는 사물이기 때문이다. 예컨대, 발자국을 보고 우리는, 동물이 지나가면서 그 발자국을 남겨 놓았다고 생각하고, 연기를 보고 우리는, 부근에 불이 있음을 알게 되고, 사람의 음성을 듣고, 우리는 그 사람의 심정에 관심을 가지게 되고, 나팔 소리가 울리면, 병사들은 전진할 것인지, 후퇴할 것인지, 아니면, 전투에 필요한, 다른 무슨 일을 해야 할지 알게 된다.

자연적 표상에 관하여

제1장 (2) 그래서, 표상 중 어떤 것은 자연적(自然的) 표상이고, 어떤 것은 약정적(約定的) 표상이다. 자연적 표상은, 자기 자신 이외의 것을 가리키려는 의도나, 아무런 욕구가 없이, 자기 자신 이외의 것을 스스로 내어 놓아, [사람들로 하여금] 그것을 간취(看取)하도록 만드는 것이다. 예컨대, 연기는 불을 가리킨다. 사실, 연기는 불을 가리키려는 의도가 없이 불을 가리키는 것이고, 사람들은 과거의 경험과 관찰에 근거해서, 단지 연기만 보여도, 부근에 불이 있음을 간취하는 것이다. 그리고, 동물이 지나간 발자국도 이러한 종류에 해당하고, 화난 사람 혹은 슬퍼하는 사람의 얼굴도, 화난 사람 혹은 슬퍼하는 사람의 의도와 전혀 관계 없이 [그 사람의] 마음 상태를 가리킨다. 혹은, 다른 종류의 감정도 얼굴 표정을 통하여 드러나는데, 우리가 드러내려는 의도를 가지지 않는 경우에도 그렇게 된다. 하지만, 지금 이러한 종류의 표상에 대해 모두 논할 생각은 없다. 다만, 표상을 분류하다 보니, 이에 대해서 완전히 지나칠 수만은 없었다. 여하간, 이에 대해서는 지금까지 언급한 것으로 충분할 것이다.

이곳에서 취급해야 할 표상은 [약정적 표상]

제2장 (3) 그런데, 약정적 표상이란, 모든 생명체가 서로 주고받는 것으로, 자기 마음의 움직임 내지는, 감지 혹은 인식한 것을 – 그것이 어떠한 종류의 것이 되었든지 – 자기 능력껏 표현하기 위한 것이다. 우리가 표현하는 이유, 곧, 표상을 제시하는 이유는 오직, 표상을 제시하는 자가 마음 속에 품은 바를 꺼내어 상대방의 마음 속에 투입하고자 하는 데 있다. 그래서, 우리는 이러한 종류의 표상에 대해, 그것이 우리 인간에 관계되는 한에 있어서 고찰하고 취급할 생각을 하였다. 이는, 성경 속에 포함돼 있는, 하나님께서 주신 약정적 표상도 그것을 기록한 사람들로 말미암아 우리에게 제시되었기 때문이다. 짐승들도, 자기네 마음이 소원하는 바를 서로 간에 전달하는 데 사용하는 표상이 있다. 예컨대, 수탉은 먹이를 발견하고는 암탉에게 소리로 신호를 보내어, 이리 오라고 한다. 수비둘기와 암비둘기도 구구 소리를 내어 서로 부른다. 이와 비슷한 일을 우리는 익히 볼 수 있다. 아픈 사람의 표정이나 비명의 경우, 그것이, 마음의 움직임을 [굳이] 표시하려는 의도가 없이도, 저절로 나오는 것인지, 아니면, 표시하려는 의도가 진짜 있는 것인지 하는 문제는 또 다른 문제이고, [여기서] 취급하는 문제와는 상관이 없는 문제다. 이러한 문제는 불필요한 것으로 간주하여 이 책에서는 제외시키고자 한다.

표상 중에서는 언어가 가장 중요한 위치 차지

제3장 (4) 그런데, 사람들이 자기의 느낀 바를 서로 전달하는 [데 사용하는] 표상 중 어떤 것은 시각(視覺)에 관계하지만, 대부분은 청각(聽覺)에 관계하고, 극소수[만] 여타 감관(感官)에 관계한다. 예를 들어, 우리가 고개를 끄덕이는 것은, 이 표상을 통해 우리 상대방에게 우리 의사를 전달하기 위해 오직 그의 눈에다만 표상을 제시하는 것일 따름이다. 또, 어떤 사람들은 손놀림을 통하여 많은 것을 가리킨다. 그리고 배우들은 모든 지체를 다 움직여, [그 움직임의 뜻을] 아는 사람들에게 무슨 표상을 제시하는데, 이것은 마치 그 사람들의 눈에다 말을 하는 것과 같다. 또, 군기(軍旗)는 병사들의 눈을 통하여 지휘관의 의사를 전달하는 것이다. 그런데, 이 모든 것이 다 마치 무슨 가시적(可視的) 언어와 같은 것이다. 하지만, 이미 말한 대로, [표상의] 대부분은 청각에 관계하는데, 특히 언어가 가장 중요하다. 예를 들어, 나팔과, 피리와, 현금(弦琴)은 보통 아름다운 소리만 내는 것이 아니라, 뜻을 담은 소리도 낸다. 그러나, 이 모든 표상들은 언어와 비교할 때 아주 별 것이 아니다. 이는, 누구든지 [자기] 마음에 품은 바 생각을, 그것이 무엇이 되었든지 간에, 표현하기 원한다면, 이를 나타내는 [여러 표상 중에서] 말이 사람들 사이에서는 가장 으뜸가는 자리를 차지하게 된 까닭이다. 물론, 주님께서는 당신 발에 부어진 향유의 냄새를 가지고도 무슨 표상을 삼으셨고, 당신의 살과 피라는 성례를 가지고도, 당신이 원하시는 바를 미각(味覺)을 통해 표현하셨으며, 어떤 여인이 당신의 겉옷 가를 만짐으로 인해 나음을 얻었을 때도, 무언가를 나타내셨다. 하지만, 사람들이 자기 생각을 나타내는 데 사용하는 표상 중 헤아릴 수 없이 많은 대다수가 말로 되어 있다. 정말이지, 지금까지 내가 간략

하게 취급한 바 표상의 모든 종류를 말로는 설명이 가능하였지만, 내가 말한 이 내용을 다른 표상으로 설명한다 하는 것은 완전히 불가능하다.

문자의 기원

제4장 (5) 그런데 [말이라 하는 것은,] 공기가 진동하여 생기는 것으로, 금방 사라져 버리는 것이어서, 소리가 날 때만 들리는 것이지, 더 이상 오래 남아 있지를 않는다. 그래서, 문자라고 하는, 말의 표상이 고안되었다. 이렇게 하여 음성이 눈에 보이게 되었는데, 저절로 그렇게 된 것은 아니고, 무슨 특별한 표상을 통하여 그렇게 되었다. 그렇지만, 이 표상이 모든 민족에게 똑같을 수가 없게 된 것은, 인간을 분열시키는, 그 어떤 죄로 말미암아 모든 사람이 지배권을 가지려고 하기 때문이다. 바로 그 교만의 표상으로 [바벨]탑이 하늘까지 [높이] 솟았고, [그 탑이 솟은 바로] 그곳에서 사악한 인간들의 영혼만 나누어진 것이 아니라, 언어까지도 나누어진 것은 당연한 결과였다.

성경에 사용된 언어에 관하여

제5장 (6) 이로 인해 다음과 같은 일이 일어났다. 즉, 성경은 인간의 의지에 생긴 수많은 질병을 치료하는 것이지만, 한 가지 언어에서 출발, 전 세계에 두루 잘 보급되었는데, 번역자들의 여러 가지 언어를 통해 멀리, 널리 퍼져, 열방이 이를 알게 됨으로써 구원에 이르게 되었다. 성경의 독자들은 성경 기자들의 생각과 뜻을 발견하고, 이를 통해 하나님의 뜻을 발견하는 것 외에는 바라지 않는다. 성경 기자들은 하나님의 뜻에 따라 말을 하였다고 우리는 믿는다.

성경에 비유와 상징으로 기록된 부분이 있는데, 그것이 필요한 이유

제6장 (7) 그런데, [성경에는] 애매모호한 개소(個所)가 여러 가지로 많아서, 분별 없이 읽는 사람들은 [제대로] 이해하지 못하여 혼동을 하고, 어떤 개소에 대하여는, 자기도 모르게 잘못된 추측을 한다. 그래서 상당수 어렵게 표현된 부분에 대해서는 아주 짙은 안개가 끼어 있는 것 같이 되어 있다. 나는 이 모든 것이 하나님의 섭리에 의한 것임을 의심하지 않는다. 어려운 내용이 있어야, 교만이 꺾이게 되고, [우리] 지성이 새로워져 지루함에서 벗어날 수 있기 때문이다. [사실,] 쉽게 알아낸 것에 대해서는 무시하기가 아주 쉽다. 그런데, 혹자는 이렇게 말한다.

거룩하고 완전한 사람들이 있는데, 그들의 삶과 행실 때문에 그리스도의 교회는 교회로 찾아오는 사람들로 하여금 갖가지 미신에서 벗어나게 하고, 선한 사람들을 본받게 함으로써 그들을 자기 몸에 말하자면 접을 붙여 나간다. 이 선하고, 신실하고, 참된, 하나님의 종들은 세상의 무거운 짐을 내려놓고, 세례라고 하는 성스러운 목욕을 하기 위해 왔고, 세례당에서 올라올 때는 성령으로 거듭남을 받아, 사랑의 두 가지 열매, 곧, 하나님 사랑과 이웃 사랑의 열매를 맺는다.

그렇다고 하면, 내가 묻고 싶은 것은, 이런 말을 하는 사람이 있는데도, 이런 말을 듣는 것이, [솔로몬의] 아가에 나오는, 같은 뜻으로 기록된, 다음과 같은 말에 대한 설명을 듣는 것보다 더 유쾌하지 않는 것은 왜냐 하는 것이다.

> 네 이는 목욕장에서 나온 털 깎인 암양 곧, 새끼 없는 것은 하나도 없이 각각 쌍태를 낳은 양 같구나 (아 4:2)

같은 내용을 이런 직유(直喩)를 사용하지 않고 지극히 평범한 말로 표현하는 소리를 들을 때, 더 이해가 빠를까? 그런데, 어찌된 일인지는 알 수 없어도, 성도들을 교회의 "이"빨로 비유하는 것이 내게는 더 유쾌하게 느껴진다. 내가 보기에, [성도들은 마치 이빨과도 같아서,] 사람들을 오류에서 끊어 내고, 그들의 완악[한 심령]을, 마치 [음식을] 잘 씹어 부드럽게 만든 깃 같이 한 다음, 교회라는 몸으로 내려온다. 세상 [죄] 짐을 내려 놓은 것을, "털 깎인 암양" 같이 생각하는 것 역시 매우 유쾌하게 여겨진다. "목욕장에서 나온"다는 것은 곧 세례당에서 나온다는 것을 의미하고, "각각 쌍태를" 낳았다는 것은 사랑의 이중 계명을 지킨다는 것을 의미하며, 또, "새끼 없는 것은 하나도" 없다는 것 역시, 거룩한 열매를 맺지 않는 성도는 전혀 없다는 뜻이지만, [이런 표현 역시 매우 유쾌하게 여겨진다].

힘든 탐색 작업을 거쳐 발견된 것이 더 값지게 느껴짐

제6장 (8) 그러나, 대상이 동일하고, 뜻이 동일한데도, 성경에 이와 같은 비유가 전혀 나오지 않는 것보다 [나오는 것을] 내가 왜 더 유쾌하게 느끼는지는, 그 이유를 설명하기도 힘들지만, 문제의 성격도 다르다. 그렇지만 이제 아무도 의심하지 않는 것은, 무엇이든지 비유를 사용하여 표현하면, 더 쉽게 이해가 되고, 약간 힘들게 노력하여 얻은 것이 훨씬 더 귀하게 느껴진다 하는 사실이다. 이는, 찾는 것을 전혀 발견하지 못하는 사람은 기갈(飢渴)에 시달리게 되고, 찾아 다닐 필요가 없을 정도로, 모든 것을 쉽게 손에 넣을 수 있는 사람은 무료함에 빠질 때가 많은 까닭이다. 두 경우 다 낙심하지 않도록 조심해야 한다. 그러므로 성령께서는 성경을 훌륭하게, 또 [우리에게] 유익이 되도록 다듬으사, 명료한 부분으로는 [우리의] 굶주림을 채우시고, 희미한 부분으로는 [우리의] 싫증을 제하신다. 다른 데서 지극히 쉽게 말씀하신 것을 찾아내지 못하고서, 희미한 부분에서 무엇을 밝혀 낸다는 것은 사실상 불가능한 법이다.

성경은 하나님께로 마음을 돌이킨 자들에게 열릴 것임

제7장 (9) 그러므로, 무엇보다 필요한 것은 하나님을 경외하는 마음으로 돌이켜, 그의 뜻을 깨닫는 것, 하나님께서 우리에게 무엇을 추구하라 하시는지, 무엇을 피하라 하시는지를 깨닫는 것이다. 그런데, 이 경외심은 우리의 가사성(可死性)에 대한 생각, 우리가 장차 죽을 것이라는 생각을 [우리에게] 불어 넣기 마련이며, 육체를 마치 [십자가에]

못 박는 것 같이, 교만에 기인(起因)하는 모든 움직임을 십자가 나무에 못 박게 될 것이다.

다음으로는 공경하는 마음으로 온유해질 필요가 있다. 그리하여, 성경에 나오는 하나님 말씀을 이해할 수는 있지만, 그 말씀이 우리의 무슨 잘못을 지적할 때, 우리는 그 말씀에 반감을 품어서는 안 된다. 그리고 그 말씀이 이해가 되지 않아, 우리가 더 지혜로울 것 같고, 우리가 더 훌륭한 교훈을 줄 수 있을 것 같을 때에도, 우리는 그 말씀에 대해 비판을 가해서는 안 된다. 도리어 우리는, 거기 기록돼 있는 내용이 비록 감추어져 있는 것 같을 때에도, 그것이 우리 자신의 힘으로 알 수 있는 것보다 더 낫고, 더 참되다 생각하고 믿지 않으면 안 된다.

가장 필요한 것은 성령의 은사

제7장 (10) 경외와 공경이라는 이 두 단계를 지난 다음에 우리는 지식이라는 세 번째 단계에 이르게 되는데, 나는 지금 이에 대하여 취급하고자 한다. 그런데, 이 단계에서는 하나님 말씀인 성경을 연구하는 자들의 훈련 목적은 무릇 이 책에서, 하나님은 하나님 [자신] 때문에 사랑하고, 이웃은 하나님 때문에 사랑해야 한다는 것을 발견하는 것 외에는 없다. 그리하여, 하나님은 "마음을 다하고, 목숨을 다하고, 뜻을 다하여"(마 22: 37) 사랑하고, 이웃은 마치 자기 "몸과 같이"(마 22:39) 사랑해야 한다. 그러나, 이웃에 대한 사랑은 우리 자신에 대한 사랑과 마찬가지로 하나님께로 연결돼야 한다. 이 두 계명에 대하여는 제1권에서 대상에 대해 취급할 때 취급하였다.

그러므로, 누구든지 성경에서 맨 먼저 꼭 발견해야 할 것은, 자기가 이 세상에 대한 사랑, 곧, 시간적인 것들에 대한 사랑에 얽매여 있고, 성경이 가르치는 바, 하나님 사랑과 이웃 사랑으로부터는 아주 멀리 떨어져 있다는 사실이다. 이 사실을 깨달을 때 비로소, 하나님의 심판을 생각함에서 오는 저 경외심과, 성경의 권위를 믿고 순종하지 않을 수 없게 만드는 저 공경심이 사람으로 하여금 자기 자신에 대하여 통탄하는 마음을 가질 수밖에 없도록 만든다. 왜냐하면, 참된 소망에 관한 지식은 사람으로 하여금 스스로 자랑하게 만드는 것이 아니라, 탄식하도록 만들기 때문이다. [탄식하는] 이 심정이 있을 때, 사람은 부지런히 기도함을 통해 하나님의 보우(保佑)하심으로 말미암은 위로를 얻게 되어, 낙심으로 무너지지 않게 되고, 네 번째 단계, 곧, 의에 주리고 목이 마르는 용기의 단계로 올라가게 된다. 이러한 용기가 있을 때, 사람은 무상(無常)한 것들에서 죽음의 쾌락을 느끼는 일에서 헤어 나와, 그것에 대해 등을 지고 영원한 것들에 대한 사랑으로 몸을 돌이키게 된다. 다시 말해, 불변적 일자(一者)이시고 삼위일체이신 분께로 몸을 향하게 된다.

마음의 지혜는 다른 은사들로 말미암아 준비됨

제7장 (11) 삼위일체 [하나님]께서 멀리까지 빛을 비추시는 것을, 사람이 그의 능력 범위 안에서 바라보는 것이지만, 자기 시력이 약하여, 그 빛을 자기가 감당할 수 없음을 절감하게 될 때, 그는 다섯 번째 단계, 곧, 자비의 권면 [단계]에 이르게 되는 바, 이 단계에서 그는 불안해 하는 영혼, 저급한 것들에 대한 욕심으로 인해 그에게 달라

붙은 더러움과 싸우는 영혼을 어떤 방식으로든 정화한다. 그런데, 이 단계에서 그는 자신을 이웃 사랑의 방면에서 훈련하여, 그 방면에서 온전하게 된다.

그리고 소망으로 충만해지고, 능력이 온전해져서, 원수 사랑의 단계에까지 이르게 되면, 여섯 번째 단계에 오르게 된다. 이 단계에서 그는 자기 눈을 정결케 하여, 그 눈으로 하나님을 뵈올 수 있게 되는데, 이것은, 이 세상에 대하여 죽는 자들에게 일어날 수 있는 현상으로, 그것도 죽는 정도만큼만 일어날 수 있는 현상이다. 즉, 이 세상에 대하여 죽는 만큼, 사람들은 하나님을 뵙게 되고, 이 세상에 대하여 사는 만큼, 사람들은 하나님을 뵙지 못하게 된다. 그런데, 비록 이제 그 빛의 찬란함이 보다 분명히 보이는 것이 사실이지만, 그 광휘(光輝)가 [이전보다] 더 견딜 만해졌을 뿐 아니라, 보다 더 유쾌하게까지 느껴지기 시작한 것이 사실이지만, 그럼에도 불구하고 아직 "거울로 보는 것 같이 희미"(고전 13:12)하다는 말씀을 하는 것은, 우리가 현세에서 순례자로 사는 동안, 비록 "우리의 시민권이 하늘에"(빌 3:20) 있다 해도, [아직은] "우리가 믿음으로 행하고 보는 것으로 하지"(고후 5:7) 않기 때문이다. 하지만, 이 단계에서는 마음의 눈이 많이 정결해지는 까닭에, 사람이 진리보다 자기를 앞세우거나, 이웃을 진리와 동등하게 여기는 일을 하지 하지 않게 된다. 자기 "몸과 같이"(마 22:39) 사랑하는 사람을 그렇게 하지 않는 이상, 자기 자신을 그렇게 할 수는 없는 것이다. 그래서, 이처럼 거룩한 사람은, 마음이 아주 순수하고 깨끗하여, 사람들을 기쁘게 할 욕심에 진리에서 멀어지거나, 현세에의 삶을 힘들게 하는, 여러 가지 곤란을 회피할 생각으로 진리를 저버리는 일이 없는 것이다. 이와 같은 [하나님의] 자녀는 마지막 일곱 번째 단계인 지혜[의 단계]에 오르게 되는데, 여기에서 그는 지혜를 평안하고 고요하게 향유하게 된다. "여호와를 경외함이 곧 지혜의 근본"이다(시 111:10). 정말이지, 이 [경외함]으로부터 출발, 이 여러 단계들을 지나 지혜에까지 이르게 되는 것이다.

정경과 위경에 관하여

제8장 (12) 하지만, 우리는 세 번째 단계로 돌아가 고찰을 다시 해 보도록 하겠는데, 주께서 영감을 주시는 대로, 이 문제에 대한 논의와 취급을 [다시] 하고자 한다. 하나님의 [말씀인] 성경 연구에 아주 숙달된 사람은 먼저 성경 전체를 읽고, 그 내용을 아는 사람, 아직 [다] 이해하지는 못했어도, "정경"(正經)이라 불리는 책의 내용은 최소한 읽어서 아는 사람일 것이다. 그는 진리에 대한 믿음으로 가르침을 받아, [정경] 이외의 책들도 별 문제 없이 읽을 것이다. 그래서, 정신이 나약해져, [정경] 이외의 책들이 그의 마음을 사로잡는 일이 없을 것이며, 우리를 위험에 빠뜨리는 거짓말이나 꿈 같은 이야기에 놀아나, 건전한 지성에 반(反)하는 무슨 선입견을 가지지도 않을 것이다. 도리어 그는 정경을 통하여 보편교회 대다수의 권위를 따르게 되는데, 보편교회 속에는 사도좌(使徒座) 교회라 불리기에 합당한 교회 내지 서신을 받기에 합당했던 교회가 포함된다. 그러므로, 그는 정경에 관하여, 모든 보편교회가 받아들이는 책을, 몇몇 교회가 받아들이지 않는 책보다 더 선호하는 방안을 취할 것이다. 그러나, 모든 교회가 받아들이지 않는 책에 대해서는, 다수의 교회 내지 중요한 교회들이 받아들이는 책을, 소수의 교회 내지 덜 중요한 교회들이 받아들이는 책보다 더 선호할 것이다. 그런데 만약, 이 책은 다수의 교회가 받아들이고, 저

책은 중요한 교회가 받아들인다고 하면, 물론, 이런 경우를 찾기가 쉽지는 않겠지만, 이들 책이 같은 권위를 가진다는 것이 나의 생각이다.

정경 목록을 제시함

제8장 (13) 이러한 고찰의 대상이 되어야 한다 우리가 주장하는 정경 전체 [목록] 속에는 다음과 같은 책들이 포함된다. 모세 오경, 곧, 창세기, 출애굽기, 레위기, 민수기, 신명기와, 여호수아서 한 권, 사사기 한 권, 룻기라 칭하는, 열왕기의 첫 부분에 속한다 생각되는 소책자 한 권, 그 다음에는 열왕기 네 권 및 역대기 두 권([역대기는 열왕기에] 연속되는 것은 아니고, 병행적 내지 동시적으로 서술됨). 이 책들은 역사서로, [역사적] 사건들을 시대별로 정리해 주고 있다. 이들 외의 역사서가 또 있는데, 이 책들은 위에 말한 책들과 차원이 다르고, 자기들 끼리도 서로 연관이 없다. 이 책들 속에는 욥기, 도비야, 에스더, 유딧, 마카비 상하, 에스라, 느헤미야가 포함된다. 이 책들은 열왕기 및 역대기까지로 끝난, 정연한 역사 이후의 역사를 취급하는 것으로 보인다. 다음으로는 선지서가 나오는데, 여기에는 다윗의 시편 한 권과 솔로몬의 책 세 권, 곧, 잠언, 아가 및 전도서가 포함된다. [또 다른] 두 책, 지혜서라는 제목의 책 한 권과 집회서라는 제목의 책 한 권은, 모종의 유사성이 있다 하여, 솔로몬의 책이라는 말이 있다. 하지만, 예수 시락이 이들 책을 썼을 가능성이 매우 높다. 그런데, 이들 책은 그 권위를 인정받을 만하다는 평가를 받았기 때문에, 선지서 속에 포함시키는 것이 옳다. 나머지 [선지서]는 원래적 의미의 선지서라 할 수

있겠는데, 열 두 선지자들에게 각기 한 권씩이 배정된다. 아들 책은 전혀 분리되어 있지 않고, 서로 연결되어 있기 때문에, 한 권의 책으로 여겨진다. 열 두 선지자의 이름은 다음과 같다. 호세아, 요엘, 아모스, 오바댜, 요나, 미가, 나훔, 하박국, 스바냐, 학개, 스가랴, 말라기. 이어서 대선지서 네 권이 나오는데, 이사야, 예레미야, 다니엘, 에스겔이 이들 책이다. 구약 성경은 이상과 같이 마흔 네 권으로 구성되어 있다.

    신약 속에는 마태, 마가, 누가, 요한 등 복음서 넷이 포함된다. 바울 사도의 서신 열 넷은 로마서, 고린도전후서, 갈라디아서, 에베소서, 빌립보서, 데살로니가전후서, 골로새서, 디모데전후서, 디도서, 빌레몬서, 히브리서이고, 베드로전후서, 요한일이삼서, 유다서 한 권, 야고보서 한 권, 사도행전 한 권, 요한계시록 한 권이 [뒤를 잇는다].

어떠한 방법으로 성경 연구를 수행하는 것이 좋은가?

제9장 (14) 하나님을 경외하는 자들, 공경심으로 순치(馴致)된 자들은 이 모든 책들 속에서 하나님의 뜻을 찾는다. 이와 같은 작업을 함에 있어 추구해야 할 첫 번째 목표는, 앞에서 말한 대로, 이 모든 책들[의 내용]을 아는 일, 비록 아직 이해하지는 못한다 하더라도, 그래도 읽고 암기를 하든지, 아니면, [그 내용을] 전혀 모르는 일은 없도록 하는 것이다. 다음 목표는, 그 [책의 내용] 중에 [뜻이] 명료하게 제시돼 있는 부분, 곧, 삶에 관한 계명이나, 신앙의 규준[에 관한 부분]을 특별히 주밀하게, 세심하게 상고(詳考)하는 것이다. 이 [명료한] 부분이 어디인지는, 누구든지, 이해력이 많으면 많을수록, 더 많이 발견하게 된다. 이는, 성경 중에 [그 뜻이] 명료하게 제시돼 있는 부분

속에는 믿음과 삶[의 규칙]뿐 아니라, 소망과 사랑에 관한 모든 내용도 포함되어 있기 때문이다. 믿음, 소망, 사랑에 대하여는 제1권에서 우리가 [이미] 다룬 바 있다.

그런데 그 다음 목표는, 하나님의 말씀인 성경의 언어 자체에 어느 정도 친숙하게 된 후에, 희미한 부분을 밝히는 논의를 진행하는 것이다. 그래서, 희미한 부분을 밝히기 위하여 보다 명료한 부분에서 예를 이끌어 내고, 명확하게 하신 말씀에 근거하여 불분명한 부분에 대한 의심을 제거해야 할 것이다. 이와 같은 작업을 함에 있어서는 기억하는 것이 대단히 중요한데, 만약 기억력이 없다고 하면, [내가 제시한] 이러한 방법들이 별로 소용이 되지 못할 것이다.

성경이 잘 이해되지 않는 것은 종종 표상 때문이다

제10장 (15) 그런데, 기록된 내용이 이해되지 않는 이유에는 두 가지가 있다. 첫째 이유는, 잘 모르는 표상 때문이고, 둘째 이유는, 애매모호한 표상 때문이다. 그런데, 표상에는 고유한 것이 있고, 전의적(轉意的)인 것이 있다. [어떤 표상이] "고유하다"고 말하는 것은, 그 표상이 만들어질 때 [본디] 가리키고자 했던 대상을 가리키는 데 사용되는 경우에 그렇게 한다. 예를 들어, 우리가 "소"라고 말할 때, 우리와 너불어 라틴어를 쓰는 사람들 모두가 이 명사를 가지고 지칭하는 그 가축을 의미하는 것이다. "전의적"인 표상은, 우리가 "고유한" 표상으로 지칭하는 그 대상이 그것과 다른 것을 지칭할 때 사용되는 것이다. 예를 들어, 우리가 "황소"라는 말을 할 때, 이 두 음절로 된 이 명사로 지칭하는 것은 보통 가축이지만, 이 가축을 우리가 또 "복음 전도자"로

이해하는 경우도 있는데, [바울] 사도가 "곡식 떠는 소의 입에 망을 씌우지 말지니라!"(신 25:4)는 말씀을 해석할 때 그렇게 한 것과 같다 (고전 9:9 및 딤전 5:18 참조).

표상에 대한 무지를 해소하기 위해서는, 언어에 대한 지식,
특히 헬라어 및 히브리어에 대한 지식이 필요함

제11장 (16) 고유한 표상을 모를 때는 언어에 관한 지식이 아주 좋은 해결책이 된다. 그런데, 지금 우리의 교육 대상인 라틴어 사용자들은, 하나님 말씀인 성경을 연구하기 위하여 두 나라 말, 곧, 히브리어와 헬라어에 대한 지식이 필요하다. 이는, 만약 라틴어 번역자들의 무한정한 차이로 인해 의심이 생겼을 경우, [히브리어와 헬라어로 된] 옛날 사본을 찾아볼 수 있기 때문이다. 물론, 성경 책에 나오는 히브리 단어 중에도, 예컨대 아멘, 할렐루야, 라가, 호산나 등과 같이 번역되지 않은 것도 종종 있다. 이 중 일부는, 아멘이나 할렐루야 같이, 번역이 가능하지만, 원어 그대로 두는 것이 더 거룩한 권위가 유지되는 것이고, 일부는 라가나 호산나 같이, 다른 나라 말로 번역할 수 없다고 여겨지는 것이다. 어떤 나라 말 중에는 다른 나라 말로 번역하는 것이 불가능한 단어가 좀 있다. 그런데 이것은 특별히 감탄사에 많이 나타나지만, 감탄사는 [이성적으로] 파악된 생각을 편린(片鱗)만이라도 가리키는 것이라기보다는, 감정의 움직임을 표현하는 것으로, 라가와 호산나가 좋은 예가 된다. 이는, 라가는, 노한 사람이 발하는 소리고, 호산나는 기뻐하는 사람이 발하는 소리이기 때문이다. 그러나, 언어에 관한 지식이 필요한 것은, 이처럼 아주 쉽게 눈에 띄기도 하고, 조사도

[아주 쉽게] 해 볼 수 있는 몇몇 단어 때문이 아니고, 앞에서 말한 대로, 번역자들의 무한정한 차이 때문이다. 사실, 성경을 히브리어에서 헬라어로 옮긴 사람들의 수는 헤아릴 수 있지만, 라틴어로 번역한 사람들의 수는 전혀 헤아릴 길이 없다. 이는, 신앙의 초창기에는 헬라어 성경 사본을 입수한 사람 중 두 나라 말에 조금이라도 자신 있다고 생각한 사람은 아무나 번역 작업에 뛰어들었기 때문이다.

여러 번역이 있는 것은 유익하고, 말의 애매함 때문에
번역상의 오류가 생김

제12장 (17) 독자들이 태만하지만 않다면, 여러 번역이 있는 것은 이해에 도움이 되었으면 되었지, 방해가 되는 일은 아니었다. 사실, 여러 사본을 살펴볼 때, 상당수의 애매모호한 문장들[의 뜻]이 밝혀지는 경우가 자주 있다. 예를 들어, 이사야서 58장 7절에 나오는 말씀을 어떤 번역자는 "또 네 혈족 식구들을 멸시하지 말라!"고 번역하였고, 어떤 번역자는 "또 네 골육을 멸시하지 말라!"고 번역하였는데, 이 두 번역이 서로를 보충해 주는 일을 한다. 여기서 두 번역이 서로 설명해 주는 역할을 하는 것은, "골육"이라는 말을 고유한 의미로 생각하면, 각자가 자기 육신을 멸시하지 말라는 권면을 빈다 생각할 수 있고, "혈족 식구"라는 말을 전의적(轉義的) 의미로 생각하여, "그리스도인들"이라 해석한다면, 말씀이라고 하는 같은 "씨앗"으로부터 우리처럼 영적으로 태어난 사람들이라 생각할 수도 있다. 그런데, 이제 번역자들의 번역을 비교해 보면, 이 말씀의 원래 뜻은 "혈육을 멸시하지 말라!"고 명령하는 것이라 보는 것이 더 좋을 것이다. 이는, "혈족

식구들"이라는 말과 "골육"이라는 말을 연결시켜 보면, "혈육"이라는 말이 극히 자연스럽게 떠오르기 때문이다.

 그러므로, [바울] 사도의 다음 말도 같은 의미라는 것이 나의 생각이다.

> 이는, 내 골육을 아무쪼록 시기케 하여, 저희 중에서 얼마를 구원하려 함이라 (롬 11:14)

이것은 [유대교를] 이미 믿는 사람들에게 시기심을 일으켜, 그들도 [기독교를] 믿게 하려 한다는 뜻이다. 이는, 그가 혈육 관계 때문에 유대인들을 자기 "골육"이라 했기 때문이다. 마찬가지로 이사야서 7장 9절에 나오는 말씀도, 한 사람은 "너희가 믿지 아니하면, 정녕히 깨닫지 못하리라"고 번역하였고, 다른 사람은 "너희가 믿지 아니하면, 정녕히 굳게 서지 못하리라"고 번역하였다. 원어 성경 사본을 읽어 보지 않는 한, 이들 중에 누가 원어에 더 충실하게 번역했는지, 확실히 말하는 것은 불가능하다. 그렇지만, 지식을 갖춘 독자는 이 두 번역으로부터 얻는 바가 많을 것이다. 이는, [이 두 번역에] 무언가 유사성 내지는 접점이 없다면, [이 두 번역이] 서로 이렇게[까지] 다르게 되기는 어렵기 때문이다. 무릇 지성은 영원한 형상에 의거하지만, 신앙은 시간적인 것들로 만들어진, 일종의 요람 속에서 마치 젖으로 아기들을 키우듯이 한다. 그런데, 우리는 지금 형상으로 말미암아 살아가는 것이 아니라, 믿음으로 말미암아 살아가고 있다. 정말이지, 우리가 만일 믿음으로 행하지 않으면, 형상에 이를 수 없다. 형상은 사라지지 않고 영존하는데, 이는, 우리가 진리와 결합한 뒤에, [우리의] 지성이 정결하게 되기 때문이다. 그래서, 한 사람은 "너희가 믿지 아니하면, 정녕히 굳게 서지 못하리라" 하였고, 다른 사람은 "너희가 믿지 아니하면, 정녕히 깨닫지 못하리라" 했던 것이다.

언어에 대한 지식이 필요함을 밝혀 주는 사례

제12장 (18) 그런데, 원어의 애매모호함 때문에 번역자가 문장의 뜻을 잘 알지 못하여, 틀리는 경우가 많이 있고, [성경] 기자(記者)의 의도와는 전혀 다른 방향으로 뜻을 해석하기도 한다. 예를 들어, 일부 역본은 [롬 3:15을] "그 발은 피 흘리는 데 능숙한지라"고 번역하고 있는데, ὀξύς / oxýs는 헬라인들에게 "날카롭다"는 뜻도 있지만, "빠르다"는 뜻도 있다. 그래서, "그 발은 피 흘리는 데 빠른지라"고 번역한 사람이 이 문장의 뜻을 [제대로] 이해한 사람이다. 앞 사람은 양의적(兩義的)인 표상으로 인해 정반대 방향으로 끌려가 오류를 범하고 말았다. 그런데, 이런 번역은 모호한 번역이 아니라, 잘못된 번역이다. 이 두 가지 번역 사이에는 [아주 큰] 차이가 있다. 이런 경우는 여러 번역본을 이해해 주기보다는, 오히려 수정해 주는 법을 배워야 한다. 그래서, 다음 경우도 마찬가지다. 헬라어로 μόσχος / móschos는 "송아지"를 의미하는데, μοσχεύματα / moscheúmata가 "새싹"을 의미하는지를 모르고, 몇몇 사람이 "송아지"로 번역을 했다. 이와 같은 오류는 아주 많은 번역본에 나타나기 때문에, 다른 [올바른] 번역을 찾아보는 것이 거의 불가능할 정도다. 그럼에도 불구하고, 이 말의 뜻은 아주 명확한 것으로, 다음과 같은 말씀을 보면, 확실히게 드리난다. 곧, "접붙인 새찍은 뿌리를 깊이 내리지 못하느니라"(지혜서 4:3)는 말씀이 있는데, 이 번역이 "송아지는 뿌리를 깊이 내리지 못하느니라"는 번역보다 더 낫다. 송아지는 발로 땅을 디디고 다니는 것이지, 뿌리를 내리는 것이 아니다. 이 구절을 [우리처럼] 이렇게 번역하는 것이 옳다는 것은, 전후 문맥이 보증해 준다.

라틴어를 사용함에 있어 대상을 붙들면, 언어는 따라옴

제13장 (19) 그러나, [참된] 의미가 무엇이든지 간에, 여러 번역자들이 각각 자기 능력과 판단에 따라 그 의미를 밝혀 보고자 시도하지만, 번역을 하는 그 원어를 살펴보지 않으면, 그 의미는 드러나지 않는다. 그래서, 번역자가 지극히 박학한 사람이 아니면, 원문의 정확한 의미를 놓치는 경우가 대단히 많다. 그러므로, 성경을 라틴어로 번역을 한 그 원어에 대한 지식이 필요하고, 아니면 [최소한], 과도하게 축자적(逐字的) 번역에 집착한 사람들의 번역이라도 있어야 한다. 물론, 축자적 번역으로 충분한 것은 아니다. 다만, 번역을 할 때 자구(字句)보다는 의미를 더 따르고자 하는 사람들의 느슨함 내지는 오류를 찾아내려는 것이다. 정말이지, 단어 하나하나뿐 아니라, 문구 전체가 라틴어로는 전혀 번역이 될 수 없는 경우가 왕왕 있다. 과거부터 내려오는 라틴어의 어법(語法)을 고수하고자 한다면 말이다. [억지로 번역을 한다 해서,] 그것이 [본래 의미에 대한] 손상을 꼭 가져온다고는 할 수 없겠지만, [어떤] 대상에 대한 표상[만]으로 [그 대상의] 온전함이 보전된다 해도, 대상 자체에서 오는 즐거움을 더 크게 생각하는 사람들은 [그런 번역에] 불쾌함을 느끼게 된다.

    그래서, 소위 "어법 파괴"라 하는 것은, 우리 이전 사람들이 말을 할 때 준수했던 규칙의 권위를 인정하지 않는 것을 의미한다. 예를 들어, "사람들 간에"라 말하든, "사람들 중에"라 말하든, 사정을 아는 사람한테는 [별로] 중요하지 않다. "야만적 표현" 역시, 우리 이전에 라틴어를 사용한 사람들이 보통 준수하던 철자법 내지 발음 규칙을 준수하지 않고 표현하는 것을 말하는 것 아닌가? 예를 들어, īgnōscere(= "용서한다"는 뜻의 라틴어 동사)의 세 번째 음절을 장음으로 발음하든, 단음으로 발음하든, 하나님께 용서를 구하는 사람에게는, 그 말이 어떤 발음이 나는지는, 별로 중요하지 않다. 언어의 정확성이라 하는 것은 그러므로, 옛날 사람들이 말을 할 때 사용했던, 일정한 습관을 그대로 유지하는 것을 의미하는 것 아닌가?

이방 문필가들의 어법을 따를 필요는 없음

제13장 (20) 그런데, 사람들은 약하면 약할수록, 이런 일로 마음이 더 상하게 되며, 학식이 있는 것처럼 보이고 싶은 마음이 크면 클수록 더 약하게 된다. 물론, 그 학식은 우리를 세워 주는 대상에 대한 학식이 아니라, 표상에 대한 학식이지만, 표상에 대한 학식은 우리를 [교만으로] 부풀어 오르지 않게 하기가 대단히 어렵다. 주님의 멍에로 제어를 받지 않는다면, 대상에 대한 학식마저도 실상은 [우리] 목을 [곧게] 세우는 경우가 자주 있기는 하다. 정말이지, 학식이 있는 사람에게는 다음과 같은 말씀이 무슨 지장을 주겠는가?

> 그들의 거하는 땅의 호불호(好不好)와, 거하는 성읍이 [진영인지, 산성]인지와 (민 13:20)

이 분장은, 무슨 깊은 뜻이 있다기보다는, 외국어 같다는 느낌을 주는 것이라 생각된다. 또, [시편] 찬송을 부르는 사람들 입에서 다음과 같은 표현이 나오지 못하도록 만드는 것 역시 불가능하다.

> Super ipsum autem flōriet sānctificātiō mea(= 저들 위에 나의 거룩함을 꽃같이 피어나게 하리라).[1]

---

[1] 시 132:18b. 개역성경 번역은 "저에게는 면류관이 빛나게 하리라"고 되어 있다.

이러한 번역은 분명, [원어의] 뜻을 손상시키는 것이 전혀 없다. 하지만 [이 말을] 듣는 사람이 [라틴어를 조금이라도] 아는 사람이라면, flōriet라는 말을 flōrēbit이라는 말로 고쳐 주고 싶은 생각이 들 것이다. 그리고 찬송을 부르는 사람들의 습관만 아니라면, 이 말을 고치는 것이 문제될 것은 전혀 없다. 그래서 이런 문제는 올바른 이해에 아무런 지장도 되지 않는 것이기 때문에, 관심을 가지고 싶지 않은 사람이라면, 쉽게 무시하고 넘어갈 수도 있다. 하지만 사도 [바울]이 한 다음과 같은 말씀도 있다.

> 하나님의 미련한 것이 사람보다 지혜 있고, 하나님의 약한 것이 사람보다 강하니라 (고전 1:25)

여기서 누가 헬라어 표현을 보전하고자 하여, 다음과 같이 번역했다고 하자!

> 하나님의 미련한 것이 사람들의 미련한 것보다 더 지혜 있고, 하나님의 약한 것이 사람들의 약함보다 더 강하니라.

물론, 주의 깊은 독자는 문장의 참 뜻을 이해하겠지만, 이해력이 부족한 사람은 전혀 이해하지 못하거나, 혹은 잘못 이해하는 경우도 있을 것이다. 왜냐하면, 라틴어로 이와 같이 표현하는 것은 잘못된 것일 뿐 아니라, 자칫 모호함에 빠질 수 있기 때문이다. 그래서, 마치 인간의 미련한 것 내지 인간의 약한 것이 하나님의 미련한 것 내지 약한 것보다 더 지혜롭고, 더 강하다는 뜻이나 되는 것처럼 오해할 수 있다. 그러나 "사람보다 지혜있다"(sapiēns est hominibus)는 표현에 비록 어법 파괴는 없는 것이 사실이지만, 애매모호함이 없는 것은 아니다. hominibus가 여격(與格)인지, 탈격(奪格)인지는, 문맥을 정확히 살피지 않으면, 잘 알 수가 없다. 그러므로 Sapiēns est quam hominēs(=

"사람들보다 더 지혜롭다")와 Fortius est quam hominēs(= "사람들보다 더 강하다")로 표현하는 것이 더 낫다.

잘 모르는 단어와 잘 모르는 표현의 뜻을 알 수 있는 방법

제14장 (21) 애매모호한 표상들에 대하여는 나중에 이야기할 것이고, 지금은 잘 모르는 것들에 대하여 살피도록 하겠는데, 언어에 관한 한(限), 두 가지 형태의 어려움이 있다. 즉, 독자를 곤란하게 만드는 것은, 잘 모르는 단어 혹은 잘 모르는 표현이 나타나는 것이다. 문제가 외국어 때문에 생기는 것이라면, 그 외국어 사용자에게 묻든지, 시간과 재능이 다 있는 경우, 그 외국어를 배우든지, 아니면, 여러 번역자들의 번역을 대조해 보든지 해야 한다. 하지만, 우리말인데, 어떤 단어나 표현을 [잘] 모르겠다고 하면, 읽기와 듣기를 반복적으로 하여 알게 되는 방법이 있다. 물론, 우리가 [잘] 모르는 단어나 표현은 암기하는 것보다 더 [좋은 방법]은 없다. 그래서, [우리]보다 더 잘 아는 사람을 만나면, 그에게 물어 볼 수도 있고, 혹은 앞 문장이나 뒷 문장, 또는 앞뒷 문장 모두가 가리키는 바를 계속 읽음을 통하여, 우리가 모르는 그 내용이 어떤 중요성을 지니고 있으며, 어떤 의미를 지니는지를 기억의 도움을 힘입어 쉽게 파악하고 배울 수 있다. 그렇지만, 배움에 있어서도 습관의 힘은 대단히 크기 때문에, 어떤 방식으로든 성경을 통해 양육, 교육받은 사람들은, 성경에서는 배웠는데, 라틴어 문필가들에게서는 찾아볼 수 없는 표현들을 보고는 놀라기도 하고 불완전한 라틴어라고도 생각하기도 한다. 이런 경우는, 번역자의 수가 많은 것이 많은 도움이 된다. 여러 번역본을 대조하여 살피면서 검토한다면

말이다. 물론, [번역상의] 오류는 없어야 한다. 따라서, 하나님의 말씀인 성경을 연구하고자 하는 사람들은 첫째로 여러 번역본을 수정하는 일에 세심한 세심한 주의를 기울여야 하며, 번역하는 데 사용한 대본은 하나인데, 번역본이 여럿이라면, 수정 안 된 번역본보다 수정된 번역본을 더 존중해야 한다.

라틴어 성경은 이태리역을, 헬라어 성경은 칠십인경을 추천함

제15장 (22) 그런데, 번역본 가운데서는 이태리역을 다른 것보다 더 선호(選好)하는 것이 좋을 것이다. 이는, 상당히 축어적(逐語的)이면서도, 의미를 명확하게 표현하기 때문이다. 그리고, 어떠한 라틴어 번역본이든지, 그것을 수정함에 있어서는 헬라어 번역본을 사용해야 할 것인데, 구약 성경에 관한 한(限),『칠십인경』의 권위가 탁월하다. 사실, 조금이라도 지식이 있는 교회에는 모두 전해지고 있지만, 그 칠십 명의 번역자들이 성령의 아주 엄청난 역사 속에서 작업을 하여, 그 많은 사람들의 번역이 똑같았다고 한다. 상당히 신빙성 있는, 수많은 사람들이 전해 주는 바에 따르면, 그 [칠십 명의] 번역자들은 각기 독방에서 따로 번역 작업을 하였으나, 그들이 번역한 것을 보니, 단어와 어순 모두가 서로 완전히 똑같았다는 것이다. [그렇다면,] 누가 감히 이 [『칠십인경』의] 권위에 맞서려 할 사람이 있겠는가? 더군다나 이것보다 더 나은 번역이 있다는 말을 감히 할 수 있겠는가? 그런데 만약에 그 [칠십 명의] 번역자들이 [서로] 의논하고, 모두가 함께 행한 작업과 판단을 통해 하나의 [똑같은] 번역이 나왔다고 한다면, 어느 한 개인이, 아무리 학식이 있다 하더라도, 그처럼 많은 선현(先

賢)들과 학자들이 합의하여 만들어 놓은 것을, 자기가 수정하겠다고 나설 필요도 없을 것이고, 나서서도 안 될 것이다.

그러므로 히브리어 원문 성경에, 그 칠십인이 번역해 놓은 것과 다른 내용이 나온다 하더라도, 내 생각으로는, 그들을 통해 행해진 하나님의 섭리를 따르는 것이 좋을 것 같다. 유대인은 사실, 종교적 열심 때문이든, 아니면, 시기심 때문이든, 다른 민족에게 성경 전해 주기를 원하지 않았다. [그러나,] 주님의 섭리로 말미암아 프톨레마이오스 왕의 섬김과 권세를 통해 장차 믿게 될 백성들을 위해 그처럼 옛날에 성경이 [세계어인 헬라어로] 간행되었다. 그리하여, 그 칠십인이, 그들에게 감동을 주시고, 그들 모두로 하여금 똑같은 번역을 하도록 만드신 성령께서 이방인들에게 [가장] 적절하다 판단하신 바로 그 방식대로 번역을 하는 일이 가능하게 된 것이다.

하지만 앞에서 말한 것처럼, 축어적(逐語的) 번역을 고집했던 번역자들의 번역본을 대조하는 것도 의미를 밝혀 내는 데는 무익하지 않을 때가 많다. 내가 이미 언급한 대로, 구약 성경 라틴어 번역본들은 필요하다면, 헬라어 성경의 권위에 의거, 수정되어야 하고, 특히 칠십인이나 되었으면서도, 똑같이 번역을 한 그 사람들의 권위를 존중해야 할 것이다. 그러나, 신약 성경의 경우에는, 라틴어 번역본들이 너무 많아, 혼란이 야기된다면, 헬라어 원문을 따르는 것이 필요하다는 것은 의심의 여지가 없는데, 특별히 여러 교회에서 보다 더 학적(學的)이고, 보다 더 세심하게 번역되었다 인정받는 텍스트에 의존해야 한다.

전의적 표상을 이해하는 데는 때로는 언어에 대한 지식이,
때로는 대상에 대한 지식이 도움이 됨

제16장 (23) 그러나 전의적(轉意的) 표상의 경우는, 독자가 혹여(或如) 어떤 [외래어의 뜻을] 몰라 당혹스러울 수밖에 없다면, 일부는 언어에 대한 지식으로, 일부는 대상에 대한 지식으로 [문제를] 해결해야 한다. 예를 들어, "실로암 연못"이라는 말은 어떤 의미에서는 비유가 되지만, 의심할 여지가 없는 것은, 그 말 속에 무슨 신비적인 뜻이 들어 있다고 하는 것이다. 이 연못은, 주께서 "침을 뱉아 진흙을 이겨"(요 9:6) [소경의] 눈에 바르신 다음, 그리로 가서 얼굴을 씻으라 명하신 곳이다. 그 지명은 그런데, 알지 못하는 언어로 되어 있어서, 만약 복음서 기자가 번역을 해 주지 않았더라면, 그처럼 중요한 뜻이 감추어지고 말았을 것이다. 이와 같이 성경 기자들이 번역을 해 두지 않은, 수많은 히브리어 명사들이, 누가 이를 번역[만] 해 줄 수 있다면, 성경의 신비를 캐는 데 작지 않은 힘과 도움이 되는 것임을 의심할 수가 없다. [진실로,] 히브리어에 능통한 사람들 상당수가 이와 같은 단어들을 성경에서 추출, 번역을 해 줌으로써 후대를 위해 참으로 작지 않은 공헌을 하였다. 예를 들어, 아담, 하와, 아브라함, 모세가 무엇을 의미하는지, 예루살렘, 시온, 여리고, 시내 [산], 레바논, 요단이 무슨 뜻을 지니는지, 이밖에 히브리어로 된 말 중에 우리가 알지 못하는 여러 단어에 대하여 [그들은 번역을 해 주었다]. 이런 사람들이 이런 단어들을 번역하여, [그 뜻을] 풀어 줌으로써, 성경에 나오는 수많은 비유적 표현들의 뜻이 밝혀지는 것이 사실이다.

전의적 표상의 용도를 예를 들어 설명함

제16장 (24) 그런데, 대상에 대한 무지가 비유적 표현들을 모호하게 만든다. 이렇게 되는 것은, 성경에 보통 무슨 비유를 하기 위해 제시되는 동물이나, 광물이나, 식물이나, 기타 여러 가지 대상들의 성질을 우리가 모르기 때문이다. 예를 들어, 잘 아는 바와 같이, 뱀은 자기를 공격하는 자에게 머리는 내놓지 않지만, 온 몸을 내놓는데, 이것은, 주께서 우리보고 "뱀 같이 지혜"(마 10:16)로우라 명하신 것이 얼마나 깊은 뜻을 가지고 있는지를 밝혀 준다. 즉, 우리는 [우리를] 핍박하는 자들에게 머리 되신 그리스도를 내어 주는 대신 [우리] 몸을 내어 줌으로써, 기독교 신앙이 우리 안에서 죽임당하는 일 같은 것이 없게 하는 것이다. 우리가 몸을 사린다면, 하나님을 부인하게 되기 때문이다. 사람들은 또 말하기를, 뱀이 좁다란 굴을 빠져 나가면서 낡은 허물을 벗고 새로운 힘을 얻는다고 한다. 사도 바울이 말하는 것처럼, "옛 사람을 벗어 버리고"(엡 4:22) "새 사람을"(엡 4:24) 입는 것이 뱀의 지혜를 닮는 것과 얼마나 일치하는가? 또, 좁은 곳을 지나면서 허물을 벗는 것은, 주께서 "좁은 문으로 들어가라!"(마 7:13) 말씀하신 것을 생각나게 한다. 그러므로, 뱀의 성질에 관한 지식이, 성경이 이 동물에 대해 익히 사용하는 여러 가지 비유를 해명하는 데 도움이 된다.

이와 비슷하게, 성경에 나오는 상당수 동물들에 대한 무지는 독자들의 이해에 큰 방해가 된다. 성경은 이들 동물들에 대해 [뱀에 대해서]처럼 혹은 그 이상으로 비유적으로 언급하고 있다. 광물과 식물에 대한 무지도 방해가 된다. 뿌리를 가지고 지탱되는, 그 어떠한 것에 대한 무지도 마찬가지다. 홍옥(紅玉)에 대한 지식도 필요하다. 이것은 어두움 속에서 빛나는 보석으로, 이것이 비유적으로 사용되는 곳에서는, 성경 어디에서든지, 희미한 부분이 많이 밝혀진다. 또 녹옥(綠玉)이나 금강석(金剛石)에 대한 무지 역시 이해의 문을 닫을 때가 많다. 비둘기가 방주로 돌아올 때 가지고 온 올리브 가지가 왜 항구적인 평화를 의미하는지, 그 이유는, 올리브 기름을 부드럽게 발라 놓으면, 외부의 습기 때문에 잘 상하지 않는다는 사실과, [올리브] 나무 자체가 늘 푸르다는 사실을 아는 것 이외의 방법으로는 이해하기 쉽지 않다. 많은 사람들이 우슬초에 대한 무지로 인해, 그 풀이, 키가 작고, 볼품이 없지만, 폐를 깨끗하게 하는 힘이 있다는 것과, 바위에도 뿌리를 내리는 힘이 있다는 것을 몰라, "우슬초로 나를 정결케 하소서! 내가 정하리이다"(시 51:7)라는 말씀이 왜 나왔는지를 전혀 깨닫지 못한다.

숫자에 대한 무지로 인해 성경의 수많은 비밀을 풀 수 있는 길이 막힘

제16장 (25) 성경에는 전의적(轉意的) 내지 신비적(神秘的)으로 표현된 것이 많이 있는데, 숫자에 대한 무지 역시 이런 것에 대한 이해를 가로막는다. 나는 이런 예를 들고 싶다. 모세와 엘리야는 40일 간 금식을 하였고, 주님 자신도 그렇게 하셨지만, 이것이 무엇을 의미하는지는, 순진한 머리로는 제대로 알기가 어렵다. 이 행위가 비유하는 매듭은 이 숫자에 대한 지식과 연구를 통해서만 풀린다. [이 숫자에는] 10이 네 번 나오는데, 이것은 마치 모든 대상에 대한 지식을 시간적으로 짜맞추어 놓은 것과 같다. 이는, 하루와 일년의 진행이 넷이라는 숫자로 이루어지기 때문이다. 즉, 하루는 아침 시간, 낮 시간, 저녁 시간, 밤 시간으로 이루어져 있고, 일년은 봄, 여름, 가을, 겨울. 이렇게 사계로 이루어져 있다. 우리는 시간 속에 살고 있지만, 이 가운데서도 우리가 사모하는 영원 때문에 시간적인 것에 대한 즐거움을 절제, "금식"해야 하는 것이다. 사실, 시간이 [덧없이] 흐름을 통해, 시간적인 것은 가벼이 여기고, 대신 영원한 것을 추구하라는 가르침이 우리에게 주어지고 있지만 말이다.

    그런데 또, 10이라는 숫자는 창조주와 피조물에 대한 지식을 의미한다. 이는, 3은 창조주와 관련되고, 7이라는 숫자는 생명과 육신으로 말미암아 피조물을 가리키기 때문이다. 그런데, 생명 속에는 3이라는 숫자가 들어 있고, 그래서 "네 마음을 다하고, 목숨을 다하고, 뜻을 다하여 [주 너의] 하나님을 사랑"(마 22:37)해야 하는 것이다. 한편, 육신 속에는 4라는 숫자가 아주 명확하게 나타나 있는데, 육신은 네 원소로 구성되어 있다. 그러므로, 10이라는 숫자는 우리의 시간성을 분명히 해 줌으로써, 곧, 네 번씩이나 제시됨으로써, 시간적인 것에

대한 즐거움을 절제하고 순결하게 살라는 것을 의미하고 있다. 즉, 40일 간 금식을 하라 권하는 데는 방금 말한 것과 같은 의미가 있는 것이다. 이것은 모세로 대표되는 율법과, 엘리야로 대표되는 선지자들이 권하는 것이요, [우리] 주님이 몸소 권하시는 것이다. 주님은 마치 율법과 선지자의 증거를 [다] 소유하신 것 같이, 산에서 모세와 엘리야 가운데 서 계셨고, [이를] 바라보며 놀라는 세 제자들 앞에서 변화되신 [자신의] 모습을 보이셨다.

그렇다면, 오순절로 말미암아 우리 기독교에서 상당한 비중을 지니게 된 50이라는 숫자가 어떻게 40이라는 숫자에서 나오게 되었는지 하는 문제가 제기된다. 또, 이 숫자가 어떻게 세 번 곱해지는지 하는 문제도 제기된다. 시대가 율법 이전(ante lēgem)의 시대, 율법 아래(sub lēge)의 시대, 은혜 아래(sub grātiā)의 시대 ~ 이렇게 셋으로 나누어지고, 혹은, 성부, 성자, 성령의 이름으로 말미암아 지극히 순결한 교회의 신비에 이보다 더욱 존귀한 성삼위 자체가 더해져서, 153이라는 숫자에 이르게 되었다. 이것은, 주님의 부활 후에 그물을 [배] 오른편에 던져서 잡은 물고기의 숫자다(요 21:11). 이와 같이 성경에는 수많은 숫자의 형태로 여러 가지 비밀이 비유적으로 제시되어 있는데, 숫자에 대한 무지로 말미암아 이들 비밀이 [독자들에게] 감추어진 채로 있게 된다.

성경에는 숫자와 음악도 귀하게 여겨짐

제16장 (26) 음악에 관련된 여러 가지 일에 대한 무지 역시 상당히 많은 것을 차단, 은폐시킨다. 그래서, 혹자(或者)는 비파와 수금의 차이를 가지고 여러 가지 일의 비유적 의미를 상당히 잘 밝혀 주었다. 예를 들어, 열 줄 비파에 대해 학자들 사이에서는, 그 현(絃)의 숫자가 꼭 음악의 법칙하고만 관계하는 것인지, 아니면, 그렇지가 않고, 도리어 그 숫자 자체를 아주 성스럽게 취급해야 하는 것은 아닌지 하는 문제가 제기되었다. [성스럽게 취급해야 한다면,] 율법의 십계명 때문이거나, 아니면, 앞에서 설명한 대로, 10이라는 숫자 자체 때문일 것이다. 사실, 10이라는 숫자에 대해서 묻는다면, 창조주 및 피조물과 관련시키지 않을 수 없다. 그리고, 복음서에 언급돼 있는, 성전 건축에 걸린 햇수, 곧, 46년이라는 햇수가 무슨 음악적인 내용을 담고 있는 것이 사실이다. 또, 성전이 언급된 것은 주님의 몸 때문인데, 이 햇수가 주님의 몸을 짓는 것과 관련될 때는, 일부 이단자들조차, 하나님의 아들이 사람의 가짜 몸이 아닌, 진짜 몸을 입으셨음을 고백할 수밖에 없도록 만들었다. 그래서, 숫자와 음악이 성경 여러 곳에서 [아주] 비중 있게 다루어진 것을 우리는 발견하게 된다.

부아로가 이야기하는, 아홉 무사 여신 설화의 기원

제17장 (27) 그런데, 오류에 가득 찬, 이방인들의 미신을 귀담아 들을 필요는 없다. 이방인들은, 무사(Μοῦσα / Mūsa) 여신 아홉이 제우스(Ζεύς / Zeus)와 므네모쉬네(Μνημοσύνη / Mnēmosynē)의 딸인 것처럼 이야기를 꾸며 내었다. 부아로(Varrō)가 그들에게 반박을 가했지만, 그들 중에 과연 부아로만큼 이 문제에 대해 잘 알고, 또 관심 있는 사람이 있는지 나는 모르겠다. 부아로의 이야기를 들어 보자! 어느 나라가 있었다. (그 나라 이름은 생각이 안 난다.) 그 나라에서 아폴론(Ἀπόλλων / Apollōn) 신전에 헌물(獻物)로 바치기 위해, 세 사람의 장인(匠人)에게 무사의 상(像) 셋씩을 만들게 하였다. 다만, 그 장인들 중에서 아무라도 남보다 물건을 더 잘 만든 사람의 것을 최우선으로 골라 구입하기로 하였다. 그런데, 결과를 보니, 그 장인들 모두가 똑같이 훌륭한 작품을 만들어 내었고, 그래서, 그 나라 사람들은 그 아홉 개 모두를 구입하여 아폴론 신전에 바치기로 결의하였다. 그 신상(神像)에 이름을 붙인 사람은 시인 헤시오도스(Ἡσίοδος / Hēsiodos)라 한다. 그러므로, 제우스가 무사 아홉을 낳은 것이 아니고, 세 장인들이 셋씩 만들어 낸 것이다. 그 나라가 [신상] 셋을 세운 것은, 꿈에 그것을 보았기 때문도 아니고, 그 시민들 중 누군가의 눈에 그렇게 나타났기 때문도 아니다. 도리어, 음악의 기반이 되는 소리가 그 성격상 모두 세 가지 형태로 되어 있음을 아는 것은 쉽기 때문이다. 이는, 혹은 ① 악기 없이 목청으로 노래하는 사람들처럼 음성으로 소리를 발하거나, 혹은 ② 나팔이나 피리 같은 것을 불어서 소리를 발하거나, 혹은 ③ 수금을 타거나, 북 등의 타악기를 쳐서 소리를 발할 수 있기 때문이다.

세상 사람들이 한 말에 좋은 것이 있다면, 그것을 배척해서는 안 됨

제18장 (28) 하지만 부아로(Varrō)가 한 말이 옳든, 그르든 간에, 세상 사람들의 미신 때문에 음악을 멀리하지 말고, 거기에 성경을 이해하는 데 유용한 것이 있다면, 그것을 취할 수 있어야 한다. 그렇다고, 수금과 같은 악기가 영적인 것을 파악하는 데 무슨 도움이 되는지를 논하기 위해, 세상 사람들이 극장에서 행하는 쓸 데 없는 장난을 관람할 필요는 없다. 또, 그들이 헤르메스(Ἑρμῆς / Hermēs) 신(神)을 문학의 창조자라 말한다 해서, 문학을 배우지 말아야 할 이유는 없고, 그들이 의(義)와 덕(德)을 위해 신전을 [지어] 바치고, 마음에 간직해야 할 것을 돌에 [새겨] 경배했다 해서, 그 때문에 우리가 의와 덕을 멀리 해서는 안 된다. 도리어, 진정 선하고 참된 크리스챤이라면, 진리를 어디서 발견하든지, 그 진리를 자기 주님의 것으로 인식하되, 성경을 통해 깨달은 진리와도 비교하여 미신적인 허구(虛構)는 배격해야 할 것이다. 그리고 다음과 같은 말씀이 적용되는 사람은 개탄의 대상으로 생각하여 조심해야 할 것이다.

> 21 하나님을 알되, 하나님으로 영화롭게도 아니하며, 감사치도 아니하고, 오히려 그 생각이 허망하여지며, 미련한 마음이 어두워졌나니, 22 스스로 지혜 있다 하나, 우준하게 되어, 23 썩어지지 아니하는 하나님의 영광을 썩어질 사람과, 금수와, 버러지 형상의 우상으로 바꾸었느니라 (롬 1:21-23)

이교도(異敎徒)들이 추구하는 학문의 종류에는 두 가지가 있음

제19장 (29) 이 문제 전체를 자세히 설명하는 것은 아주 중요한데, 이를 위해 우리는 학문의 종류를 두 가지로 구분하고자 하며, 이와 같은 구분은 이교도(異敎徒)들도 늘쌍 행한다. [그런데 이들 학문 중] 하나는, 사람들이 만든 것에 대한 학문이고, 다른 하나는, 이미 이루어진 일이나, 하나님께서 정하신 것에 대한 학문이다. 사람들이 만든 것 중 어떤 것은 미신적이고, 어떤 것은 미신적이 아니다.

미신의 허황됨과 잘못됨

제20장 (30) 우상을 만들거나 섬기기 위해서 사람이 생각해 낸 모든 것은 다 미신적이다. 이런 것은 피조물을 하나님인 양, 혹은, 피조물의 일부를 하나님인 양 섬기는 목적, 아니면, 악령에게 조언을 구하기 위한 목적, 아니면, 무슨 표적을 구하여 악령과 조약을 체결하기 위한 목적을 추구한다. 예컨대, 마술을 시험해 보는 것이 이런 것에 속한다. 그런데, 시인(詩人)들이 이런 것에 대해 언급하는 일이 자주 있는 것은 사실이지만, 이런 것을 가르치려는 목적 때문에 그러는 것은 아니다. 이런 종류에 속하는, 망령되고 허황된 것으로는 장복술사(臟卜術師)들과 조복사(鳥卜師)들의 책이 있다. 온갖 부적(符籍)과, 의학에서도 배척하는 치료법도 이런 종류에 속한다. 예컨대, 주문(呪文) 외우기, "부찰"(符札)이라 불리는 표찰 (標札) 달기, 무슨 물건을 매달아 놓거나 묶어 놓기, 또 어떤 방식으로든 춤을 추기 등이 그것이다. 이런 것은 신체를 조절하기 위해 쓰는 것이 아니고, 숨겨진 것

이든, 드러난 것이든, 무슨 표징(標徵)을 보기 위해 쓰는 것이다. 이런 것을 점잖은 말로 "물리"(物理)라고 불러, 미신과 연관된 것이 아니고, 본질상 유익한 것처럼 보이게 만드려 한다. 그래서, 양쪽 귀 끝에 고리를 해서 달거나, 손가락에 타조 뼈로 된 가락지를 끼우거나, 딸꾹질을 할 때는 오른손으로 왼쪽 엄지를 붙들기도 한다.

미신의 가소로운 어리석음, 카토가 한 훌륭한 말

제20장 (31) 이런 것에 수천 가지 백해무익(百害無益)한 규칙이 더해지는데, 예컨대, 신체의 일부에 경련이 일어난다든지, 친구들이 함께 걸어가는 사이로 돌이나, 개나, 어린아이가 지나간다든지 할 때 지켜야 한다는 규칙 말이다. 돌을 우정의 방해꾼이라 하여 차는 것은, 그다지 심각한 문제가 아니지만, 순진한 어린아이를 함께 걸어가는 사람들 사이로 달려 지나갔다 하여 따귀를 때리는 것은, 문제가 심각하다. 그런데 아이들을 위해 개가 [대신] 앙갚음을 해 주는 때가 간혹 있는 것은 좋은 일이다. 왜냐하면, 어떤 사람들은 미신에 사로잡혀 있는 경우가 아주 많아서, 중간으로 빠져 나간 개까지 때리려고 하다가, 해를 입을 때가 대단히 많기 때문이다. 그래서, 개를 때리다가 물리게 되면, [미신이 가르쳐 준] 허황된 처방은 집어치우고 빨리 진짜 의사를 찾아가게 된다. 이런 미신에는 다음과 같은 것도 포함된다. 사기 집 앞을 지나갈 때 문턱을 밟는다든지, 신발을 신고 있는데, 누가 계속 재채기를 하면, 침상으로 돌아간다든지, 외출하다가 [무엇에 발이] 부딪히면, 집으로 돌아간다든지, 의복을 쥐가 쏠면, 현재 당한 피해에 대해 한탄하기보다는, 장차 있을 재앙에 대한 염려 때문에 두려워

떤다든지 하는 것 말이다. 그래서 카토(Catō)가 멋있는 말을 하였다. 즉, 누군가가, 자기 신발을 쥐들이 쏠아 놓았다고 하면서, 어떻게 했으면 좋겠느냐고 하자, 카토는 대답하기를, 그것은 놀라운 일이 아니고, 만약에 신발이 쥐들을 쏠았다면, 이것을 진짜 놀라운 일로 생각해야 할 것이라고 하였다.

점성가들의 미신은 광기의 아주 명백한 발로

제21장 (32) 이와 같이 해로운 미신과 분리시켜 생각할 수 없는 사람들이 또 있는데, 그들은 생일을 가지고 점을 쳐 준다 하여 [전에는] "신수가"(身數家)라 했고, 지금은 그러나 보통 "점성가"라 불리는 자들이다. 이 사람들은 실상, 누가 태어났을 당시의 별들 위치를 정확히 찾아내려고 하고, 때로는 정말 정확히 찾아내기도 하지만, 그것을 통해 우리의 행동이나, 행동의 결과까지 예언하려고 시도하기 때문에, 심한 오류에 빠지고, 나아가 무지한 사람들을 비참한 노예 상태로 전락시키는 것이다. 이런 점성가를 찾는 사람은, 들어갈 때는 자유인으로 들어가지만, 돈을 주고 나올 때는, 화성이나 금성의 노예가 되어서, 아니 오히려, 온갖 별들의 노예가 되어서 되어서 나온다. 이 같은 사람들은 자기네 스스로 오류에 빠질 뿐 아니라, 자기네 후손들도 같은 오류에 빠지게 만드는 사람들이다. 이들은 별들에게, 모양이 비슷하다 하여, 짐승의 이름을 붙여 주기도 하였고, [어떤] 사람을 기린다 하여 사람의 이름을 붙여 주기도 하였다. 이런 일은 사실 놀랄 일도 아니다. 왜냐하면, 아주 최근에도 로마 사람들이 루키퍼(Lūcifer)라 부르는 별을 캐사르(Caesar)의 영광과

이름을 위해 바치고자 시도했기 때문이다. 만약 캐사르의 조상에 베누스(Venus)라 불리는 할머니가 없었다고 한다면, 그래서 이 이름을 선점(先占)하지 않았다면, 이런 시도는 아마도 후대의 다른 사람을 위해 행해졌을 것이다. 하지만, 그녀는 생전에 이 이름에 대한 권리를 소유한 적도 없고, 소유하겠다고 나선 적도 없기 때문에, 이 이름을 후손에게 물려줄 권리 또한 전혀 없는 것이다.

그런데 자리가 비어 있고, 예전에 죽은 사람들 가운데 누구를 기리기 위해 그 자리를 점유(占有)하지 않은 경우, 일반적 관행대로 일이 진행되었다. 다섯 번째 달[1]과 여섯 번째 달[2]을 우리는 Iūlius[3]와 Augustus[4]로 부르지만, 이는 율리우스 캐사르(Iūlius Caesar)와 아우구스투스(Augustus) 황제를 기리기 위한 것이다. 그러므로, 별들이 예전에 이름 없이 하늘을 떠돌았던 것도 누구나 쉽게 이해할 수 있는 일이다. 그러다가, 그러한 인물들이 죽으면, 그들을 기념하여 기리라고 왕권에 의해 강요를 받기도 하고, 인간적인 허망함 때문에 그렇게 하는 것이 마음에 들기도 하여, 별들에 그들 이름을 붙이고는, 자기네의 죽은 이들을 하늘로 올려 보냈다고 생각하는 것이다. 그렇지만, 사람들이 무엇이라 부르든 간에, 하나님께서 정하시고 질서 잡아 주신 별자리는, 하나님께서 원하신 그 자리에 있다. 그래서, 별들의 운행은 확정돼 있고, 이에 따라 절기가 구분되고 변화된다. 모든 사람이 태어나는

---

[1] 상고 시대 로마인은 3월을 일년의 첫 번째 달로 잡았다. 그래서, 7월을 다섯 번째 달로 생각했다.

[2] 같은 이유로 상고 시대 로마인에게는 우리의 8월이 여섯 번째 달이었다.

[3] 영어로 7월을 July라 하는데, 이는 라틴어 Iūlius에서 온 것이다.

[4] 영어로 8월을 August라 하는데, 이는 라틴어 Augustus에서 온 것이다.

때의 별들의 운행을 관찰하여, 당시의 별자리가 어떠한지를 아는 것은, 점성가들이 발견하여 기록해 놓은 법칙을 이용하면 쉬운 것이 사실이다. 하지만 성경에는 다음과 같이 점성가들을 정죄하는 말씀이 있다.

> 만약 저들에게 시간을 측정할 수 있는 능력이 있다 하면, 어찌하여 시간의 주인 되신 분을 쉽게 찾아내지 못하였느냐? (지혜서 13:9)

운세를 알기 위해 별들을 관찰하는 것은 엄청난 오류

제22장 (33) 그러나 이와 같은 관찰을 가지고 태어난 사람들의 성격과, 행동과, 운명을 예언한다는 것은 엄청난 잘못이요, 엄청난 망동(妄動)이다. 이처럼 버려야 할 것들을 배운 사람들 앞에서도 이런 것이 의심할 여지 없이 미신이라고 반박해 주는 것은 가능하다. 정말이지, 그들이 별자리라 부르는 것은, 사람이 태어날 당시, 별들이 분포해 있는 모습을 기록해 놓은 것인데, 이에 대해 묻는 것은, 그 불쌍한 사람들에게 그들보다 더 불쌍한 사람들이 하는 짓이다. 모태로부터 아주 연달아 나온 쌍둥이가 있는데, 그들이 태어난 시간의 간격이 너무 짧아, 별자리의 차이를 수치상으로 파악하여 기록해 놓는 것이 전혀 불가능한 경우가 있을 수 있다. 그래서, 상당수 쌍둥이들이 똑같은 별자리를 가지고 태어날 수밖에 없는 것이다. 하지만, 그들이 하는 일, 그들이 당하는 일의 결말은 같지 않다. 도리어 보통은 아주 다르다. 그래서 한 사람은 아주 행복하게 살고, 한 사람은 불행하게 산다. 예를 들어, 에서와 야곱은 쌍둥이로 태어났는데, 나중에 태어난 야곱이 먼저 태어난 형의 발꿈치를 붙잡았다 한다. 이들이 태어난 날짜와 시간에서 분명 다른 것을 발견할 수 없기 때문에, 두 사람의 별자리가 똑

같다고 할 수밖에 없다. 그러나, 두 사람의 성격이나, 행동이나, 수고의 내용이나, 성공 여부가 얼마나 다른지는, 이미 모든 민족의 구음(口音)으로 널리 전파돼 있는 성경이 증거하는 바다.

허망한 표상은 인간의 억측에 의해 도입된 것

제22장 (34) 쌍둥이의 출산에 필요한, 그 극히 작고 짧은 시간 간격이 자연의 이치와 천체의 엄청 빠른 속도에 영향을 미친다고 [점성가들이] 말하는데, 그것은 사리에 맞지 않는다. 설령 내가 양보하여, 아주 큰 영향을 미친다고 하더라도, 별자리를 보고 운세를 말할 수 있다 자부하는 점성가가 [두 쌍둥이의] 별자리 차이를 알아낼 방도는 없다. 그래서, 점성가에게 야곱의 운세를 물어 보든, 그의 형의 운세를 물어 보든, 점성가가 보는 별자리는 하나일 수밖에 없고, 차이를 발견하는 것은 있을 수 없다. 만약 하늘에 차이가 있다고 할 때, 점성가가 이를 무조건 마음대로 무시해 버린다면, 혹은, 점술 책을 아무리 골똘히 들여다본다 해도, 점술 책에는 아무런 차이가 나타나지 않는다면, 무슨 소용이 있는가? 그러므로, 인간의 오만함 때문에 만들어진 이런 표상들을 믿는 것은 악마들과 맺은 계약 내지 약조와 같은 수준의 것으로 치부(置簿)해야 힐 것이다.

악마는 사람을 통하여 사람을 속일 때가 자주 있음

제23장 (35) 이런 이유로, 악한 것에 탐닉하는 사람들은 하나님의 모종(某種)의 비밀한 심판에 따라 그들 자신의 의지에 합당한 보응을 받게 될 것이고, 그래서 조롱과 기만을 당하게 될 것이다. 그런데 그들을 조롱하고 기만하는 것은 악한 천사들이고, 이들에게 이 세상의 지극히 아름다운 질서로 보아 가장 낮은 부분이 종속되는 것은 하나님의 섭리의 법칙을 따르는 것이다. 이들의 농락과 기만으로 인해 수많은 과거사나 미래사가 이와 같이 미신적이고 위험하기 짝이 없는 영점(靈占)이라는 것을 통해서 발설(發說)될 때가 있고, 그들이 발설한 것이 그대로 들어맞기도 할 때가 있다. 그래서, 점치는 사람들한테는 점을 친 대로 이루어지는 일이 많아서, 점에 빠진 사람들은 더욱 더 큰 호기심을 가지게 되고, 여러 가지 극히 위태로운 올무에 점점 더 단단히 걸려 들게 된다. 이런 종류의 영적 간음에 대하여 하나님 말씀인 성경은 [우리] 구원을 위하여 묵과하지 않았고, [우리의] 영혼을 겁박(劫迫)하여 그런 일에 빠지지 않도록은 하지만, 점성가들이 하는 말이 거짓이기 때문에, 그런 것을 추종하지 말라고 하는 것이 아니라, "이적과 기사가 그 말대로 이룰지라도 그 … 자의 말을 청종하지 말라!"(신 13:2-3)고 한다. 죽은 사무엘의 유령이 사울 왕에게 진실을 미리 전했다 해서, 그 유령을 나타나게 만든, 그런 신성모독(神聖冒瀆)이 덜 가증스럽게 되는 것이 아니다.[1] 그리고, 사도행전에 보면, 복화술(腹話術)로 [점치는] 여자가 주님의 사도들에 대하여

---

[1] 삼상 28:3-19 참조.

올바른 증거를 했지만, 그렇다고 하여 바울 사도가 그 악령을 용서해 주지 않았고, 오히려 그 악령을 책망한 후, 축출하여 그 여자를 깨끗이 낫게 한 것을 알 수 있다.[1]

사람과 악령의 결합은 해로움

제23장 (36) 그러므로, 모든 종류의 이와 같이 유해무익(有害無益)한 미신은 사람과 악령의 결합에서 오는 것으로, 이 결합은 불성실하고 거짓된 우정에 기초한 것이므로, 그리스도인은 이를 완전히 배척하고 멀리해야 한다. 사도 바울은 이렇게 말한다.

> 19 … [우상의 제물은 무엇이며,] 우상은 무엇이라 하느뇨? 20 대저 이방인의 제사하는 것은 귀신에게 하는 것이요, 하나님께 제사하는 것이 아니니, 나는, 너희가 귀신과 교제하는 자 되기를 원치 아니하노라 (고전 10:19-20)

그런데 사도 바울이 우상들에 대해서, 또 우상 숭배를 위해 바치는 제물에 대해서 한 이 말은 그림으로 된 모든 표상에 대한 말로 받아들여져야 한다. 즉, 우상 숭배든지, 피조물 내지 그 일부를 하나님인 양 섬기는 것이든지, 혹은, [미신적인] 방술(方術)이나 기타 규례를 사용하는 일과 관련된 것에 대한 말로 받아들여져야 한다. 이런 것은 하나님께서 하나님 사랑과 이웃 사랑을 위해, 말하자면 공변되이 제정하신 것이 아니고, 시간적인 것들에 대한 사사로운 욕심으로 인하여 불쌍한 자들의 심령을 흐트러뜨리는 것이다. 그러므로 이 모든

---

[1] 행 16:16-18 참조.

방술(方術)을 대함에 있어 악령들과의 결합을 염려하고 회피해야 한다. 악령들은 자기네 두목인 마귀와 함께, 우리가 [하나님께로] 돌아가는 것을 가로막고 차단하는 것 외에는 다른 시도를 하지 않는다. 그래서 하나님께서 지으시고 다스리시는 별들에 대해서 인간들이 인간적이고 시기성이 농후한 억측을 만들어 내듯이, 무엇이 [새로] 태어난다든지, 무엇이 하나님의 섭리의 다스리심에 의하여 어떤 [새로운] 상황에 처하게 되면, 이런 것에 대해서도 많은 사람들이 인간적인 추측을, 마치 무슨 제대로 된 법칙이라도 발견한 것처럼, 글로 써서 남겨 놓은 것이 많다. 무슨 조금이라도 신기한 사건이 생길 때, 예컨대, 노새가 새끼를 낳는다든지, 무엇이 벼락을 맞는다든지 할 때 이런 일을 한다.

호기심과 염려가 많은 미신의 뿌리

제24장 (37) 이 모든 것이 힘을 미칠 수 있는 것은 단지, 영혼으로 추측한 것이 마치 무슨 공용어라도 된 것처럼, 이것을 통해 악령들과 약정을 맺었다는 한 가지 이유 때문이다. 그러나 이 모든 것은, 위태하기 짝이 없는 호기심과, 고통만 안겨 주는 불안과, 죽음에 이르게 하는 종살이로 가득해 있다. 이 모든 것에 힘이 있어서, 사람들이 관심을 가지는 것이 아니다. 도리어, 사람들이 이 모든 것에 관심을 가지고 의미를 부여하기 때문에, 이 모든 것이 힘을 가지게 되었다. 그리고 바로 이 때문에 여러 민족에게 그들의 생각과 추측에 따라서 이 모든 것이 여러 모양으로 나타나는 것이다. 왜냐하면, [인간을] 기만하고자 하는 이 [악]령들은, 그들이 보기에, [사람으로 하여금

무슨] 추측을 하게 하고, [사람으로 하여금 무슨] 공감을 느끼게 하여 사람을 사로잡았다 싶을 때, 이런 미신을 믿게 만들기 때문이다. 예를 들어 보자! 십자가 모양의 글자 X는 언어[의 차이] 때문에 그리스 사람들에게 주는 의미가 다르고, 라틴 사람들에게 주는 의미가 다르다. 이것은 글자의 본질에 기인하는 것이 아니고, 의미에 대한 암묵적인 약정에 기인하는 것이다. 그러므로, 두 나라 말을 다 아는 사람은, 이 글자를 그리스 사람에게 써서 보일 때 의미하는 바와, 라틴 사람에게 써서 보일 때 의미하는 바가 각기 다르다. Beta라는 글자도, 발음은 똑같지만, 그리스 사람들에게는 문자 이름이고, 라틴 사람들에게는 채소 이름이다. 또 내가 lege라고 할 때, 이 두 음절로 된 말에서 그리스 사람이 이해하는 것과 라틴 사람이 이해하는 것이 서로 다르다.

   그래서 이 모든 표상이, 각 사람이 속하는 사회의 협약에 따라서 [사람의] 마음을 [다르게] 움직인다. 즉, 협약이 다르면, [마음의] 움직임도 다르게 된다. 그러므로, 여러 사람이 이들 표상을 똑같은 의미로 이해하는 것은, 이들 표상이 한 가지 의미를 가졌기 때문이 아니라, 이들 표상에 대해 협약이 맺어져 있기 때문이다. 이와 마찬가지로 악령들과의 위험천만한 결합을 성사시켜 주는 표상들 역시, 각 사람이 그 협약을 지키기 때문에 힘을 가지게 된다. 이것을 가장 잘 나타내 주는 것이 조복사(鳥卜師)들의 관습인데, 조복사들은 [새들을] 관찰하기 전이나 후에는, 관찰 당시의 표징을 보존한다는 구실로, 새들이 날아다니는 모습을 보려고도 하지 않고, 새들의 울음 소리를 들으려고도 하지 않는다. 그래서, 관찰자의 동의가 없이는 아무것도 표상으로서의 역할을 하지 못한다고 한다.

인간의 제도 중에는 미신적인 것은 아니라 해도 불필요한 것이 있음

제25장 (38) 이런 미신적인 것을 그리스도인의 뇌리에서 끊어 근절시킨 연후에, 미신적인 것이 아닌 인간의 제도에 대하여 살펴보아야 한다. 곧, 악령들과 함께 수립한 제도가 아니라, 사람들 스스로가 함께 수립한 제도에 대하여 살펴보아야 한다. 인간의 제도란 모두, 사실 사람들이 그것으로 하여금 효력을 갖게 하자고 합의를 보았기 때문에, 효력을 가지는 것이다. 그런데 인간의 제도 중 어떤 것은 무익하고 불필요한 것이고, 어떤 것은 유익하고 필요한 것이다. 예를 들어, 배우들이 춤을 추며 만들어 내는 그 표상들이 자연적인 것이지, 인간의 제도와 합의에 의해서 무슨 뜻을 가지는 것이 아니라 하자! 그렇다면, 무언극(無言劇) 배우가 옛날 카르타고 사람들 앞에서 춤을 출 때, 해설자가, 춤추는 사람이 무슨 이야기를 하려는 것인지를 설명해 줄 필요가 없었을 것이다. 이에 대해서는, 아직도 노인들이 많이 기억하고 있고, 그들의 이야기를 통해 우리도 익히 들어 알고 있다. 나의 이 말이 믿을 만하다는 것은, 지금도 이와 같이 허망한 것에 대해 잘 모르는 사람이 극장에 들어가는 경우, 그 동작이 무엇을 의미하는지를, 다른 사람이 말해 주지 않는다고 하면, 아무리 정신을 집중하여 관람한다고 해도 소용이 없다는 사실만 보아도 잘 알 수 있다. 그렇지만, 사람들은 모두, [내용과] 표상 사이에 유사성이 있기를 바란다. 달리 말해, 표상 자체가, 할 수만 있다면, 그것이 표시하는 사물과 유사하기를 바란다. 그러나, 한 가지 사물이 다른 사물과 유사하게 되는 방식은 여러 가지일 수 있기 때문에, 사람들 사이에 합의가 이루어지지 않는다면, 이와 같은 표상이 계속 효력을 가질 수가 없는 것이다.

인간의 제도 중에는 미신적인 것이 아니면서도 유용한 것, 꼭 필요한 것이 있음

제25장 (39) 그런데, 그림이나 조각상 및 기타 이와 같은 미술 작품, 특히 공교(工巧)한 미술가의 작품의 경우, 사람들은 그 작품과 비슷한 것을 보면, 그것이 무엇과 비슷한지를 절대 틀리지 않고 잘 알아맞힌다. 이들 작품 중 무엇이, 어떤 이유로, 어디서, 언제, 어떤 작가에 의해 만들어졌는지가 중요하지 않는 경우라 한다면, 이런 종류의 것은 인간의 제도 중 꼭 필요하지 않은 것으로 치부(置簿)할 수 있다. 이밖에 수천 가지 지어낸 이야기 및 거짓된 이야기들은, 그 허구성을 사람들이 즐기고 있지만, 인간의 제도에 속한다. 그런데, 인간 자신에게서 나온 것들 중 [정말] 자기 것이라 여겨질 수 있는 것은 거짓된 것과 허구적인 것밖에는 없다. 하지만, 인간이 [다른] 인간과 함께 제정한 것들 중 유용한 것, 필요한 것이 있다. 예컨대, [남녀의] 성을 구별하고, [사회적] 지위를 구별하기 위해서 신체의 복장이나 장식에 차이를 두는 것이라든가, 그것 없이는 인간 사회가 전혀 원활히 돌아가지 않든지, 불편을 겪게 될, 무수한 종류의 표지가 그런 것이다. 중량 등을 재는 도량형, 주화(鑄貨)의 주조와 평가 내지 이와 비슷한 것도 나라와 민족마다 다르다. 이런 것이 인간에 의해 제정된 것이 아니라 하면, 여러 백성마다 다를 수 없고, 각 백성마다 그 군주(君主)의 뜻에 따라 마음대로 변경될 수도 없을 것이다.

지혜로운 그리스도인은 인간의 제도를 구별할 능력이 있음

제25장 (40) 그런데, 방금 말한 바, 인간의 제도 중 편리한 삶을 영위하는 데 필수적인 것은, 그리스도인이 절대 회피해서는 안 된다. 도리어 [필요에] 충분하리 만큼, 주의를 기울이고 암기해 두어야 한다.

제26장 (40) 인간의 제도 중 어떤 것은 그림자 같은 것으로서, 자연 속의 대상과 상당히 유사하게 되어 있다. 이 중 악령들과의 결합에 관계하는 것은, 이미 말한 대로, 완전히 배척, 혐오해야 한다. 그러나 인간들 상호 간의 결합에 관계하는 것은, 사치스러운 것, 불필요한 것이 아니면, 용납해야 한다. 이런 예로는 특별히 문자의 형상이 있는데, 이것이 없으면 읽을 수가 없다. 언어의 다양성도, 필요한 만큼 [용납해야 한다]. 이에 대해서는 앞에서 논한 바 있다. 속기부호(速記符號)도 이러한 종류에 속하는데, 이것을 배운 사람을 "속기사"라 부르는 것이 합당하다. 이러한 것은 유익한 것이다. 이러한 것을 배우는 것이 불법이 아니고, 미신과도 상관이 없고, 사치를 통해 [우리의] 힘을 소진시키는 것도 아니다. 다만, 그것에 [우리가] 마음을 쓴다 해도, 보다 큰 목적을 이루는 데 도움이 되는 범위 내에 머물러야지, [그 목적을 이루는 데] 방해가 되어서는 안 된다.

인간의 제도에 관한 논의를 계속함

제27장 (41) 그러나 시간 속에서 진행된 일이든, 하나님께서 정하신 일이든. 사람들이 정한 것이 아니고, 연구의 대상으로 [후세에] 전하는 것은, 그것을 어디에서 배우든지 상관이 없이, 인간의 제도라고 생각해서는 안 된다. 그 중 어떤 것은 신체의 감관(感官)에 관계하고, 어떤 것은 영혼의 이성에 관계한다. 그런데, 신체의 감관에 관계하는 것은, 사람들이 이야기하는 것을 우리가 믿거나, 사람들이 보여 주는 것을 우리가 인지(認知)하거나, 경험을 통해 추정(推定)을 한다.

역사의 유용성에 관하여

제28장 (42) 그러므로, 역사라 불리는 것이 지나간 시대의 차서(次序)에 관하여 말해 주는 것은 우리의 성경 이해를 크게 돕는다. 비록 [우리가] 역사를 소시(少時)적에 교회 밖에서 배우기는 하지만 말이다. 예를 들어, 우리는 올림피아기(Olympia紀)와 통령 재직 기간을 통하여 종종 많은 것을 알아낸다. 사실, 주께서 태어나신 해와 고난당하신 해의 통령 이름에 대한 무지(無知)로 인해 많은 사람들이 오류를 범한다.

그래서 주님이 46세에 고난당하셨다 믿는 사람들이 많다. 그들이 이렇게 믿는 이유는, 성전이 유대인들의 말에 따르면, 46년 동안에 지어졌는데, 성전은 주님의 몸의 상징이기 때문이다. 그런데, 주님이 대략 30세에 세례를 받으셨다는 사실은, 복음서의 권위에 근거하여 우리가 굳게 믿는 바이다. 그러나, 그 뒤 몇 년 동안이나 이 세상에서 사역하셨는지는, 그의 행적에 대한 [성경] 본문 기록을 통해 알 수 있겠으나, 다른 곳에서 의심의 안개가 피어 오르지 않게 하기 위해서는, 이방인들의 역사를 복음서와 비교하는 것이 필요하다. 이렇게 하면, 보다 명료하고 확실한 결론을 얻을 수 있다. 그리고, 46년 간에 걸쳐 성전이 지어졌다는 말이 헛된 말이 아님도 알 수 있게 될 것이다. 즉, 이 숫자는 주님의 나이와 관련을 지을 수 없다. 이 숫자는 도리어, 만물이 하나님의 독생자로 말미암아 지은 바 되었는데, 하나님의 독생자께서 우리를 위하여 입기를 마다하지 않으신 인간의 육신에 대한, 신비로운 가르침과 관련되는 것이다.

역사는 여러 가지 어려움을 해결하는 유용한 도구

제28장 (43) 그런데 역사의 유용성과 관련하여 나는 그리스인들에 대하여는 생략하고 넘어가려 한다. 하지만 우리의 암브로시우스 감독님은, 플라톤의 독자들과 애호가들이 [우리를] 비방하고 있는 상황에서, 아주 큰 문제를 해결해 주었다. 그들은 감히 주장하기를, 자기네도 찬탄하기를 금할 수 없는, 우리 주 예수 그리스도의 모든 말씀이, 그리스도께서 플라톤의 책에서 배운 것이라 하면서, 그 근거로, 주님이 인성(人性)을 입고 강림(降臨)하시기 오래 전에 플라톤이 살았음을 부정할 수 없다는 사실을 들었다. 고명(高名)하신 [암브로시우스] 감독님은 이방인들의 역사를 살펴보신 후에, 플라톤이 예레미야의 시대에 애굽으로 떠났음을 발견하셨고, 당시 선지자 [예레미야]가 애굽에 있었던 만큼, 오히려 플라톤이 예레미야를 통해서 우리 [성경] 책의 내용을 익히 배워, 마땅히 칭찬받을 만한 그 내용을 가르치고 기록할 수 있었을 개연성(蓋然性)이 더 높음을 입증하시지 않았던가? 그들은 주장하기를, 플라톤은 피타고라스의 후예로부터 신학을 배웠다고 한다. 그러나 피타고라스는 실로, 히브리 민족의 성경이 있기 전 사람이 아니다. 유일하신 하나님께 대한 경배는 히브리 민족에게서 [처음] 밝혀졌고, 육신으로는 우리 주님이 이 [히브리] 민족 출신이시다. 그러므로 역사를 고찰하면, 주 예수 그리스도께서 플라톤의 책에서 배운 것이 아니라, 오히려 플라톤주의자들이 무슨 좋은 말, 참된 말을 했든지 간에, 그들이 우리 [성경] 책에서 배웠다 하는 것이 훨씬 더 설득력이 있게 된다.

역사와 이교도의 창작 간의 엄청난 차이

제28장 (44) 그런데 역사 이야기를 통하여 과거의 인간 제도가 이야기 되다 해도, 역사 자체를 인간의 제도로 치부(置簿)해서는 안 된다. 왜냐하면 이미 지나간 것, 돌이킬 수 없는 것은 시간의 차서(次序)에 따라 고찰되어야 하기 때문이다. 시간의 창조자, 관리자는 하나님이시다. 실로, [이미] 행해진 일을 이야기하는 것은, [앞으로] 행해야 할 것을 가르치는 것과는 전혀 다른 것이다. 역사는 [이미] 일어난 일을 충실하게 서술하여 유익을 끼치고자 하는 것이다. 반면, 장복술사(臟卜術師)들의 책이나 이와 유사한 책들은 행해야 할 것 내지 주의해야 할 것을 가르치고자 노력하되, 안내자가 지니는 신실함보다는, 경고자가 지니는 오만함을 가지고 그렇게 한다.

동물, 식물 등에 관한 지식은 성경의 이해를 도움

제29장 (45) 이야기 가운데는 묘사와 비슷한 것이 있어서, 모르는 사람들에게 과거의 사실이 아니라 현재의 사실을 제시한다. 이러한 것에는 어떤 장소의 위치라든지, 동물의 성질이라든지, 나무, 풀, 돌 등등에 관한 기록이 있다. 이러한 것에 대해서는 우리가 앞에서 논한 바가 있는데, 이러한 것에 대한 지식이 성경의 수수께끼를 푸는 데 도움이 된다는 말을 한 적이 있다. 물론, 이러한 것이, 무슨 미신의 방술(方術)이나 도구와 같은 역할을 하는, 모종의 표상(表象)으로 사용돼서는 안 될 것이다. 이미 우리는, 이런 종류의 [미신적인] 것과, 자유롭게 사용하는 것이 허락되는 것이 서로 다르다고 구분한 바 있다. 예를 들어, "이 풀을 갈아 마시면, 배 아픈 것이 나을 것이다"는 말과, "이 풀을 목에 걸고 있으면, 배 아픈 것이 나을 것이다"는 말은 [전혀] 다른 말이다. 처음 말은 건강에 좋은 처방으로 인정받을 수 있지만, 두 번째 말은 미신적인 표상에 관한 것이므로, 정죄를 받아 마땅하다. 그러나, 주문(呪文)이나, 기원(祈願)이나, 부적(符籍)이 없는 경우에도, 몸의 치유를 위해서 무엇을 매달거나, 어떤 방식으로든 붙이는 것이 좋은지에 대해서는 의심을 해야 하는 경우가 대부분이다. 물론, [그 부착물이] 자연적 힘에 의해 효험을 보인다면, 주저 없이 그것을 사용해야 한다 하지만, 무슨 방식으로 붙였는가가 효험을 나타내는 깃으로 여겨진다면, 효험이 큰 것처럼 보이면 보일수록, 그리스도인은 더욱 더 조심하는 것이 현명하다. 그런데, 그것이 무엇 때문에 효험이 있는지를 알 수 없는 경우에는, 각자가 그것을 어떤 의도로 사용하는가가 중요하다. 즉, 의학 분야에서든, 농업 분야에서든, 그것이 오직 몸을 치유하거나 다스리는 데만 사용되는가가 중요하다.

관찰해야 할 별들에 관하여

제29장 (46) 그러나, 별들에 대해서 성경은 아주 조금만 언급하는데, 이에 관한 지식은 이야기가 아니고, 묘사다. 물론, 달의 운행에 대해서는 대다수 사람들이 알고 있고, 이것은 주님의 수난을 매년 엄숙하게 기념하는 데도 사용되지만, 이와는 달리 다른 별들의 뜨고 지는 것이나, 기타 모든 움직임을 완전히 정확하게 아주 잘 아는 것은 극소수의 사람들뿐이다. 이런 것에 관한 지식 자체는 비록 미신과 상관이 없다 하더라도, 하나님의 [말씀인] 성경을 연구하는 데는 별로 혹은 거의 전혀 도움이 안 되고, 오히려 [우리의] 주의를 불필요하게 분산시켜 해를 끼치게 된다. 그리고, 운명을 점쳐 주는, 어리석은 자들이 범하는, 지극히 해로운 오류와도 상관이 있으므로, 이를 배격하는 것이 더 유익하고 덕스러운 일이다. 그러나, 천문학은 현재에 대한 묘사 이외에 과거에 대한 이야기와 유사한 무엇도 있는데, 이는, 별들의 현재 위치와 움직임으로부터 별들의 과거 궤적(軌跡)을 [자연]법칙에 근거, 추정하는 것이 가능하기 때문이다. 또한, 장차의 궤도(軌道)에 대한 제대로 된 추정도 가능한데, 곧, 단순한 짐작이나 느낌으로 하는 것이 아니고, 정확한 계산에 근거하여 확실성을 지닌 추정이 가능하다. 물론, 망령된 일을 하는 점성가들처럼, 거기에서 우리의 행동과 그 결과를 알아내려고 시도해서는 안 될 것이고, 오직 별 자체에 관한 것에 한정해야 할 것이다. 이는, 오늘 달을 쳐다보고, 달이 얼마나 큰지를 계산하는 사람은, 몇 년 전에는 달이 얼마의 크기였고, 몇 년 후에는 달이 얼마의 크기가 될지를 말할 수 있는 것과 마찬가지로, 별 하나하나에 대해서도 그것을 전문적으로 관측하는 사람들은 그것의 정확한 궤도에 대해 답을 주는 것이 늘쌍 가능하다. 이 천문학 지식에 관한 모든 것에

대해서, 그것이 얼마만큼 유익한지를, 내가 생각하는 대로 다 개진(開陳)하였다.

기예(技藝)가 제공해 줄 수 있는 것

제30장 (47) 기타의 기예(技藝)에 관해서도 생각을 해 보면, 그 중 어떤 것은, 장인(匠人)이 작업을 한 후에, 그 결과물로 계속 남을 수가 있는데, 예를 들면, 집이라든가, 의자라든가, 무슨 그릇 내지는 이와 비슷한 다른 것이 있다. 또 어떤 것은 일하시는 하나님을 위하여 무슨 보조적인 역할을 하는 것인데, 예를 들면, 의술이라든가, 농사라든가, 경영 같은 것이 그것이다. 또 어떤 것은, 그 결과가 오직 동작으로만 나타나는 것인데, 예를 들면, 무용이라든가, 달리기라든가, 씨름 같은 것이 그것이다. 이 모든 기예는 그러므로 과거의 경험에 기초하여 미래를 내다보게 하는 것이다. 왜냐하면 이와 같은 기예를 익힌 전문가 중에는 과거의 기억을 미래에 대한 예측과 연결시킴이 없이는 작업을 하기 위해 [자기] 지체(肢體)를 움직일 사람이 없기 때문이다. 그런데 이 [모든 기예]에 대한 지식을 우리는 인생을 살아가면서 피상적으로라도, 대강이라도 습득해야 한다. 하지만, 그 목적은, 직무상 불가피한 경우가 아니고서는(이런 경우에 내해서는 지금 논하시 않겠음), 그것을 일하는 데 사용하는 것이 아니다. [그 목적은 이 모든 기예에 대하여 잘] 판단하는 데 있다. 그리하여, 성경이 이런 기예와 관련하여 무슨 비유적인 표현을 집어 넣어 사용하는 경우, 무엇을 암시하기 위한 것인지를 전혀 알지 못하는 일이 없게 하기 위해서다.

논리학과 그 유용성 및 위험성에 관하여

제31장 (48) [이제] 남은 영역은, 신체의 감관(感官)에 관련된 영역이 아니라, 영혼의 이성에 관련된 영역으로, 여기에서는 토론(討論)과 수(數)에 관한 학문이 왕 노릇한다. 그런데, 토론에 관한 학문은 성경과 관련하여 제기되는, 모든 종류의 문제를 통찰하고 해결하는 데 많은 기여를 할 수 있다. 단지, 여기서 조심할 것은 논쟁에 대한 집착과, 상대방을 속임으로써 자기를 드러내려는, 모종의 유치한 과시욕(誇示慾)이다. 이는, 소위 "궤변"이 많기 때문이다. 궤변이라 하는 것은, 그릇된 논리적 결론을 가지고 참된 결론을 모방할 때가 아주 많아, 우둔한 사람들은 말할 것도 없고, 영민한 사람들까지도, 조금만 주의를 게을리하면 속아 넘어가는 것이다. 예를 들어, 어떤 사람이 자기 대화 상대자에게 "너하고 나는 다른 존재다"고 했다 하자! 그런데 그 사람이 수긍을 했다. 그 사람이 수긍을 한 이유 중 하나는, 그 말에 옳은 면이 있기 때문이고, 다른 이유는, 그 사람은 순진한 반면, 앞사람은 간교하기 때문이다. [여하튼,] 앞사람이 계속 말하기를 "나는 사람이다"고 했다. 이것 역시 그 사람이 받아들이자, 앞사람이 다음과 같이 결론을 내려 말을 했다. "그래서, 너는 사람이 아니다". 이처럼 기만적인 결론은, 내가 아는 한도에서는, 성경도 즉각 거부한다. 성경에는 다음과 같은 말씀이 있다. "궤변을 말하는 자는 미움을 받는다"(집회서 37:23). 뿐만 아니라, 비록 언사 자체가 기만적이지는 않더라도, 진중하게 다루어야 할 문제에 대해서 지나치게 윤색(潤色) 가하기를 추구하는 사람을 "궤변가"라 부른다.

논리학과 관련하여서는 명철함이 필요함

제31장 (49) 생각을 연결하여 추론하는 것은 정확한데, 대화 상대자의 오류를 추적하는 과정에서 그릇된 명제를 제시하는 경우가 있다. 물론, 이런 일을 선량하고 학식 있는 사람이 행하는 것은, 대화 상대자의 오류를 추적함으로써, 그 대화 상대자로 하여금 이것을 부끄럽게 여겨, 자기가 저지른 오류를 버리게 하기 위함이다. 이는, 그 오류를 계속 붙들려고 하다가는, 자기가 오류라고 배척한 명제까지도 계속 붙들어야 하기 때문이다. 예컨대, 사도 바울이 "그리스도께서 만일 다시 살지 못하셨으면"(고전 15:14a)이라고 한 것이나, "우리의 전파하는 것도 헛것이요, 또 너희 믿음도 헛것이며"(고전 15:14b)라 한 것은 참된 명제를 제시한 것이 아니다. 바울이 이 말에 이어서 제시했던 다른 명제도 완전히 그릇된 명제다. 왜냐하면 그리스도께서는 부활하셨고, 이를 전파하는 자들이 전파하는 내용이나, 이를 믿는 자들의 믿음이 헛것이 아니었기 때문이다. 그런데, 이 그릇된 명제들은 죽은 자들의 부활이 없다고 하는 명제와 연결돼 있는 것이 아주 확실하다. 이들 명제는, 죽은 자들이 부활하지 않는다면, 참이었을 것이지만, 이들 명제가 거짓된 것으로 배척받는 이상, 죽은 자들의 부활이 있다고 하는 결론이 참된 결론이다. 따라서 참된 결론이 참된 명제들의 결합에서만 나오는 것이 아니고, 거짓된 명세들의 결합에서도 나오기 때문에, 교회 밖에 있는 학교에서도 [논리적] 연결의 진리를 쉽게 배울 수가 있다. 그러나 명제의 진리성 자체는 교회의 성경에서 찾아야 한다.

인간은 논리적 연결의 진리를 제정하지 않았고, 오직 관찰할 따름

제32장 (50) 그렇지만, [논리적] 연결의 진리 자체는 인간에 의해 제정된 것이 아니다. 사람들은 [오직] 그것을 관찰, 기록하여, 배우거나 가르치는 데 사용할 수 있[을 따름]이다. 이는, 진리란, 사물의 영원한 이치 속에 존재하는 것으로, 하나님께서 제정하신 것이기 때문이다. 시간의 차서(次序)를 이야기하는 사람이 그 차서를 스스로 지은 것이 아닌 것처럼, 또 장소의 위치라든가, 동물, 식물, 광물의 성질을 논하는 사람이, 이런 것들이 인간에 의해 창조되었다 말하지 않는 것처럼, 또 별들에 대하여, 그리고 별들의 운행에 대하여 가르치는 사람이 별들을, 자기나 다른 어떤 사람이 만든 것처럼 주장하지 않는 것처럼, "결론이 거짓이라면, 필연적으로 전제도 거짓이다"라 말하는 사람은 지극히 참된 사실을 말하는 것이며, 자기가 그 사실을 그렇게 만드는 것이 아니고, 오직 사실이 그러함을 제시할 따름인 것이다. 우리가 [아까] 인용한 사도 [바울]의 말은 바로 이 규칙을 따른 것이다. 그래서 "죽은 자들의 부활이 없다"는 전제를 앞에 내세운 것은, 그런 주장을 한 사람들의 오류를 사도 바울이 깨뜨리기 위해서였다. 그런데, 죽은 자들의 부활이 없다고 하는 이 전제로부터 필연적으로, "그리스도도 부활하지 못하셨다"는 결론이 도출된다. 그러나, 이 결론은 그릇된 결론이다. 그리스도께서는 부활하셨기 때문이다. 그렇다면, [이 결론의] 전제, 곧, "죽은 자들의 부활이 없다"는 명제 또한 그릇된 것이다. 그러므로 죽은 자들의 부활은 있다. 이 모든 말을 요약하면 다음과 같다.

> 만일 죽은 자들의 부활이 없다면, 그리스도께서도 부활하지 못하셨을 것이다. 그러나 그리스도께서는 부활하셨다. 그러므로, 죽은 자들의 부활은 있다.

결론이 배척되면, 필연적으로 전제도 배척된다는 이 사실은 사람들이 만들어 낸 것이 아니라, 밝혀 낸 것이다. 그리고 이 규칙은 [논리적] 연결의 진리에 관계하는 것이지, [개별적] 명제 [자체]의 진리에 관계하는 것이 아니다.

그릇된 명제에서 참된 결론이 도출될 수 있고, 참된 명제에서 그릇된 결론이 도출될 수 있음

제33장 (51) 그런데, 우리가 방금 부활에 대하여 논할 때, 연결의 규칙은 옳은 것이었고, 결론 속에 들어 있는 명제 자체도 옳은 것이었다. 그러나 그릇된 명제 속에서도 [논리적] 연결의 진리가 도출되는 방식은 다음과 같다. 누가 "달팽이가 동물이라면, 소리를 낼 것이다"는 명제를 수긍했다고 가정해 보자! 이 명제를 수긍했는데, 달팽이가 소리를 내지 않는다는 것이 증명되는 경우, 결론이 배척되면, 전제도 배척돼야 하므로, 달팽이는 동물이 아니라 결론지어진다. 이 결론은 그릇된 것이지만, 그릇된 명제를 수긍했었기 때문에, 그 결론에 이른 추론은 올바르다. 따라서, 명제의 진위 여부는 그 명제 자체에 달려 있는 것이지만, [논리적] 연결의 진리는 대화 상대자의 의견 또는 수긍 여부에 의해 성립된다.

그러므로, 방금 말한 것처럼, 올바른 추론으로 그릇된 것이 도출되는 경우가 있는 이상, 우리가 누구의 잘못을 바로잡아 주고자 한다면, 배척해야 할 것으로 생각되는 결론에 이르게 한 그 전제를 그가 수긍했던 사실을 후회하게 만들어야 할 것이다. [하여간,] 그릇된 명제에서 참된 결론이 도출될 수 있는 것처럼, 참된 명제에서 그릇된 결론이 도출될 수 있다는 것을 이해하는 것은 그러므로 쉽다. 예를 들어, 누가 다음과 같은 대전제(大前提)를 제시했다 가정해 보라! "그가 만약 의롭다면, 선하기도 할 것이다". [대화 상대자가] 이를 수긍한 다음, 다음과 같은 소전제(小前提)가 제시되었다. "그러나 그는 의롭지 않다". 이것 역시 수긍했다면, 다음과 같은 결론이 도출된다. "그러므로 그는 선하지 않다". 이 모든 명제가 비록 참이라 하더라도, 결론 도출에 적용된 [논리의] 규칙은 올바르지 않다.

결론 도출의 규칙을 아는 것과 명제의 진위 여부를 아는 것은 별개의 문제

제34장 (52) 그러므로, 결론 [도출에 적용된 논리의] 규칙을 아는 것과 명제의 진위 여부를 아는 것은 별개의 문제다. 전자(前者)에서 배우는 것은, 무엇이 논리적이며, 무엇이 비논리적인지, 무엇이 모순되는지 하는 것이다. "그가 웅변가라면, 그는 사람이다"는 명제는 논리적이지만, "그가 사람이면, 그는 웅변가다"는 명제는 비논리적이고, "그가 사람이라면, 네 발이 달렸다"는 명제는 모순된 것이다. 그러므로 여기서는 [논리적] 연결 자체에 대해 판단을 내리고 있다. 그러나 명제의 진위 여부를 판단함에 있어서는 명제 자체를 보는 것이지, [명제의] 연결을 보는 것이 아니다.

그런데, 참되고 확실한 명제들에 불확실한 명제들이 참된 연결을 통해 연결되면, [불확실한 명제들]도 필연적으로 확실한 명제가 된다. 물론, 어떤 사람들은 [논리적] 연결의 진리를 배웠다 하여, 자기네가 마치 명제의 진리성 자체를 아는 것 같이 자만하기도 한다. 그리고 또 어떤 사람들은 참된 명제를 확실히 알고 있으면서도, [논리적] 연결의 규칙을 모른다 하여 지나친 자격지심(自激之心)을 품는 경우도 많다. 하지만, 죽은 자들의 부활이 있다는 것을 아는 사람은, "죽은 자들의 부활이 없다면, 그리스도께서도 부활하지 못하셨을 것이나"는 명제가 논리적이라는 것을 아는 사람보다 더 훌륭하다.

정의와 분류에 관한 학문(= 논리학) 그 자체는 그릇된 것이 아님

제35장 (53) 정의(定義), 분류 및 구분에 종사하는 학문 역시 비록 그릇된 일에 사용되는 경우가 많지만, 그 자체는 그릇된 것이 아니고, 사람에 의해 제정된 것도 아니다. [이 학문은] 사물의 이치를 통해 발견된 것이다. 이것을 시인들이 자기네 작품에 이용하고, 거짓 철학자들이나, 심지어는 이단자들, 곧, 거짓 그리스도인들까지도 자기네의 그릇된 견해에 이용하는 것이 사실이지만, 그렇다 해서, 어떤 사물을 정의하고, 분류하고 및 구분함에 있어 그 사물에 속하지 않은 것을 포함시켜서는 안 되고, 그 사물에 속하는 것을 간과(看過)해서도 안 된다는 명제는 그릇된 것이 아니다. 이 명제는, 정의와 분류의 대상이 되는 것이 참이 아니라 해도, 참되다. 예를 들어, 우리는 "그릇되다"는 말을 정의할 때, 어떤 사물이 그 실상과는 달리 표현된 것이다는 말을 하든지, 아니면, 이와 비슷한, 다른 말을 한다. 이 정의는 옳다. 비록 그릇된 것이 참일 수가 없다 해도 말이다. 우리는 또, "그릇된 것에는 두 종류가 있다"고 말함으로써 [그릇된 것을] 분류할 수가 있다. 즉, 그 중 하나는 도저히 [참]일 수 없는 것이고, 다른 하나는 [참]일 수 있기는 하지만, [참이] 아닌 것이다. 예를 들어, 7+3=11이라 말하는 사람은 도저히 참일 수 없는 것을 주장하는 것이지만, 1월 1일에 비가 오지 않았는데, 비가 왔다고 말하는 사람은, [참이] 될 수 있는 것을 말하는 것이다. 따라서 그릇된 것에 대한 정의와 분류 [자체]는 매우 참일 수 있다. 비록 그릇된 것 자체가 결코 참일 수 없지만 말이다.

수사학이라 불리는, 또 다른 수준의 토론술에 관하여

제36장 (54) 보다 자세하게 토론하기 위한, 모종의 규칙들이 또 있는데, 이런 것을 [연구하는 학문을] 수사학(修辭學)이라 부른다. 물론, 이런 규칙들을 가지고 그릇된 것을 믿도록 설득하는 것이 가능하지만, 이런 규칙들 자체는 참된 것이다. 더구나, [이런 규칙들을 가지고] 참된 것을 믿도록 설득하는 것도 가능하므로, [웅변] 능력 자체를 탓할 수는 없고, 그것을 악용하는 사람들의 사특(邪慝)함이 문제다. 사실, 사랑이 담긴 표현을 통하여 듣는 사람의 마음을 얻는다든지, 간단명료한 말을 통하여 의도한 바를 쉽게 납득시킨다든지, 표현 방법을 다양하게 변화시킴으로써 청중으로 하여금 지루함을 느끼지 않고 주의를 집중할 수 있게 한다든지, 혹은, 이와 비슷한 다른 규칙들은 인간에 의해 제정된 것이 아니다. 이런 규칙들은 그릇된 동기로 사용되든, 올바른 동기로 사용되든, 그 자체로는 참된 것이다. 무엇에 대해 알게 만들거나, 믿게 만드는 한에 있어서, 혹은, [사람] 마음을 움직여 무엇을 추구하게 만들거나 피하게 만드는 한에 있어서[, 참된 것이다]. 이런 규칙들이 그렇게 작동되는 것은 [사람들에 의해] 발견되는 것이지, 그렇게 작동되도록 [사람들에 의해] 만들어진 것이 아니다.

수사학과 논리학에 관하여

제37장 (55) 그러나 우리가 이 학문 [수사학]을 배우는 목적은 [무엇을] 이해하는 데 있다기보다는, [우리가] 이해한 바를 전달하는 데 있다. 하지만 [올바른] 결론을 내리고, 정의(定義)하고, 분류하는 학문 [논리학]이 [우리의] 이해를 크게 돕는 것은 사실이다. 그러나 사람들이 이런 학문을 배웠다 해서, 복된 삶에 관한 진리를 자기가 터득했다 생각하는 잘못은 없어야 한다. 물론, 사람들이 이런 학문을 배우는 목적은 이 진리를 터득하기 위해서다. 하지만 [진리와 관련된] 이 같은 규칙을 연구하는, 복잡하고 어려운 학문을 공부하지 않고서도 진리 자체를 쉽게 터득하는 경우가 아주 많이 있다. 예를 들어, 누가 걷는 법을 가르치고자 하여, 앞발을 내딛기 전에, 뒷발을 들어 올리면 안 된다 충고한 다음, 관절과 무릎을 어떻게 움직여야 하는지를 자세히 설명한다 하자! 사실, 그가 하는 말은 참말일 뿐 아니라, 다른 방법으로는 걸을 수가 없다. 그러나 사람들은 그냥 이런 동작을 하면서 걷는 것이지, 이런 동작을 의식적으로 하는 것도 아니고, [설명을] 들어서 [이런 동작을 할 줄] 아는 것이 아니다. 한편, 걸음을 걸을 줄 모르는 사람들은 이런 동작에 대해 관심이 훨씬 적고, 이런 동작을 시험을 하여 익힐 수 있는 방도도 없다. 그래서 영민한 사람은 추론의 규칙을 터득하기도 전에 벌써, [어떤 추론의] 결론이 옳지 않다는 것을 파악하는 것이 보통이다. 반면, 우둔한 사람은, 그 결론이 옳지 않다는 것을 파악하지 못할 뿐 아니라, 추론의 규칙에 대해서는 더더욱 이해하지 못한다.

그러므로 우리는 이 모든 것을 함에 있어, 토론하고 판단하는 것을 통해 [무슨] 도움을 받기보다는, 진리가 드러나는 광경 그 자체에서 기쁨을 얻는 경우가 더 많다. 물론, 이런 학문[= 수사학과 논리학]은 [우리의] 재능을 더욱 단련시킬지 모른다. 하지만 [사람을] 더욱 악의적으로, 더욱 교만하게 만들 수도 있다. 즉, 그럴듯한 말과 질문으로 속이기를 좋아하는 사람으로 만들거나, 이런 것을 배웠다고, 자기가 선량하고 순진한 사람들보다 더 낫다고 자부할 만큼, 무슨 대단한 것을 성취한 것처럼 생각하는 사람으로 만들 수 있는 것이다.

수학에 관하여

제38장 (56) 그런데, 숫자에 관한 학문이 인간들에 의해 제정된 것이 아니라, 도리어 탐구된 것, 발견된 것이라는 사실은, 정말 아무리 우둔한 사람이라도 아주 명확하게 안다. Italia의 첫 음절은 옛날 사람들에 의해 짧게 발음되었지만, 이와는 달리 베르길리우스(Vergilius)는 길게 발음하고자 하였고, 그래서 장음이 되었다. 하지만, 누가 이런 일을 자기 마음 먹은 대로 할 수 있다고 해도, 삼 곱하기 삼이 구가 되지 않게, 혹은, 제곱수가 되지 않게, 혹은, 삼이라는 수의 세 배가 되지 않게, 혹은, 어섯의 1.5배가 되지 않게, 혹은, 2의 배수가 되게 만들 수는 없다. (홀수의 반은 정수가 될 수 없다.) 그러므로, 수를 그 자체로만 고찰하든, [기하학적] 형상이나, 소리나, 기타 동작의 법칙에 적용하든, [거기에는] 불변의 규칙들이 있는데, 이들 규칙은 인간들에 의해 제정된 것이 결코 아니고, 재능 있는 사람들의 영민함에 의해 발견된 것일 따름이다.

모든 사람이 다 피조세계를 초월할 수 있는 것이 아님

제38장 (57) 하지만, 누구든지 이 모든 학문을 매우 사랑하되, 무식한 사람들 앞에서 자기를 뽐내기는 원하면서, 그가 참일 수밖에 없다고 깨달은 그 진리가 어디서 오는 것인지를 탐구하지 않는다 하면, 또, 불변적이라 파악한 그 진리가 어디서 그 참됨과 불변성을 얻은 것인지를 탐구하지 않는다 하면, 또, 물체의 형상으로부터 [시작하여] 인간의 영혼에까지 도달한 다음, 그 영혼이 때로는 유식하고 때로는 무식하기 때문에, 자기 위에 있는 불변적 진리와, 자기 아래에 있는 기타의 가변적(可變的) 존재들 중간에 자기가 위치한다는 것을 깨닫지 못한다면, 그리하여, 모든 것을 유일하신 하나님께 대한 찬양과 사랑을 위한 것으로 바꾸지 못한다면, 그는 유식한 사람으로 보일 수는 있지만, 결코 지혜로운 사람이 될 수 없다. 그가 아는 대로, 모든 것은 다 하나님께로부터 온 까닭이다.

젊은이들에게는 구원의 계명을 제일 먼저 가르쳐야 함

제39장 (58) 그러므로 나는, 열심과 재능이 있는 젊은이들, 하나님을 경외하고, 복된 삶을 추구하는 자들에게 구원의 계명을 가르쳐야 한다 생각한다. 그래서, 그리스도의 교회 밖에서 연마되는 학문이 복된 삶에 도달하게라도 해 줄 것처럼, 그 학문을 추구하고자 감히 시도해서는 안 될 것이고, 도리어 그 학문을 신중하고 세밀하게 검토해 보아야 할 것이다. 만약 그 학문이 인간들에 의해 제정된 것이라면, 그것을 제정한 사람들의 의도가 다양하여 천차만별이라면, 또, 그릇 생각하는 사람들의 [잘못된] 추측으로 인해 혼미에 싸여 있는 것이라면, 특히나 모종(某種)의 표상을 이용한 밀약이나 야합을 통하여 악령들과 내통하는 일이라도 있다면, 이런 학문은 철저히 배격하고 혐오해야 한다. 또한, 인간의 제도 중 불필요한 것, 사치스러운 것에 관한 학문도 멀리해야 한다. 그러나, 사람들이 사회를 이루며 함께 살아가는 데에 도움이 되는 제도는 현세에서의 삶에 꼭 필요하기 때문에, 소홀히해서는 안 될 것이다. 그런데, 이교도(異教徒)들 중에서 볼 수 있는 여타 (餘他) 학문들에는 신체와 관련된 여러 가지 유익한 기술에 대한 경험 및 그 기술에 기초한 미래 예측이 포함되지만, 과거와 현재의 육신의 감각과 관련된 사물의 역사를 제외한다면, 또 논리학과 수학을 제외한다면, 유익한 것이 아무것도 없다고 나는 생각한다. 이 모든 것에 대해서, "아무것도 지나치게 하지 마라!"는 금언(金言)을 [마음에] 새겨야 할 것이다. 특별히 육신의 감각과 관련된 것, 그리하여 시간 속에서 진행되고, 공간적으로 제약을 받는 것에 대하여 그렇게 해야 한다.

성경 연구에 필요한 보조수단에 관하여

제39장 (59) 그런데 어떤 사람들은, 성경에 나오지만 해석이 없는, 히브리어, 아람어, 이집트어, 기타 다른 언어의 모든 동사와 명사에 대해 개별적으로 번역하는 작업을 하였다. 그리고 유세비우스(Eusebius)가 역사 책을 쓴 것은 성경과 관련된 여러 가지 난제(難題)들 때문에 이런 책이 꼭 필요하였기 때문이다. 그러므로 이런 사람들이 이와 같은 여러 문제에 대해서 이와 같은 작업을 한 것은, 그리스도인이 소소한 것 때문에 많은 분야에 대한 연구를 하느라 수고할 필요가 없기 때문이다. 이런 일을 생각할 때, 재능 있는 사람들이 형제들의 유익을 위해 진정 착한 마음을 가지고 수고하기를 기뻐하는 경우가 얼마든지 있을 수 있다는 것이 내 입장이다. 예를 들어, 성경이 언급하고 있는, 잘 알려지지 않은 땅 이름이나, 동물, 풀, 나무, 돌, 금속, 기타 여러 가지 사물을 종류별로 분류하고, [그에] 대해 설명을 하고, 이를 책으로 만드는 것이다. 숫자에 대해서도, 하나님의 말씀인 성경에 나오는 숫자만이라도 설명을 하여 기록해 놓을 수 있는 것이다. 이런 작업이 이미 부분적으로, 혹은, 전체적으로 이루어진 것 같다.

그래서 내가 짐작하지도 못했던 일이지만, 수많은 책들이 훌륭하고 학식 있는 크리스챤들에 의해 저술된 것을 우리는 알게 되었다. 그러나 이런 책들을 경홀히 여기는 사람들이 많기 때문에, 혹은 시기하는 사람들이 이런 책들을 감추어 놓고 있기 때문에, [많이] 알려져 있지 않다. 논리학에 관해서도 이와 같은 작업이 행해질 수 있는지 나는 모르겠는데, 내가 생각하기에는 불가능할 것 같다. 이는, [논리가] 성경의 본문 전체에 신경처럼 [널리] 퍼져 있는 것이기 때문이다. [교사들은] 그러므로, 우리가 나중에 논하게 되겠지만, [성경의] 모호한 문제들을 해결하고 설명하는 일에 힘을 씀으로써 독자들에게 많은 도움을 줄 수 있는 것이지, 우리가 지금 논하고 있는 미지의 표상(表象)들에 대해 연구하는 것으로는 별 도움을 줄 수 없을 것이다.

이교도들의 말 중에 옳은 것이 있으면, 그것을 우리를 위해
사용하는 것이 가함

제40장 (60) 그런데, 철학자라 불리는 사람들, 특별히 플라톤주의자들이 혹시 참된 것, 우리 [기독교] 신앙에 합치(合致)한 것을 이야기했을 경우, 그들을 두려워할 필요가 없을 뿐 아니라, 그들을 불의한 소유자처럼 생각하여, 그들에게서 그것을 빼앗아, 우리 것으로 만들 필요가 있다. 예컨대, 애굽 사람들에게는 이스라엘 백성로 하여금 혐오감 때문에 달아나게 만든 우상과 무거운 짐만 있었던 것이 아니라, 금과 은으로 된 그릇과 패물 및 의복도 있어서, [이스라엘] 백성이 출애굽을 하면서, 그것을 더 좋은 용도로 사용한다는 명분 하에 자기네 것으로 만들어 비밀리에 [가지고 나왔다]. 이것이 가능했던 것은 자기네의 권세 때문이 아니라, 하나님의 명령이 있었기 때문이었다. 애굽 사람들은, 자기네가 선용(善用)하지 못하던 것을 부지중에 내주게 되었다. 이와 마찬가지로 이교도(異敎徒)의 모든 학문에는 날조된 내용과 미신적 허구와, 헛수고만 하게 만드는 무거운 짐들이 있기 때문에, 우리 각자는 그리스도의 인도하심을 따라 이교도들의 사회로부터 나올 때에, 이런 잘못된 것들을 혐오하여 회피하는 것이 당연하지만, 그 속에는 진리를 위해 사용되기에 적합한 자유학예(自由學藝)와, 극히 유익한 도덕률(道德律) 얼마가 포함돼 있고, 유일하신

하나님을 섬기는 일에 관한 진리도 이교도들의 책 속에서 상당히 발견할 수 있다. 그들이 소유한 이 같은 진리는 금이나 은 같은 것으로서, 그들 자신이 만든 것이 아니라, 도처에 산재한 하나님의 섭리라고 하는 광산에서 캐낸 광석과 같은 것인데, 그들은 이를 악령들을 섬기는 데 그릇되이, 불법적으로 사용하였다. 그리스도인은 그들과의 불행한 교제를 마음 속으로 청산하고 그들을 떠날 때, 그들로부터 이를 탈취, 복음 전파를 위해 의롭게 사용하지 않으면 안 된다. 그들의 의복은 곧, 인간이 만든 제도와 같은 것으로, 인간 사회의 유지를 위해 필요한 것이며, 현세의 삶을 사는 데 없어서는 안 되는 것이다. 따라서, 우리는 이것을 받아들여 기독교적인 용도를 위해 바꾸어 사용해도 된다.

기독교 학자들도 이교도들의 학문에 대해 알아야 함

제40장 (61) 우리의 수많은 착한 신자들도 이런 일 외에 도대체 다른 무엇을 했단 말인가? 지극히 경애하는 스승이며, 지극히 복된 순교자인 퀴프리안(Cypriān)이 애굽에서 나올 때, 얼마나 많은 금과, 은과, 의복을 짊어지고 나왔는지, 우리가 보아 알고 있지 않은가? 락탄티우스는 어떠한가? 빅토리누스, 옵타투스, 힐라리우스는 어떠한가? 살아 있는 사람들에 대해서는 입을 다물겠다. 셀 수 없이 많은 그리스인들은 어떠한가? 하나님의 지극히 충성된 종 모세가 선구자로서 행한 일에 대하여는 [성경에] 기록하기를, "애굽 사람의 학술을 다" 배웠다(행 7:22)고 하였다. 이 모든 인물들은 이교도들의 미신적인 관습 때문에, 특별히 이교도들이 그리스도의 멍에를 그리스도인들을 박해하던 시기에는, 유익하다 여겨지는 학문조차 결코 수용하지 않았다.

그 학문이 유일하신 하나님을 예배하는 데 사용되고, 이로 말미암아 허망한 우상숭배가 없어질 수 있다고 생각되는 때도 그랬다. 그렇지만, 애굽 사람들은 자기네 금과, 은과, 의복을 애굽을 탈출하는 하나님의 백성에게 내어 주었다. 그들은, 자기네가 내어 준 것이 어떻게 그리스도를 섬기는 데 사용될 것인지를 알지 못했다. 출애굽기에 기록된 이 사건(출 12:35-36)은 의심할 여지 없이 이것을 예표(豫表)하기 위해 모형(模型)으로 제시된 것이다. [하지만,] 내가 이런 말을 한다 해서, 나와 동등하거나 나보다 더 나은 이해력을 가진 사람이 등장하여, 더 좋은 해석을 할 가능성을 배제하고자 하는 것은 아니다. 내게는 아무 선입견이 없다.

성경 연구는 어떠한 영혼의 자세를 필요로 하는가? 우슬초의 성질

제41장 (62) 그러나, 성경을 연구하는 사람이 이와 같은 방식으로 교육을 받아 [이교도들의] 학문에 대해 살피기를 시작한다면, 사도 바울이 한 다음과 같은 말씀을 항상 유념해야 할 것이다. "지식은 교만하게 하며, 사랑은 덕을 세우나니"(고전 8:1). 성경 연구자는 그러므로 그가 비록 애굽을 부자로 떠난다 할지라도, 유월절을 지키지 아니하면, 자기가 구원받을 수 없음을 생각해야 할 것이다. 그러나, "유월설 양, 곧, 그리스도께서 희생이"(고전 5:7) 되셨고, 그리스도의 희생이 우리에게 가르치는 것은 바로, 애굽에서 바로[의 압제] 하에 신음하는 사람들을 보시고 주님 자신이 외치신 내용이다.

> 수고하고 무거운 짐 진 자들아 다 내게로 오라 내가 너희를 쉬게 하리라 나는 마음이 온유하고 겸손하니 나의 멍에를 매고 내게 배우라 그리하면 너희 마음이 쉼을 얻으리니 이는 내 멍에는 쉽고, 내 짐은 가벼움이라 (마 22:28-30)

[주님이 말씀하시는] 사람들이 지식으로 교만해지지 않고, 도리어 사랑으로 덕을 세우는 사람들 아니면 누구겠는가?

그러므로 [출애굽] 당시 그림자와 같은 표상을 통하여 유월절을 지키던 사람들이 어린 양의 피를 문설주에 바를 때에, 우슬초에 적셔 표를 하라 명을 받은 것을 기억해야 할 것이다. 이 풀은 겸손하고 온유한 풀이지만, 그 뿌리보다 더 강하고 침투력이 좋은 것은 아무것도 없다. 이는, 우리가 "사랑 가운데서 뿌리가 박히고, 터가 굳어져서, 능히 모든 성도와 함께 [지식에 넘치는 그리스도의 사랑을 알아,] 그 넓이와, 길이와, 높이와, 깊이가 어떠함을"(엡 3:17-19), 곧, 주님의 십자가[의 신비]를 깨달아 알기 위함이다. [십자가의] 넓이는, 손이 펼쳐진 횡목(橫木)으로 표시되고, 길이는 땅으로부터 횡목까지인데, 펼쳐진 손 아래로 온 몸이 매달려 있다. 높이는 횡목으로부터 꼭대기까지로, 거기에 머리가 기대어져 있으며, 끝으로 깊이는 땅에 박혀 있는 것으로, 눈에 보이지 않는다. 이 십자가라는 표상(表象)으로 기독교적인 행동 양식 전부가 묘사된다. 곧, 그리스도 안에서 선한 일을 하며, 그리스도를 끝까지 사랑하며, 하늘의 것에 소망을 두며, 성례를 더럽히지 아니하는 것. [이것이 기독교적 행동 양식이다.] 이 같은 행동 양식을 통하여 우리는 정결하게 되어, "지식에 넘치는 그리스도의 사랑을"(엡 3:18) 알 수 있게 될 것이다. 이 사랑으로 말미암아 그리스도는 성부와 동일하신데, 그리스도로 말미암아 모든 것이 지은 바 되었지만, 이는, "하나님의 모든 충만하신 것으로"(엡 3:19) 우리를 충만하게 채우기 위함이다. 우슬초에도 정화력이 있어서, 지식으로 교만하여지지 않게 하고, 애굽에서 가지고 나온 재물로 인해 거만하게 가슴을 내밀면서 콧김을 불지 않게 한다. [그래서, 다윗은 이렇게] 노래했다. "우슬초로 나를 정결케 하소서! 내가 정하리이다. 나를 씻기소서! 내가 눈보다 희리이다. 나로 즐겁고 기쁜 소리를 듣게 하사"(시 51:7-8a). 교만에서 정화되는 것을 우슬초로 상징됨을 나타내기 위해 [다윗은] 이어서 다음과 같이 글을 이었다. "주께서 꺾으신 뼈로 즐거워하게 하소서!"(시 51:8b)

성경과 이방 학문의 비교

제42장 (63) 그러나, 이스라엘 백성이 애굽에서 가지고 나온 금과, 은과, 의복이, 훗날 예루살렘에서 얻은 부(富), 특별히 솔로몬 왕의 치세(治世)에 볼 수 있었던 부와 비교할 때, 얼마나 하찮은 것이었는가? 이교도(異敎徒)들의 책에서 수집된 모든 지식도 이와 마찬가지로, 비록 유용하기는 하지만, 성경의 지식에 비한다면, 아주 하찮은 것이다. 사람이 [성경] 이외의 곳에서 배우는 것은 모두, 만일 해로운 것이면, 성경에서 정죄를 받고, 만일 유익한 것이면, 성경에서[도] 찾아볼 수 있다. 누구든지, [성경] 이외의 곳에서 유익한 내용을 배웠다 해도, 그 내용을 모두 성경에서 발견할 수 있다. 물론, [성경] 이외의 곳에는 전혀 없는 내용을 성경에서 아주 풍성하게 발견할 것이다. 그리고 성경에서 배우는 내용은 놀라운 깊이와 놀라운 겸손함을 갖추고 있다.

그러므로, 이 책의 내용을 읽고 숙지(熟知)한 사람, 온유하고 겸손한 마음으로 그리스도의 "쉬운" 멍에에 복종한 사람, [그리스도의] "가벼운" 짐을 진 사람(마 11:30), "사랑 가운데서"(엡 3:17) 터가 굳어지고, 뿌리가 박히고, 집이 지어진 사람, "지식"(고전 8:1)이 교만하지 않게 하는 사람은 미지(未知)의 표상 때문에 지장을 받지 않으리라 믿는다. 이러한 사람은 성경에 나오는 여러 모호한 표상에 대한 고찰과 토론을 해 보아도 좋을 것이다. 이에 대해서 나는 제3권에서, 주님께서 힘 주시는 대로, 취급해 보고자 한다.

제3권 성경 해석의 규칙

제3권의 서론

제1장 (1) 하나님을 경외하는 사람은 그의 뜻을 성경에서 주밀(周密)하게 찾는다. 그리고 그는 경건하고 온유하여, 다투기를 좋아하지 않을 것이다. 그는 또한 여러 언어에 대한 지식을 갖추고 있어서, 단어나 관용적 표현을 알지 못하여 헤매는 일이 없을 것이고, 꼭 알아야 할 사항에 대한 지식도 갖추고 있어서, 비유적으로 사용된 것의 의미와 성질을 모르는 일이 없을 것이다. 그는 또한, 전문가가 세밀한 수정 작업을 거쳐 마련한 [성경] 사본(寫本)들도 이용할 줄 알 것이다. 그래서, 이러한 조건을 갖춘 사람은 성경의 애매모호한 개소(個所)들의 뜻에 대해 논할 뿐 아니라, 해결책을 제시하는 데까지 나아갈 수 있을 것이다. 물론, 그가 우리의 제안을 받아들일 수만 있다면, 애매모호한 표상 때문에 헤매는 일은 없을 것이다. 하지만 그가 자기의 재능이 크다 생각하든지, 아니면, 보다 훌륭한 사람으로부터 더 밝은 빛을 부여받을 수 있다 생각하여, 우리가 제시하고자 하는 이 방법을 유치한 것이라고 비웃는 일이 있을 수 있다. 그러나, 내가 방금 말을 한 바와 같이, 그가 우리의 제안을 받아들일 수만 있다면, 혹은, 우리의 가르침을 받아들일 마음의 준비만 되어 있다면, 성경의 모호성이 [성경에 사용된] 단어의 본래적 의미 아니면, 전의적(轉義的) 의미 때문에 발생하는 것임을 알게 될 것이다. 이에 대해서는 이미 제2권에서 암시한 바가 있다.[1]

---

[1] 『기독교 학문론』제2권 12장 17-18절 참조.

구두점으로 모호함을 제거해야

제2장 (2) 그런데, 본래적 의미로 사용되는 단어가 성경을 모호하게 만드는 경우, 제일 먼저 살펴볼 것은, 우리가 문장을 잘못 끊어 읽었는지, 아니면, 잘못 발음을 하지 않았는지 하는 것이다. 그런데, 세심하게 주의를 했음에도 불구하고, 어떻게 구두점을 찍어야 좋을지, 혹은, 어떻게 발음해야 좋을지를 확실히 알기 어렵다면, 신앙의 규준(rēgula fideī)[1]에 의지해야 할 것이다. 신앙의 규준은 성경의 보다 명확한 개소(個所)와 교회의 권위를 통해서 알 수 있는데, 이에 대해서는 우리가 제1권에서 대상에 대해 이야기 할 때 충분히 논의한 바 있다. 여하간, 둘 혹은 그 이상의 개소가 신앙의 규준에 의지해 볼 때, 애매모호하게 생각되면, 그 모호한 부분 앞뒤의 텍스트를 문맥에 따라 살펴보는 일을 해야 한다. 그리하여, [가능하다고] 보이는 해석 중에 어떤 해석이 합당하고 문맥에도 맞는지를 알아 보아야 할 것이다.

올바로 구두점을 찍는 방법을 예시함

제2장 (3) 그러면 이제 예를 들어 보겠다. 다음은 이단적으로 구두점을 찍는 방법이다.

> 태초에 말씀이 계시니라. 이 말씀이 하나님과 함께 계셨고, 하나님도 계시니라.
> In prīncipiō erat Verbum, et Verbum erat apud Deum, et Deus erat.

---

[1] 자세한 것은 본 편역자의 졸저,『고대 교리사』(서울: 보라상사, 2003), pp. 61-80 참조.

이렇게 되면, [다음 문장의] 뜻이 달라져, 말씀이 하나님이신 것을 인정하지 않을 수 있게 된다.

> 그가 태초에 하나님과 함께 계셨고.
> Verbum hoc erat in prīncipiō apud Deum.

그러나, 이것은 신앙의 규준에 의거해 배격되어야 한다. 신앙의 규준에 의하면, 우리는 성삼위의 동등성을 믿어야 하는 것이고, 그러므로 우리는 "이 말씀은 곧 하나님이시니라"(Et Deus erat verbum)고 읽은 다음, "그가 태초에 하나님과 함께 계셨고"(Hoc erat in prīncipiō apud Deum)라는 문장을 덧붙여야 하는 것이다.

또 다른 예

제2장 (4) 그러나, [바울] 사도의 서신에 나오는 다음 문장은, 구두점을 어디에 찍어야 좋을지 애매모호하기는 하지만, 신앙[의 규준] 어디에도 저촉이 되지 않기 때문에, 문맥 자체를 가지고 판단을 내려야 한다.

> … 무엇을 가릴른지 나는 알지 못하노라 내가 그 두 사이에 끼였으니 떠나서 그리스도와 함께 있을 욕망을 가진 이것이 더욱 좋으나 그러나 내가 육신에 거하는 것이 너희를 위하여 더 유익하리라 (빌 1:22b-24)

[여기서] "내가 두 가지 욕망을 다 가지고 있노라"고 읽어야 할 것인지, 아니면, "내가 그 두 사이에 끼였으니"라 읽고, 그 다음에 "떠나서 그리스도와 함께 있을 욕망을 가진 이것이"라는 말을 덧붙여야 할 것인지가 불확실하다. 그러나, "더욱 좋으니"라는 말이 이어지므로, 사도 바울은, 자기가 최상의 것을 원하고 있고, 두 가지 사이에 끼어 있기는 하지만,

하나에 대해서는 욕망을 느끼고, 다른 하나에 대해서는 필요를 느낀다고 말하는 것처럼 보인다. 곧, 그리스도와 함께 있는 것에는 욕망을 느끼고, 육신에 거하는 것에는 필요를 느낀다 말하는 것처럼 보인다. 이와 같은 애매모호함은 다음에 이어지는 말 한 마디, 곧, enim(= "이는")이라는 말을 통해 [쉽게] 해결할 수 있다. 이 불변화사(不變化詞)를 삭제한 번역자들은, [사도 바울이] 둘 사이에 끼어 있을 뿐 아니라, 두 가지 욕망을 다 가지고 있는 것처럼 보인다는 견해의 지배를 받은 것이다. 그렇다면, [문장을 다음과 같이] 끊어 읽어야 한다. "무엇을 가릴른지 나는 알지 못하노라. 내가 그 두 사이에 끼였으니". 거기에다 다음 문장을 이어야 한다. "떠나서 그리스도와 함께 있을 욕망을 가진 이것이". 그렇다면, 그가 왜 둘 사이에 끼어 있는가? 그것은, [육신에] 거할 필요가 있기 때문이다. 그래서, 다음과 같은 말이 덧붙여졌다. "내가 육신에 거하는 것이 너희를 위하여 더 유익하리라".

어떤 구두점의 애매모호함은 불가피

제2장 (5) 그러나 신앙의 규준으로도, 문맥으로도 애매모호함이 해결되지 않을 경우, 구두점을 찍음에 있어 [우리에게] 제시되는 어떤 견해를 따른다 해도 전혀 문제가 되지 않는다. 예컨대, 고린도후서에 나오는 다음 글을 보자!

> 그런즉 사랑하는 자들아 이 약속을 가진 우리가 하나님을 두려워하는 가운데서 거룩함을 온전히 이루어 육과 영의 온갖 더러운 것에서 자신을 깨끗케 하자 마음으로 우리를 영접하라 우리가 [아무에게도 불의를 하지 않고] 아무에게도 해롭게 하지 않고 … (고후 7:1-2)

[여기서] "육과 영의 온갖 더러운 것에서 자신을 깨끗케 하자!"는 말씀을, "[시집 가지 않은 자와 처녀는] 몸과 영을 다 거룩하게 하려 하되"(고전 7:34)는 말씀에 비추어 해석할 것인지, 아니면, "육신의 온갖 더러운 것에서 자신을 깨끗케 하자!"고 읽은 다음, "하나님을 두려워하는 가운데서 영혼의 거룩함을 온전히 이루어, 우리를 영접하라!"는 말씀을 이어야 할 것인지 확실하지 않다. 그래서 이와 같은 구두점의 애매모호함을 어떻게 해결할지는 독자의 소관이다.

발음상의 애매모호함이 생기는 이유

제3장 (6) 그런데 구두점의 애매모호함에 대하여 우리가 말한 내용은 발음의 애매모호함에 대하여도 똑같이 적용할 수 있다. 그래서 발음에 관하여 애매모호한 개소(個所) 역시, 독경사(讀經師)의 지나친 부주의 때문에 문제가 생긴 것이 아니라면, 신앙의 규준에 따라 수정을 하든지, 아니면, 앞뒤 문맥을 보아 수정을 하게 된다. 혹시 이 두 가지 [방법]을 다 사용해도, 수정이 안 되고, 의심스러운 개소가 여전히 남는다면, 독경사가 어떤 방식으로 발음을 한들, 그의 잘못이 아니다.

예를 들어 보자! 우리는, 하나님께서 자기의 택하신 자들을 송사하시지 않을 것이고, 그리스도께서 자기의 택하신 자들을 징죄하시지 않을 것임을 믿는다. 이 믿음이 막지 않는다면, "누가 능히 하나님의 택하신 자들을 송사하리요?"(롬 8:33)라 물은 다음에, "의롭다 하시는 하나님이 그렇게 하실 수 있다"라는 답을 할 수 있을 것이고, 마찬가지로 "누가 정죄하리요?"(롬 8:34)라 물은 다음에, "죽으신 그리스도 예수께서 그렇게 하실 수 있다"라는 답을 할 수 있을 것이다. 그러나, 이러한 방향으로 믿고 답하는 것은 지극히 비합리적이므로, 탐구적 질문이 선행(先行)한 다음, 수사학적 질문이 따라와야 할 것이다.

    그런데 옛 사람들이 말하기를, 탐구적 질문과 수사학적 질문에는 다음과 같은 차이가 있다. 즉, 탐구적 질문에는 대답이 여럿일 수 있지만, 수사학적 질문에는 "아니오"와 "예"라는 대답만 가능하다. 그러므로, "누가 능히 하나님의 택하신 자들을 송사하리요?"라는 탐구적 질문을 우리가 한 다음에는, "의롭다 하시는 하나님이 그렇게 하실 수 있느뇨?"라는 수사학적 질문을 하여, 무언(無言) 중에 "아니오"라는 대답을 나오도록 해야 할 것이다. 마찬가지로 또 "누가 정죄하리요?"라고 탐구적 질문을 한 다음, 다시 "죽으실 뿐 아니라, 다시 살아나신 이는 그리스도 예수시니, 그는 하나님 우편에 계신 자요, 우리를 위하여 간구하시는 자가 아니냐?"라고 수사학적 질문을 하여, 여기에서도 "아니오"라는 대답을 나오도록 해야 할 것이다. 그러나 "그런즉, 우리가 무슨 말을 하리요? 의를 좇지 아니한 이방인들이 의를 얻었으니"(롬 9:30)라는 대목에서는, "그런즉, 우리가 무슨 말을 하리요?"라고 먼저 탐구적 질문이 나온 다음에, "의를 좇지 아니한 이방인들이 의를 얻었으니"라는 대답이 뒤따르지 않았다고 하면, 문맥이 통하지 않았을 것이다. 그렇지만, 나다나엘이 "나사렛에서 무슨 선한 것이 날 수 있느냐?"(요 2:46)라 말한 것은 어떤 식으로 발음해도 상관이 없다. 그래서 긍정하는 톤으로 "나사렛에서?"라는 부분에만 수사학적 질문을 관련시키는 방향으로 할 수도 있고, 아니면, 문장 전체에 탐구적 질문을 관련시켜, [질문자의] 의문을 표현할 수 있다. 이 둘 중 나는 무엇을 택해야 할지, 잘 알지 못하겠다. 하지만, 두 가지 해석이 다 신앙에 저촉되지는 않는다.

텍스트 자체가 애매모호함을 없애 줌

제3장 (7) 애매모호함이 음절의 소리[의 고저장단]에 대한 의문에서 올 수가 있는데, 이 역시 발음에 관계한다. 예를 들어, "내가 은밀한 데서 지음을 받고, 땅의 깊은 곳에서 기이하게 지음을 받은 때에, 나의 형체(os)가 주의 앞에 숨기우지 못하였나이다"(시 139:15)라는 말씀에서 os를 짧게 발음해야 할지, 길게 발음해야 할지, 독자는 정확히 알 수 없다. 만일 짧게 발음하면, 복수 ossa(= "뼈들")의 단수가 되지만, 길게 발음하면, 복수 ōra(= "입들")의 단수가 된다. 그렇지만, 이런 문제는 원어를 살펴봄으로써 해결할 수 있다. 왜냐하면 [이 단어가] 헬라어로는 στόμα(= "입")로 되어 있지 않고, ὀστοῦν(= "뼈")으로 되어 있기 때문이다. 그러므로 [무슨] 대상을 지칭하는 데는 보통 구어체가 문어체보다 더 유용하다. 그래서, 내 입장에서는 차라리 야만적 표현을 써서, Nōn est absconditum ā te ossum meum(= "나의 뼈가 주의 앞에 숨기우지 못하였나이다")이라 말하는 것이 더 낫지, 보다 더 [세련된] 라틴어를 쓴다는 이유로, [표현을] 불명확하게 하기는 싫다. 그러나, 음절의 발음이 의심스러울 때는, 같은 문장에 속하는 이웃 단어를 보고 판단을 내린다. 예를 들어, [바울] 사도의 말 중에 Quae praedīcō vōbīs, sīcut praedīxī, quoniam quī tālia agunt, rēgnum Deī nōn possidēbunt(= "전에 너희에게 경계한 것 같이 경계하노니, 이런 일을 하는 자들은 하나님의 나라를 유업으로 받지 못할 것이요")라는 말이 있다. 만약 Quae praedīcō vōbīs라고만 말하고, sīcut praedīxī를 덧붙이지 않았다면, [헬라어] 원어 성경으로 돌아가 살펴보지 않는 한(限), praedīcō의 가운데 음절이 장음인지, 단음인지를 알 길이 없었을 것이다. 하지만 이제는 장음으로 발음해야 한다는 것이 분명해졌다. 왜냐하면 Sīcut praedicāvī라 하지 않고, Sīcut praedīxī라 말했기 때문이다.

표현상의 애매모호함이 생기는 이유

제4장 (8) 그러나, 이와 같은 애매모호함뿐 아니라, 구두점이나 발음에 관계하지 않는 애매모호함에 대해서도 비슷한 방법으로 대처해야 한다. 예컨대, 데살로니가서에는 다음과 같은 대목이 있다.

> 이러므로 형제들아, 우리가 … 너희에게 위로를 받았노라.
> Proptereā cōnsōlātī sumus, frātrēs, in vōbīs.

여기서 Ō frātrēs(호격)인지 Hōs frātrēs(목적격)인지가 확실치 않다. 그러나 이 둘 중 어느 것도 신앙에 저촉되지 않는다. 하지만 헬라어는, 호격과 목적격이 같지 않다. 그러므로, 헬라어 성경을 보면, 호격이라는 사실, 즉, Ō frātrēs라는 사실을 알게 된다. 만약 번역자가 Proptereā cōnsōlātiōnem habuimus, frātrēs, in vōbīs라 하였다면, 자구(字句)에는 덜 충실했을지 모르나, 의미상의 애매모호함은 적었을 것이다. 혹은 nostrī(= "우리의")라는 단어를 붙였으면, [아주] 확실해졌을 것이다. 왜냐하면, 만약 Proptereā cōnsōlātī sumus, frātrēs nostrī, in vōbīs라는 말을 듣는다면, 호격임을 의심하는 사람이 아무도 없었을 것이기 때문이다.

그러나 이런 일을 허용하는 것은 상당히 위험한 일이다. 이런 일은, 고린도인들에게 사도 바울이 "형제들아, 내가 그리스도 예수 우리 주 안에서 가진 바, 너희에게 대한 나의 자랑을 두고 단언하노니, 나는 날마다 죽노라"(고전 15:31)고 말하는 대목에 나타났다. 이는, 어떤 번역자가 이 대목을 "… 너희의 명예를 걸고 맹세하노니, 나는 날마다 죽노라"라고 번역하였기 때문이다. 헬라어에는 실상 "맹세"라는 말이 분명히 들어 있어서, 애매모호함이 전혀 없다. 그러므로, 성경 책만 본다면, 본래적 의미로 사용되는 말에서 애매모호함을 발견하는 일은 극히 드문 일, 어려운 일이다. 이러한 말에서 볼 수 있는 애매모호함은 성경 기자의 의도를 알게 하는 발언의 배경을 통해서나, 번역본들의 비교를 통해서나, 원어 성경의 연구를 통해서 해결이 가능하다.

성경의 비유적 표현을 문자적으로 이해하는 것은 불행한 종 노릇

제5장 (9) 그러나 지금 바로 논의하게 될 전의적(轉義的) 의미로 사용된 말의 애매모호함은 상당한 주의와 노력을 요한다. 이는, 우선 비유적 표현을 문자적으로 이해하지 않도록 주의해야 하기 때문이다. 예를 들어, 사도 바울이 "문자는 죽이는 것이요, 영은 살리는 것임이니라"(고후 3:6)고 말한 것은 이와 관련된다. 사실, 비유적으로 말한 것을 본래적으로 말한 것처럼 이해한다면, 그것은 육적으로 이해하는 것이다. [인간이] 짐승보다 우월한 것은 지성 때문인데, 지성이 문자에 얽매임으로써 육에 종속되는 것을 "영혼의 죽음"이라 일컫는 것보다 더 적절한 표현은 전혀 없다. 이는, 문자에 얽매이는 사람은 전의적 의미로 사용된 말을 본래적 의미로 사용된 말이라 간주, 본래적 의미의 말로 지칭된 것을 다른 의미와 연결시키지 못하기 때문이다. 예를 들어, 그가 "안식일"이라는 말을 들었다 할 때, 그는 매주 계속 반복되는, 일주일 중의 특정한 하루 이외의 것은 생각하시 못한다. "제사"라는 말을 들은 경우에도, 보통 가축이나 땅의 소산을 제물로 바침으로써 행해지는 것이라는 생각 이상은 하지 못한다. 이것은 결국, 영혼이 불행하게 종 노릇하는 것이다. [왜냐하면,] 이것은 표상을 대상으로 생각하는 것이고, 감각적 피조물을 초월하여 영원한 빛을 받아들이기 위해 영의 눈을 들어 올리지 못하는 것을 의미하기 때문이다.

유대인들의 종노릇과 사도적 교회의 진보

제6장 (10) 하지만 유대 민족의 경우, 이 종노릇이 다른 이방인들의 관습과는 다른 점이 많았다. 그것은, 유대 민족이 현세적(現世的)인 것에 얽매였으면서도, 그 모든 것을 통해서 유일하신 하나님께 영광을 돌렸기 때문이다. 그리고 그들은 영적인 것들에 대한 표상이 무엇을 가리키는지도 모르면서, 그 표상을 영적인 것 자체로 바라보았다. 하지만, 그 표상이 그들 뇌리에 아주 깊이 박혀 있어서, 이 같은 종노릇을 통하여 그들이 눈에 보이지 않는, 만유의 유일하신 하나님을 기쁘시게 해 드릴 수 있으리라 생각하였다. 사도 바울은 이것을, 어린 아이들이 몽학선생의 지도 하에 있는 것과 흡사하다 기록하였다.[1] 그러므로 이런 표상에 끈질기게 집착한 사람들은, 계시의 시대가 그들에게 이미 왔음에도 불구하고, 주께서 이런 표상을 멸시하시는 것을 견디지 못했다. 그래서, 그들의 지도자들은, 주께서 안식일에 [병] 고치신 것을 비방거리로 삼았고, 백성들은, 이런 표상이 무슨 실체라도 되는 것처럼 그것에 얽매였기 때문에, 이런 표상을 유대인들처럼 바라보지 아니하고, 이런 표상에 신경을 쓰려 하지 않으신 주님이 하나님이시라는 것, 혹은, 하나님께로부터 오셨다는 것을 믿지 않았다.

    그러나 믿은 사람들, 예루살렘 초대교회를 이룬 사람들은, 이러한 모양으로 몽학선생의 지도를 받는 것이 얼마나 유익한지를 잘 보여 주었다. 그래서 예속의 시대에 그들에게 부여되었던 표상이 그것을 존중하는 사람들의 마음을 붙들어 매어, 천지를 지으신 유일하신 하나님을 섬기는

---

[1] 갈 3:24 (= "이같이 율법이 우리를 그리스도에게로 인도하는 몽학선생이 되어, 우리로 하여금 믿음으로 말미암아 의롭다 함을 얻게 하려 함이니라").

예배로 이끌어 주었다. 비록 현세적, 육신적 예물과 표상을 어떻게 영적으로 이해할 것인지를 그들은 잘 몰랐지만, 그럼에도 불구하고, 그 예물과 표상을 통해 유일하시고 영원하신 하나님을 섬기는 법을 배웠다는 점에서, 그들은 영적인 것에 매우 가까이 나아갔다고 할 수 있다. 그래서 그들은 성령의 능력을 받기에 아주 합당한 사람들이 되었고, 자기네의 모든 것을 팔아, 그 값을 사도들의 발 아래 두어, 궁핍한 사람들에게 나누어 주었고, 스스로를 마치 새로운 성전이라도 되는 것처럼 하나님께 바쳤다. 그들이 새로운 성전의 지상적인 형상, 곧, 옛 성전을 위해 봉사한 것은 이 때문이다.

제6장 (11) 이방인들의 어느 교회가 이와 같은 일을 했다는 기록은 실상 없다. 이방인들은 손으로 만든 우상을 섬겼었기 때문에, [유대인들처럼 진리에] 가까이 와 있지 못했다.

이방인들은 무익한 표상 하에서 종살이함

제7장 (11) 물론, 이방인들 중 몇몇 사람들이 우상을 표상으로 해석하려고 시도한 적은 있다. 하지만, 이 경우에도 그것을 피조물을 경배하고 섬기는 일과 연관시켰다. 예를 들어, 넵튠(Neptūn)[1]의 우상을 신(神) 자체로 생각하지는 않지만, 그 우성을 바다 전체라든가, 샘에서 용솟음쳐 나오는, 기타의 모든 물을 상징하는 표상이라 생각한다면, 그것이 내게 무슨 소용이 있겠는가? 내 기억이 정확하다면, 그들 중 어떤 시인이 넵튠에 대하여 다음과 같은 시를 지었다.

---

[1] 로마 신화에 나오는 바다의 신.

아버지 넵툰이여!
당신의 백색 신전(神殿)은 굉음을 내며 몰려 오는 파도에 휩싸여 메아리치고,
당신의 턱수염에서는 거대한 바다가 끝없이 흘러나오고,
머리카락에서는 수많은 강물이 굽이굽이 흐르나이다.

이 같은 쥐엄 열매는 달콤한 꼬투리 속에서 또르르 소리를 내며 튀어나오지만, 그것은 사람의 양식이 아니라, 돼지의 먹이다. 복음서를 아는 사람은, 내가 무슨 말을 하는지를 알 것이다.[1] 내가 [넵툰의 신상(神像)과 바다] 이 둘 다 경배하지 않는 입장이 아니라면, 넵툰의 신상이 바다와 물을 상징하는 것이 아님을 안다 해서, 그것이 도대체 내게 무슨 유익이 되겠는가? 이는, 어떠한 신상도 내게는 신(神)이 아니듯, 바다 전체도 내게는 신이 아니기 때문이다.

　물론, 사람이 만든 것을 신으로 여기는 자들이, 하나님이 만드신 것을 신으로 여기는 자들보다 타락의 정도가 훨씬 더 심하다는 것을 나는 인정한다. 하지만, 우리에게는 이 모든 것을 만드신, 유일하신 하나님을 사랑하고 섬기라는 계명이 주어졌다. 그런데, 이방인들은 피조물의 우상을 마치 신인 것처럼, 아니면, 신의 표상이나 이미지인 것처럼 숭배하고 있다. 표상은 대상을 표현하기 위해 만들어진 것이다. 그러므로, 대상 대신 [인간의] 유익을 위해 제정된 표상을 따르는 것이 육신적인 예속을 의미하는 것이라면, 무익한 것의 표상으로 만들어진 것을 대상으로 받아들인다는 것은 얼마나 더 심한 예속이 되겠는가? 우상에 의해 표현된 대상 자체에까지 소급해 올라간다 하더라도, 그것을 숭배하기 위해 그대의

---

[1] 눅 15:16 참조.

영혼을 옭아맨다면, 그대는 노예가 되어, 육신의 무거운 짐과 허울에서 결코 자유롭지 못할 것이다.

표상의 속박에서 벗어나는 방식에서 유대인들과 이방인들 간에는 차이가 있음

제8장 (12) 그러므로, 유익한 표상에 예속되었던 자들은 더 가까운 곳에 있는 자들이었다. 크리스챤의 자유는 그들에게, 그들이 예속되어 있던 표상에 대해 [올바른] 해석을 해 줌으로써, 그들을 그 표상이 가리키는 대상을 향해 올라가게 하여, 그들을 해방시켜 주었다. 그들을 구성원으로 하여 거룩한 이스라엘 사람들의 교회가 형성되었다. 반면, 무익한 표상에 예속되었던 자들은, 그러한 표상 아래서 행하던 종살이뿐 아니라, 그 표상 자체까지도 풀어 주고, 모조리 제거해 주어야 하였다. 성경은 우상숭배를 "간음"이라 부를 때가 많지만, 이것은 적절한 표현인데, 이것은 사람들로 하여금 수많은 거짓된 신(神)들을 섬기게 함으로써 부패에 빠지게 하는 것이다. 이방인들은 이러한 부패에서 떠나, 유일하신 하나님을 섬기는 방향으로 변화되어야 하였다. 그들은 이제 유익한 표상들에게도 더 이상 예속되어서는 안 될 것이다. 오히려 그들의 영혼을 훈련시켜, 이러한 표상들을 영적으로 이해해야 할 것이다.

표상의 속박을 받는 자들과 받지 않는 자들; 세례와 성찬

제9장 (13) 어떤 표상이 무엇을 가리키는지 잘 알지도 못하면서 그것을 만들고 숭배하는 자는 실로 표상의 속박을 받는 자다. 그러나, 유익한 표상을 만들거나, 그것을 하나님께서 제정하신 것으로 받드는 자, 그것의 의미와 중요성을 이해하는 자는, 눈에 보이는 것, 지나가 버릴 것을 받드는 것이 아니라, 오히려 이 모든 것의 근본이 되는 존재를 받드는 것이다. 그런데 이와 같은 사람은, 그가 예속의 시대에 살고 있다 해도, 영적인 사람, 자유로운 사람이다. 이 예속의 시대에는 육적인 사람들에게 아직, 그 표상들이 무엇인지 계시해 주는 것이 필요하지 않았고, 그래서, 그들은 그 표상들의 멍에 아래서 철저히 순치(馴致)되어야 하였다. 이 예속의 시대를 살던 영적인 사람들이 바로 족장들이었고, 선지자들이었고, 이스라엘 백성 중에서 성령께서 성경의 모든 도우심과 위로를 우리에게 주시기 위하여 사용하였던 모든 사람들이었다.

 그러나 우리 시대에는 우리 주님의 부활로 말미암아 우리의 자유에 대한 지극히 명확한 증거가 밝히 드러났으므로, 우리는 그 표상들을 잘 이해하게 되었고, 그 표상들마저도 무거운 짐으로 짊어지지 않게 되었다. 수많은 표상들 대신 소수의 표상을 주님이 직접 제정하사, 사도적 규율을 통해 전해 주셨는데, 그것은 행하기 아주 쉽고, 고상한 이해를 돕는 바가 심히 많고, 준수하기에 극히 순결한 것으로, 세례라는 성례와, 주님의 살과 피를 기념하는 성찬이 그 예가 된다. 누구든지 이것을 받는 사람은, 신앙 요리교육을 통해 이것이 무엇을 의미하는지 깨닫게 되어, 그것을 귀하게 생각하되, 육신적인 예속 때문이 아니라, 오히려 영적인 자유로움 가운데서 그렇게 할 것이다. 그런데, 문자를 따르고, 표상을 그것이 가리키는 대상으로 받아들이는 것은 노예적 연약함의 표현인 것처럼, 표상을 무익한 방향

으로 해석하는 것 역시 지독한 어두움 속에서 방황하는 자에게서나 발견되는 오류의 표현이다. 그러나, 표상이 무엇을 가리키는지는 모른다 해도, 그것이 표상이라는 사실을 안다면, 그가 노예 상태 아래서 신음하는 것은 아니다. 또, 알지는 못하지만, 유익한 표상 아래서 눌림을 당하는 것이, 속박의 멍에서는 벗어났다 해도, 표상을 무익하게 해석함으로써, 오류라고 하는 덫에 목을 들이미는 것보다 더 낫다.

본래적인 표상과 전의적인 표상을 구별하는 방법

제10장 (14) 그런데, 비유적 표상, 곧, 전의적(轉義的) 표상을 본래적 표상처럼 취급하지 말아야 한다는 이 규칙에 덧붙여, 본래적 표상을 비유적 표상처럼 취급하는 일도 없어야 한다는 규칙도 [준수해야] 한다. 그러므로 어떤 표현이 본래적인 것이고, 어떤 표현이 비유적인 것인지를 구별하는 방법을 먼저 밝혀 둘 필요가 있다. 그 방법은 다음과 같이 요약된다.

> 하나님의 말씀 중에서 본래적 의미에서 윤리 도덕이나 신앙 진리에 관련되지 않는 것은 비유적인 것이라 생각해야 한다. 윤리 도덕은 하나님과 이웃을 사랑하는 것과 관련되고, 신앙 진리는 하나님과 이웃을 아는 것과 관련된다.

그런데 각 사람에게는, 그가 하나님과 이웃에 대한 사랑 및 인식에서 스스로 얼마만큼 전진했는지 자기 양심 속에 느끼는 정도에 따라 소망의 크기가 결정된다. 이에 대해서는 제1권에서 모두 이야기했다.

인간의 행동을 판단하는 사람들의 일반적 경향에 관하여

제10장 (15) 그러나, 사람들은 죄를 판단함에 있어서 욕망 자체의 경중보다는 오히려 자기네 관습을 기준으로 삼는 경향이 있다. 그러므로 어떤 사람이든지, 자기 지역이나 시대 사람들이 책망하거나 정죄하는 습관이 있는 것만을 비난해야 할 것으로 여기는 것이 보통이다. 또, 동시대인들의 관습이 용인하는 것만을 옳다 인정하고 칭찬해야 할 것으로 여기는 것이 보통이다. 그래서, 성경이 청중들의 관습과 다른 것을 명하든지, 아니면, 그들의 관습에 일치하는 것을 비난하는 경우, [성경] 말씀의 권위가 그들 마음을 사로잡았다고 하면, 그 말씀을 비유적인 말씀으로 여기는 일이 발생하는 것이다.

하지만 성경은 사랑 외에는 아무것도 명하지 않고, 욕심 이외에는 아무것도 비난하지 않는다. 그리고, 이런 방식으로 사람들의 윤리 도덕을 형성해 나간다. 또한 어떤 그릇된 생각이 마음을 사로잡게 된 다음에는, 성경이 [자기 생각과] 다른 것을 가르치는 경우, 사람들은 그것을 비유적인 말씀으로 여긴다. 하지만 성경은 과거의 일이든, 미래의 일이든, 현재의 일이든, 보편교회의 신앙 이외의 것은 가르치지 않는다. 과거의 일에 대한 것은 이야기고, 미래의 일에 대한 것은 예고고, 현재의 일에 대한 것은 선포지만, 이 모든 것은 오직 같은 사랑을 기르고 굳세게 하는 능력, 욕심을 제어하고, 소멸시키는 능력이 있다.

사랑과 욕심의 본질에 관하여

제10장 (16) 사랑이란, 하나님을 향유하되, 하나님 자신 때문에 향유하고, 자기 자신과 이웃을 향유하되, 하나님 때문에 향유하고자 하는 마음의 움직임이라고 나는 정의(定義)한다. 반면 욕심이란, 자기 자신과, 이웃과, 무슨 물체를 향유하고자 하되, 하나님 때문에 그렇게 하는 것이 아닌 것을 말한다. 그리고, 제어되지 않은 욕심이 자기 영혼과 육신을 부패시키는 방향으로 작용할 때, 그것을 악습이라 부르고, 다른 사람을 해치는 방향으로 작용할 때, 그것을 악행이라 부른다. 모든 죄악은 이 두 가지 종류로 구성되지만, 악습이 우선한다. 이것이 영혼을 비게 하여, 일종의 궁핍함으로 인도할 때, 악행으로 치닫는데, 이는, 악습의 장애가 되는 것을 제거하기 위해서이거나, [악습에] 도움이 되는 것을 찾기 위해서다. 또한, 사랑이 자기에게 유익한 것을 행할 때, 이것을 유익한 행동이라 하고, 이웃에게 유리한 것을 행할 때는 선행이라 한다. 여기서는 유익한 행동이 우선한다. 이는, 아무도 자기에게 없는 것을 가지고 남을 유익하게 할 수 없기 때문이다. 그런데, 욕심의 왕국이 더 많이 파괴되면 될수록, 사랑의 왕국은 더욱 더 융성한다.

무자비하다는 느낌을 주는 성경 구절인데, 하나님과 성도들이 그런 일을 행한 것 같은 인상을 주는 성경 구절의 해석 규칙

제11장 (17) 성경에는 가혹하다는 느낌을 주는 구절이 있다. 너무 무자비해서, 말로도, 행동으로도 옮기기 어려운 것이 있고, 그것이 하나님이나 성도와 관련이 있다 믿을 수 없는 것이 있다. 이런 것은 모두 욕심의 왕국을 파괴하기 위해서 기록된 것이다. 이런 구절의 표현이 아주 명료한 경우, 이런 구절의 표현을 마치 비유적인 표현인 것처럼 생각해서, 다른 것과 연관시켜서는 안 된다. 예를 들어, 사도 바울의 서신에 다음과 같은 말씀이 나온다.

> [다만 네 고집과 회개치 아니한 마음을 따라] 진노의 날 곧 하나님의 의로우신 판단이 나타나는 그 날에 임할 진노를 네게 쌓는도다 하나님께서 각 사람에게 그 행한대로 보응하시되 참고 선을 행하여 영광과 존귀와 썩지 아니함을 구하는 자에게는 영생으로 하시고 오직 당을 지어 진리를 좇지 아니하고 불의를 좇는 자에게는 노와 분으로 하시리라. 악을 행하는 각 사람의 영에게 환난과 곤고가 있으리니 첫째는 유대인에게요, 또한 헬라인에게며 … (롬 2:5-9)

그러나 이 말씀의 적용 대상은 욕심을 이기기 원하지 않는 사람들이다. 이들과 함께 욕심 자체도 소멸한다. 하지만, [욕심의] 지배를 받던 인간 속에서 욕심의 왕국이 멸망하고 나면, 다음과 같은 말씀이 [적용될 것이] 분명하다.

> 그리스도 예수의 사람들은 육체와 함께 그 정과 욕심을 십자가에 못 박았느니라 (갈 5:24)

물론, 여기에도 전의적(轉義的)으로 사용된 말이 없는 것은 아니다. 예를 들어, "하나님의 진노", "십자가에 못 박았다"와 같은 말이 그것이다. 그러나 전의적 표현이 그렇게 많은 것은 아니고, 의미를 덮거나, 풍유(諷

論) 내지 불가사의(不可思議)를 만들어 낼 정도는 아니다. 나는 풍유나 불가사의를 "고유한 의미의 비유적 표현"이라 부른다. 예레미야에게 하신 말씀이 대표적 예다.

> 보라 내가 오늘날 너를 열방 만국 위에 세워 너로 뽑으며 파괴하며 파멸하며 넘어뜨리며 … (렘 1:10)

이 말씀은 의심할 여지 없이 전부 다 비유적 표현인데, 우리가 이미 설명한 목적을 위해서 사용된다.

악한 것처럼 보이는 말과 행동을 하나님과 성도들이 했다고 기록된 부분을 해석하는 규칙

제12장 (18) 익숙하지 않은 사람들에게는 악한 것처럼 보이는 것을 말로만 했든지, 아니면, 행동으로도 같이 했든지 간에, 그것을 하나님이 하셨다거나, 우리에게 거룩함의 모범이 되는 사람들이 행했다고 하는 기록이 있다면, 그것은 다 비유적인 것이다. 그러나, 누구든지 가변적(可變的)인 대상을 사용함에 있어, 동시대 사람들의 일반적 행태와 비교하여 절제를 더 많이 한다면, 그는 준절(峻節)한 사람이거나, 아니면, 미신적인 사람이다. 하지만, 그것을 시용함에 있어, 동시대 신량한 사람들의 관습이 허용하는 한계를 넘어설 정도라면, 그에게 무슨 특별한 의도가 있든지, 아니면, 그가 문제 있는 사람이기 때문이다. 이는, 어떠한 경우든, 어떤 대상을 사용하는 것 자체는 별 문제가 아니고, 사용하는 사람의 욕망이 문제가 되기 때문이다. 분별 있는 사람치고, 주님의 발에 어떤 여인이 값비싼 향유를 부은 일을, 사치스럽고 방탕한 사람들이 잔치 때에 늘상 그런 일을 행하는 것과 같다고는 결코 믿지 않을 것이다. 우리는 이런 잔치를 혐오한다.

이는, 좋은 향기란 좋은 명성이기 때문이다. 좋은 명성은, 누구든지 선한 삶에서 나오는 행실을 통해서 얻는다. 그리스도의 발자취를 따라가는 사람은 그의 발에 값비싼 향유를 붓는 것과 흡사하다. 그래서, 어떤 사람들이 행하면, 심각한 도덕적 문제를 야기하는 것이 보통인 일도, 하나님이 보내신 사람이나, 선지자가 행하면, 무슨 엄청난 일의 표상이 될 수 있다. 예를 들어, 창녀와의 결합이 타락한 사람들의 경우에 의미하는 바와, 예언자로서의 활동을 하기 위해서 그 일을 행했던 호세아 선지가의 경우에 의미하는 바가 다르다. 주정뱅이들과 방탕한 사람들의 잔치 자리에서 나체가 되는 것이 부도덕한 일이기는 하지만, 그렇다 하여 목욕장에서 나체가 되는 것이 부도덕한 일이 되지는 않는다.

장소, 시간, 인물 등을 살펴야

제12장 (19) 그러므로, 장소, 시간, 인물에 매치되는 일을 면밀히 살펴서, 무턱대고 아무거나 잘못이라고 비난하는 일이 우리에게는 없어야 할 것이다. 이는, 지혜로운 자는 탐식이나 과식과 같은, 무슨 악습에 빠지는 일 없이 아주 값비싼 음식을 먹을 수 있지만, 지혜 없는 자는 아주 값싼 음식에 대해서도 대단히 혐오스러울 정도로 식욕의 불길이 목구멍에 타오를 수 있기 때문이다. 그리고, 건전한 생활을 하는 사람이면 누구든지 주님처럼 생선 먹기를 원하지, 아브라함의 손자 에서처럼 팥죽을 먹거나, 역축(役畜)처럼 보리 먹기를 원하지 않을 것이다. 사실, 대부분의 짐승이 우리보다 더 못한 것을 먹고 살지만, 그것 때문에 우리보다 더 절제력이 있다고 할 수는 없다. 이는, 이 같은 종류의 모든 일에서 우리가 사용하는 대상의 성질에 의해서가 아니라, 그것을 사용하는 목적, 그것을 추구하는 방식에 의해서, 우리가 하는 일이 칭찬 내지 책망을 받아야 하기 때문이다.

선진들의 풍습에 관하여

제12장 (20) 옛날 의인들은 땅의 나라를 가지고 하늘의 나라를 상상하고, 이를 미리 선포하였다. [당시에는] 자손을 많이 두려는 목적 때문에, 한 남자가 동시에 여러 여자를 거느리는 관습이 비난의 대상이 되지 않았다. 그리고 한 여자가 여러 남편을 두는 것이 미덕이 되지 않았던 것도 이 때문이었다. 이는, 그런다고 여자의 출산력이 높아지는 것이 아니기 때문이다. 사실, 매춘부처럼 남자 관계를 하여 돈을 벌고 자녀를 얻으려 하는 것은 부끄러운 일이다. 당시 성도들은, 그런 풍속이 지배하는 시대에, 오늘날 우리가 그런 일을 한다면, 정욕 때문에 그런다고 말할 수밖에 없는, 그런 일을 했지만, 그들이 한 일이 정욕에서 나온 것은 전혀 아니었고, 따라서 성경이 그들에 대해서 아무런 비난도 하지 않는다. 그리고 성경에 나오는 그런 이야기는 모두 역사적으로나, 문자적으로만 이해되어서는 안 되고, 비유 혹은 예언으로도 이해되어야 한다. 그래서, 하나님 사랑이나 이웃 사랑이라는 목적까지 염두에 두면서 해석되어야 한다. 혹은, 하나님 사랑과 이웃 사랑이라는 두 가지 목적을 다 염두에 두면서 해석되어야 한다. 예컨대, 발목까지 내려오거나 소매가 긴 투니카를 입는 것이 옛날 로마인들에게는 볼썽 사나운 일이었지만, 지금은 점잖은 집안에서 태어난 사람이 그런 투니카를 입는 것이 볼썽 사나운 일이 아니다. 이처럼 다른 것을 사용함에 있어서도 정욕을 멀리해야 한다는 것을 명심해야 한다. 정욕이라 하는 것은, [우리가] 함께 섞여 사는 사람들의 풍속까지도 간교하게 이용할 뿐 아니라, 때로는 그 풍속의 한계까지도 뛰어넘음으로 말미암아, 엄숙한 도덕이라는 울타리 안에 숨어 있던 추악함을 아주 볼썽 사나운 폭발을 통해 노정(露呈)시킨다.

같은 논점으로 계속 말함

제13장 (21) [우리가] 이 세상에서 다른 사람들과 함께 삶을 영위하는 것은 불가항력적으로 짐 지워진 것, 아니면, 의무감에 의해 받아들여진 것이다. 그런데 착하고 훌륭한 사람들은 그들의 풍속에 부합하는 것을 행할 때, 무슨 일이든지 효용이나 선행에 관련시켜야 한다. 그래서 [성경에서 옛 성도들이 자기네 시대의 풍속을 따르는 모습을 우리가 읽을 때,] 어떤 경우는, 우리도 그 일을 행해야 하는 것처럼, 문자적으로 해석을 하고, 어떤 경우는, 예언자들에게 [예외적으로] 허락되었던 것처럼, 비유적으로 해석을 해야 한다.

의(義) 자체는 존재하지 않는다 생각하는 사람들의 오류

제14장 (22) 다른 풍속에 대해 잘 알지 못하는 사람들이 [성경에서] 이와 같은 일이 행해졌음을 읽을 때, 만일 권위 있는 사람에 의해 제지를 받지 않는다면, [옛 성도들이] 잘못된 일을 행했다는 생각을 하게 된다. 그리고, 자기네의 모든 관습, 곧, 결혼, 잔치, 의상 등 인간으로서의 생활 방식이나 모양이 다른 민족이나 다른 시대에는 잘못된 것으로 비쳐질 수 있다는 것을 깨닫지 못한다.

    세상에는 무수한 풍속들이 있어, 이처럼 서로 다르다는 사실에 [깊은] 감명을 받은 일부 사람들은, 졸린 상태라고 말할 수 있는 상태가 되어, 어리석음이라는 깊은 잠에 빠진 것도 아니고, 그렇다고 깨어나 지혜의 빛에 도달할 수 있는 것도 아니어서, 의(義) 자체는 전혀 존재하지 않고, 각 민족마다 자기네 풍속을 의롭게 여긴다는 생각을 한다. [그리고,] 모든 민족의 풍속은 다르지만, 의는 불변적일 수밖에 없는 만큼, 의는 [이 세상] 어디에도 존재하지 않음이 명백하다는 생각도 한다. 이 같은 생각을 하는 사람들은, 여러 말 할 것도 없이, "네가 당하고 싶지 않은 일을 다른 사람에게 당하게 하지 말아라!"는 원칙이 어느 민족에게나 전혀 아무 차이 없이 적용된다는 사실을 이해하지 못한 것이다. 이 원칙이 하나님 사랑과 연결되면, 모든 악습이 사라지게 되고, 이웃 사랑과 연결되면, 모든 악행이 없어지게 된다. 이는, 아무도 자기 거소가 망가지는 것을 원하지 않기 때문이다. 그러므로 하나님의 거소인 자기 자신을 망가뜨리지 말아야 한다. 그리고 아무도, 자기가 다른 사람에게서 해를 당하는 것을 원하지 않는다. 그렇다면, 자기 자신도 아무에게도 해를 끼치지 말아야 한다.

비유적 표현에 대해 지켜야 할 규칙을 제시함

제15장 (23) 욕망의 지배가 이렇게 사라지고 나면, 사랑이 지극히 의로운 법에 의해 왕 노릇하게 되어, 하나님 때문에 하나님을 사랑하게 되고, 하나님 때문에 자기와 이웃을 사랑하게 된다. 그러므로, 비유적 표현에 대해서 다음과 같은 규칙을 지켜야 할 것이다. 즉, [성경에서 우리가] 읽는 바를 면밀히 살피되, [우리의] 해석이 사랑의 왕국에 이를 때까지 계속해야 할 것이다. 그러나, 처음부터 본래적 의미를 가진 표현을 비유적 표현이라 간주하는 일은 절대 해서는 안 될 것이다.

명령문에 대해 지켜야 할 규칙을 예를 들어 설명함

제16장 (24) 명령문이 만약 악습 내지 악행을 금하거나 유익한 일 내지 선행을 명한다면, 이는 비유가 아니다. 그러나 만약에 악습 내지 악행을 명하는 것처럼, 혹은, 유익한 일 내지 선행을 금하는 것처럼 보인다면, 이는 비유다. "인자의 살을 먹지 아니하고 인자의 피를 마시지 아니하면, 너희 속에 생명이 없느니라"(요 6:53)는 말씀이 있다. [이 말씀은] 악습 내지 악행을 명하는 것처럼 보인다. 그러므로, 비유다. 즉, 주님의 고난에 참여하라 명하는 것, 우리를 위하여 주님의 살이 십자가에 못 박히고 상하였다는 감미롭고도 유익한 기억을 [소중히] 간직하라 명하는 비유다.

　성경은 "네 원수가 주리거든 먹이고 목마르거든 마시우라!"(롬 12:20a) 말씀하신다. 이것은 의심할 여지 없이 선행을 명하는 말씀이다. 그러나 다음과 같은 말씀이 이어진다. "그리함으로 네가 숯불을 그 머리에 쌓아 놓으리라"(롬 12:20b). 이 말씀은 악의에 찬 범죄를 명하는 것으로 생각될 수 있다. 그러므로, 비유적으로 한 말씀임을 의심하지 말아야 할 것이다. 또, 이중적 해석이 가능한 경우, 즉, 이렇게 보면, 해를 끼치라는 말인 것 같고, 저렇게 보면, 유익을 끼치라는 말인 것 같은 경우, 사랑이 그대를 오히려 선행을 하라 권하는 것으로 이해해야 한다. 그래서 숯불이란, 불타는 [심정으로] 한숨을 쉬며 참회하는 것을 의미한다고 이해해야 한다. 이 같은 한숨을 통해 자기를 어려움에서 구해 준 사람의 원수가 되었던 자기 자신에 대해 후회하게 되어, 그의 교만이 고침을 받게 된다. 마찬가지로 주께서 "자기 생명을 사랑하는 자는 잃어버릴 것"(요 12:25)이라 말씀하신 것이 [자기에게] 유익한 일을 하지 말라고 말씀하신 것이라 믿어서는 안 되는데, 이는, 누구든지 [자기에게] 유익한 일을 하여 자기 생명을 보전해야 하기 때문이다. "생명을 잃어버릴 것"이라는 말씀은 도리어, 비유적으로 하신 말씀이다. 곧, [자기] 생명을 지금과 같은 방식으로 그릇되게 잘못 사용하는 일을 중단, 청산해야 한다는 말씀이다. 그래서, 시간적인 것을 추구하고, 영원한 것을 찾지 않는 일이 없어야 한다는 말씀이다. "자비로운 사람에게는 베풀고, 죄인은 용납하지 말라!"(집회서 12:4)는 말씀이 있다. 이 구절의 후반부는 선행을 금하는 것처럼 보인다. 이는, "죄인을 용납하지 말라!" 하였기 때문이다. 그러므로, "죄인"이라는 말이 비유적으로 사용된 것으로, 즉, "죄"라는 말 대신에 사용된 것으로, 그래서 죄를 용납하지 말라는 말씀으로 이해해야 한다.

성경에 나오는 명령문 중 어떤 것은 모든 사람들에게 공통적으로 적용되는 것이고, 어떤 것은 특정한 사람들에게 개별적으로 적용되는 것임

제17장 (25) 그런데, 남보다 높은 단계의 영적인 삶을 살고 있는 사람, 혹은 [자기가] 그런 삶을 살고 있다고 자부하는 사람은 누구나, 보다 낮은 단계에 있는 사람들에게 내리는 명령에 대해 비유적인 말씀이라 생각하는 경우가 자주 있다. 예를 들자면, 독신 생활을 선택한 사람, "천국을 위하여 스스로 된 고자"(마 19:12)의 경우, 성경이 아내를 사랑하고 다스리는 명하는 내용에 대해 모두 본래적 의미로 받아들여서는 안 되고, 전의적(轉義的) 의미로 받아들여야 한다고 주장한다. 또한 처녀인 자기 딸을 시집 보내지 않기로 작정한 사람은, "딸을 시집 보내라! 그리하면, 큰 일을 하게 된다"(집회서 7:27)는 말씀을 마치 비유적인 말씀인 것처럼 해석하려고 시도할 것이다. 그래서, 성경을 해석함에 있어서 지켜야 할 규칙 중에는 다음과 같은 것도 있다. 즉, 어떤 명령은 모든 사람들에게 공통적으로 적용되는 것이고, 어떤 명령은 몇몇 특정한 종류의 사람들에게 적용된다는 것이다. 약도 보면, 건강 상태 전반을 위한 것도 있지만, 각 지체의 특별한 연약함을 다스리기 위한 것도 있다. 무릇 더 높은 단계의 것으로 향상될 가능성이 없는 것은, 자기의 현재 단계에 맞는 치료를 받아야 한다.

시대를 분별하여 법을 지킬 것

제18장 (26) 구약 성경에 나오는 이야기 중, 비유적으로 이해하지 않고, 문자적으로 이해한다 하더라도, 그 시대 상황으로 보아 악습이나 악행이 아니었던 일이 있을 수 있다. 하지만, 그것을 오늘날 우리 시대의 생활

풍습에도 적용할 수 있다 여기는 일이 없도록 조심해야 한다. 욕심의 지배를 받지 않는 한, 성경을 가지고 척결해야 할 일을 도리어 성경을 빙자(憑藉)하여 행하는 일은 하지 않을 것이다. 가련한 사람들은, 이런 기록이 있는 것이 자기네의 유익을 위한 것임을 깨닫지 못한다. 반면, 선한 소망을 가진 사람들은, 그들이 비판하는 풍속이 선하게 사용될 수도 있고, 그들이 찬성하는 풍속이 정죄를 받을 수도 있음을 잘 파악하여 유익을 얻는다. 즉, 그들이 비판하는 풍속이라도, 그것을 사용하는 사람들에게 참된 사랑이 있다면, 유익하게 되는 것이고, 찬성하는 풍속이라도, 그것을 사용하는 사람들을 욕심이 지배한다면, 해악을 끼치게 된다.

히브리인들에게는 일부다처제가 허용되었음

제18장 (27) 사실, [과거에는] 많은 아내를 거느리고도 순결함을 유지할 수 있었던 시대가 있었으나, [지금은] 아내가 한 명뿐이어도, 그 아내를 욕망의 대상으로 취급하는 사람이 있을 수 있다. 나는, 여러 아내의 출산력을 이용하는 것이 한 아내의 육신을 육신 자체 때문에 향유하는 것보다 더 낫다고 생각한다. 앞의 경우는 시대의 요청에 따라 유익을 추구하는 것이고, 뒤의 경우는 세속적 향락에 빠져 [자기] 욕심을 만족시키는 것이다. 사람들이 무절제함 때문에 사도 바울은 그들에게 배우자 한 사람과의 육체 관계를 허락한 바 있지만(고전 7:1-9 참조), 이런 허락을 받은 사람들은, 혼자서 여러 여자를 거느리고 있으면서도, 마치 지혜로운 자가 음식을 섭취함에 있어 몸의 건강만을 염두에 두듯이, 동침함에 있어 자녀들의 생산만을 염두에 두었던 사람들보다 하나님께 나아감에 있어 더 낮은 단계에 머무른다. 그러므로 만약 구약 시대 성도들이 주님의 강림 때에 이 세상에

살았더라면, 돌을 던질 때가 아니라, 돌을 모을 때가 이미 된 만큼, "천국을 위하여 스스로 고자"(마 19:12)가 즉시 되었을 것이다. 무릇 가지고서도 욕망에서 해방돼 있는 사람이라면, 가지지 못했다 해도 어려움을 느끼지 않는 법이다. 구약 시대 성도들은, 자기 배우자에 대하여도 무절제한 향락을 추구하는 것이 잘못임을 알았다. 아내와 동침하면서 도비야가 드린 기도가 이것을 입증한다.

> 찬송하리로다, 우리 조상의 주 하나님! 당신의 이름이 세세 무궁토록 찬송을 받으시리로다. 하늘과, 당신의 모든 피조물이 당신을 찬양할 것이라. 당신은 아담을 창조하시고, 그에게 하와를 돕는 배필로 지으셨나이다. 주여, 이제 당신이 아시거니와, 내가 나의 자매를 [아내로] 맞이함은 욕심 때문이 아니오라, 도리 자체 때문이오니, 주여, 우리를 긍휼히 여겨 주옵소서! (도비야 8:7-10)

악한 자들은 다른 사람을 자기의 행동 방식을 기준으로 판단함

제19장 (28) 그러나, 욕망의 고삐가 풀린 사람들은, 쾌락에 탐닉하여 음행을 일삼고 돌아다니든지, 아니면, 아내를 하나 두고도, 자녀 생산에 필요한 정도 이상으로 [동침을] 할 뿐 아니라, 비인간적인 무절제에 빠져, 자유라는 이름으로 욕망의 포로가 되고, 완전히 파렴치한 방종으로 더러움을 쌓아 올린다. 이런 사람들은, 구약 시대 성도들이 많은 여자를 거느리면서도 절도를 지켜, 자녀 생산의 의무에 시의적절하게 충실하는 것이 가능했다는 사실을 믿지 않는다. 자기들이 욕망이라는 덫에 걸려, 한 여자에 대해서도 지키지 못하는 절도를 여러 여자들에 대해 지킨다는 것은 도저히 불가능하다고 여긴다.

구약 시대 성도들이 칭송을 받는 것은 전혀 문제가 없음

제19장 (29) 그런데도, 이런 사람들은 [구약 시대의] 착하고 거룩한 사람들을 존경하고 칭송해서는 안 된다는 말을 할 수가 있다. 이유는, 그들이 존경을 받고, 칭송을 받을 경우, 그들이 교만으로 부풀어 오르기 때문이라는 것이다. 그들에게 듣기 좋은 소리를 하기 위해 혀를 더 자주, 더 폭 넓게 놀리면 놀릴수록, 그들이 지극히 헛된 영광을 더 많이 탐하게 된다는 것이다. 이로 말미암아 그들은 아주 경박하게 되어, 그들에게 유리하게 생각되든, 불리하게 생각되든, 평판의 바람이 부는 대로, 악습의 소용돌이에 휘말리거나, 아니면, 악행의 바윗돌에 부딪히기까지 한다는 것이다. 그러므로 칭송이라는 미끼에 현혹당하지 않고, 중상모략이라는 가시에 찔리지 않는 것, 자기를 기준으로 남을 평가하는 않는다는 것이 얼마나 어렵고 힘든지를 알아야 한다는 것이다.

선한 사람들은 어떠한 생활 방식으로 살든, 어떻게 처신해야 할지를 앎

제20장 (29) [이런 말을 하는 사람들은] 도리어, 우리의 사도들이 사람들의 존경을 받을 때, [교만으로] 부풀어 오르지 않았고, 멸시를 당할 때, 위축되지 않았음을 믿어야 할 것이다. 사도들에게는 다음 두 가지 종류의 시험이 다 있었다. 즉, 그들은 믿는 사람들의 칭송을 받기도 했었고, 핍박하는 사람들의 비난으로 인해 불명예를 뒤집어 쓰기도 했었다. 그러므로, 사도들이 이 모든 것을 시의적절하게 사용하면서도 부패에 빠지지 않은 것처럼, 옛 성도들 역시 여러 여자를 거느리면서도, 자기 시대의 관습에 맞춤으로써, 욕망의 지배를 받지 않았다. 욕망의 지배를 받는 사람들은 이런 사실을 믿지 않는다.

사악한 사람들은 이런 사실을 있을 수 없는 일로 생각함

제20장 (30) 그래서 이런 사람들은, 자기 아들들이 자기 처첩(妻妾)들을 유혹하여 범했다는 사실을 알게 되는 경우나, 이와 비슷한 일이 자기 처첩들에게 발생하는 경우, 자기 아들들에게 증오를 가차없이 퍼붓는 일을 결코 주저하지 않는다.

다윗 왕은 압살롬이 죽자 심히 애통해 하였음

제21장 (30) 그런데, 다윗 왕은 이와 같은 일을 불효하고 난폭한 아들에게서 당하였지만, 그는 그 포악한 아들을 관대히 대했을 뿐 아니라, 그 아들이 죽자, 슬피 울었다. 이는, 그가 육신적인 시기심에 사로잡히지 않았기 때문이다. 그는, 자기가 불의를 당하였다고 결코 노하지 않았다. 그가 괴로워한 것은, 자기 아들이 지은 죄 때문이었다. 그래서, [아들이] 패하는 경우, 그를 죽이지 말라 한 것은, 그를 완전히 제압한 다음, 그에게 회개할 기회를 주기 위함이었다. 그러나 자기의 뜻을 이룰 수 없어서, 아들이 죽자, 아들을 잃었기 때문에 슬퍼하기보다는, 흉악한 간음죄와 살인죄를 지은 자의 영혼이 어떤 형벌을 받는지를 깨달았기 때문에 슬퍼하였다(삼하 16:20-18:33 참조). 다른 아들에 대해서도, 죄가 없는 그 아들이 병들었을 때는, 괴로워하다가, 그가 죽고 나자, 즐거워하였다(삼하 12:15-23 참조).

다윗은 비록 간음죄를 지었으나, 무절제한 욕심과는 거리가 멀었음

제21장 (31) 이로부터 극명하게 드러나는 바는, 어떠한 절도와 자제력을 가지고 옛 사람들이 여자들을 대했느냐 하는 것이다. 예를 들어, 다윗 왕은 젊은 혈기와 세상적인 보화의 풍성함에 잘못 이끌림을 받아, 한 여자를 부당하게 범한 다음, 그녀의 남편을 살해하라는 명령까지 내렸을 때, 선지자 [나단]으로부터 책망을 받았다. 그 선지자는 죄를 지적하기 위해 다윗에게 와서, 어떤 가난한 사람에 대한 비유를 들려 주었다.

   그 가난한 사람에게는 암양 한 마리가 있었고, 그의 이웃에게는 양이 여러 마리가 있었는데, 자기에게 손님이 오자, 자기 가난한 이웃의 한 마리밖에 없는 양 새끼를 빼앗아, 식탁에 올려 놓았다. 다윗은 그 이야기를 듣고 노하여, 그 사람을 죽이라 명하면서, 가난한 사람에게 양 네 마리를 주라고 하였다. 이렇게 하여 다윗은 아는 중에 죄를 지었지만, 알지 못하는 중에 자기 자신을 정죄하였던 것이다. 이 사실이 그에게 밝히 알려지고, 하나님의 징벌이 예고되자, 그는 죄를 회개[의 눈물]로 씻었다. 그렇지만, 이 비유에서는 가난한 이웃의 양을 가지고 간음에 대해서만 지적이 되었다. 반면, 그 여자의 남편에 대해서는, 다시 말해, 양 한 마리를 가지고 있다가 죽임을 당한, 그 가난한 사람에 대해서는 다윗이 그 비유를 통해 문책을 당하지 않았다. 다윗은 그래서, 자기가 행한 간음에 대해서만 유죄판결을 내린 것이다. 이로부터 우리는, 다윗이 여러 여자를 거느리면서도 얼마나 큰 자제력을 보였는지를 알 수 있다. 이는, [여러 여자를 거느린] 그가 단 한 명의 여자 하나에 대해 넘지 말아야 할 선을 넘은 것 가지고 자기 자신에 대해 징벌을 내리지 않을 수 없다 여겼기 때문이다.

그런데, 이 [다윗이라는] 사람에게 있어서 이와 같이 무절제한 욕망은 상시적인 것이 아니고 일시적인 것이었다. 그래서, 그를 책망하는 [나단] 선지자도 그의 그릇된 욕심을 "손님"이라 불렀다. 이는, [나단] 선지자가 말하기를, [그 부자가] 가난한 이웃의 양을 자기 왕에게 대접했다 하지 않고, 자기에게 온 손님에게 대접했다고 하였기 때문이다.

그런데 다윗의 아들 솔로몬의 경우에는, 욕심이 손님처럼 지나가지 않았고, [그의] 치세를 계속 지배하였다. 성경은 이에 대해 잠잠하지 않고, 솔로몬에 대해 호색가였다고 비판을 가한다. 하지만 그의 치세 초기에는 지혜를 추구하는 열성이 대단하였다. 그는 지혜를 영적인 사랑을 통해 얻었다. 그러나 육적인 사랑 때문에 잃고 말았다.

구약 시대 성도들이 받아들였던 많은 관습을 그리스도인들은 배척함

제22장 (32) 그러므로 구약 성경에 기록된, 모든 [혹은 거의 모든] 사실을 본래적 의미로만 받아들일 것이 아니라, 비유적 의미로도 받아들여야 한다. 그러나 독자가 어떤 일을 본래적 의미로 받아들였고, 그 일을 행했던 사람들이 칭송을 받았는데, 주님의 강림 이후에는 하나님의 계명을 지키는 선량한 사람들이 그 일을 혐오한다 하면, [그 일을] 이해하기 위해서는 비유와 관련시켜야 하겠지만, 그 일 자체는 [그리스도인의] 관습으로 연결시키지 말아야 할 것이다. 이는, [구약 시대] 당시에는 의무적으로 행해졌던 일이, 지금에 와서는 욕망 때문이 아니면 행해지지 않는 경우가 많기 때문이다.

위인들의 범죄에 관한 기사를 이해하는 방법

제23장 (33) 그런데 만일 위인들의 범죄에 관한 기사를 [성경에서] 읽게 된다 하면, 비록 거기서 장래의 일에 대한 비유를 감지(感知), 발견할 수 있다 해도, 그 행동의 본래적 의미를 다음과 같은 방식으로 활용해야 할 것이다. 곧, 이처럼 위대한 인물들도 조심해야 할 폭풍과 통탄해야 할 파선을 피하지 못했던 사실이 보이는 이상, 아무도 자신의 올바른 행동에 대해 자랑하거나, 자신의 의(義)를 내세워 다른 사람들을 죄인이라 정죄하지 않도록 해야 할 것이다. 바로 이 때문에 그 [위대한] 인물들의 죄가 [성경에] 기록이 되었다.

그리하여, 사도 바울의 다음과 같은 말씀을 [언제] 어디서나 [두려움과] 떨림으로 기억하게 하였다. "그런즉, 선 줄로 생각하는 자는 넘어질까 조심하라!"(고전 10:12) 성경 책 어느 페이지든, "하나님이 교만한 자를 물리치시고, 겸손한 자에게 은혜를 주신다"(약 4:6)는 말씀이 울려 퍼지지 않는 곳은 거의 없다.

무엇보다 표현의 종류를 고려해야 함

제24장 (34) 그러므로, 가장 우선적으로 조사해야 할 것은, 우리가 알고자 하는 표현이 본래적 의미의 표현인지, 아니면, 비유적 의미의 표현인지 하는 것이다. 그래서 만약 그것이 비유적인 표현임을 확인했다면, 우리가 [본서] 제1권에서 논한 바 있는 대상에 관한 규칙을 적용하되, 그것을 모든 방법을 다 동원해 고찰함으로써, 그 참된 뜻을 이해하기에 이르는 일이 쉬워진다. 이에 더하여, 특별히 경건의 연습을 통해 [이런 규칙을] 적용하는 솜씨가 좋아진다면, 이 일은 더욱 더 쉬워질 것이다. 그런데, 우리가 위에서 말한 것을 [잘] 살핀다면, 어떤 표현이 본래적 의미의 표현인지, 아니면, 비유적 의미의 표현인지를 [쉽게] 알게 된다.

제25장 (34) 이것이 [일단] 밝혀진 다음에는, 비유적 표현에 사용된 단어들이 비슷한 사물에서 유래한 것인지, 아니면, 모종의 근접성을 지닌 사물에서 유래한 것인지를 알 수 있게 될 것이다.

똑같은 말이라도 항상 같은 의미를 지닌 것이 아님

제25장 (35) 그러나, 사물과 사물이 서로 비슷한 것처럼 보이는 방식은 여러 가지이기 때문에, 어떤 사물이 어떤 개소(個所)에서 비유적으로 의미했던 바가 [어디에서나] 항상 동일하게 적용된다고 믿어야 한다는 법은 없다 생각된다. 예컨대, 주님은 "삼가 바리새인들의 누룩을 주의하라!"(마 16:6)고 말씀하실 때는, "누룩"이라는 말을 부정적인 의미로 사용하셨지만,

"천국은, 마치 여자가 가루 서 말 속에 갖다 넣어 전부 부풀게 한 누룩과 같으니라"(마 13:33)고 말씀하실 때는 긍정적인 의미로 사용하셨다.

의미의 다양성을 관찰하는 방법에는 두 가지가 있음

제25장 (36) 그러므로, [의미의] 다양성을 관찰하는 방법에는 두 가지가 있다. 모든 사물은 여러 가지 것을 가리킬 수 있는데, 때로는 정반대의 것을 가리키고, 때로는 단지 다르기만 한 것을 가리킨다. 정반대의 것이란 다음과 같은 것이다. 곧, 동일한 사물이 비유로 사용되면서, 때로는 선한 것을, 때로는 악한 것을 가리키는 것을 말한다.

예를 들어, 위에서 우리가 말한 누룩의 경우가 이에 속한다. 사자의 경우도 마찬가지다. "유다 지파의 사자"가 이겼다(계 5:5)는 말씀에 나오는 사자는 그리스도를 가리키고, "너희 대적 마귀가 우는 사자 같이 두루 다니며 삼킬 자를 찾나니"(벧전 5:8)라 기록된 곳에서는 마귀를 가리킨다. 뱀의 경우도, "너희는 뱀 같이 지혜롭고"(마 10:16)라는 말씀에서는 선한 것을 가리키고, "뱀이 그 간계로 이와를 미혹케 한 것 같이"(고후 11:3)라는 말씀에서는 악한 것을 가리킨다. 떡의 경우도, "나는 하늘로서 내려온 산 떡이니"(요 6:51)라는 말씀에서는 선한 것을 가리키고, "몰래 먹는 떡이 맛이 있다"(잠 9.17)는 말씀에서는 악한 것을 가리킨다. 이와 같은 예는 매우 많다. 그런데, 내가 제시한 이 예들을 보면, 뜻이 전혀 애매모호하지 않다. 뜻이 분명하지 않은 것을 예로 제시할 수는 없었기 때문이다.

하지만, 어느 쪽으로 이해해야 할지, 불분명한 경우가 있다. 예를 들어, "여호와의 손에 잔이 있어, … 속에 섞은 것이 가득하도다"(시 75:8)는 말씀이 있다. [여기서 "잔"이라는 말씀이] 하나님의 진노를 가리키면서도, 최후의 징벌, 곧, "찌끼"까지는 포함하지 않는다는 것인지, 아니면, 성경에서 말씀하고 있는 은총이 유대인들에게서 이방인들에게로 옮겨진다는 것인지 불분명하다. 이는, "그 잔을 하나님이 쏟아 내시나니"라는 말씀과, "그 찌끼까지도 땅의 모든 악인이 기울여 마시리로다"는 말씀이 이어지는데, 이 말씀은, 유대인들에게는 육신적으로 이해하는 관습이 남아 있다는 것을 의미할 수 있기 때문이다. 그러나 동일한 [두] 사물이 정반대의 것을 가리키지 않고, 단지 다르기만 한 것을 가리키는 경우도 있는데, 이에는 다음과 같은 예가 있다. 곧, 물은, 우리가 요한계시록에서 읽는 것처럼, 백성을 가리키기도 하고(계 17:15), "그 배에서 생수의 강이 흘러나리라"(요 7:38)는 말씀에서처럼 "성령"을 가리키기도 한다. 여기서 "물"이라는 단어가 어디에 위치하느냐에 따라, 뜻이 달라지는 것은 당연하다.

한 단어의 뜻이 많을 수 있음

제25장 (37) 이와 비슷하게 단어의 뜻이 하나만이 아닌 것도 있다. 도리어, 한 단어가 두 개의 뜻을 가질 때뿐 아니라, 문장에서의 위치가 달라짐에 따라, 여러 개의 뜻을 가지는 때도 상당히 있다.

희미한 개소는 보다 더 명료한 개소로 설명해야 함

제26장 (37) 그런데, [어떤 단어가] 보다 더 명료하게 제시된 개소(個所)에서는 희미한 개소를 어떻게 이해해야 할지를 배워야 한다. "방패와 손방패를 잡으시고, 일어나 나를 도우소서"(시 35:2)라고 하나님께 아뢴 것을 이해하는 데는, "여호와여, 주는 … 방패로 함 같이 은혜로 저를 호위하시리이다"(시 5:11)라 기록된 곳을 통하는 것보다 더 나은 길은 없다. 하지만 방패가 "보호장구"라는 의미로 사용되었다 하여, 항상 "하나님의 선하신 뜻"으로만 이해해야 할 이유는 없다. 이는, "[모든 것 위에] 믿음의 방패를 가지고, 이로써 능히 악한 자의 모든 화전을 소멸하고"(엡 6:16)라는 말씀도 있기 때문이다. 그렇다고 하여 이와 같은 영적 무기 중에서 오직 방패만을 믿음과 결부시키는 일 또한 해서는 안 되는데, 이는, 다른 개소를 보면, "믿음의 흉배"라는 말씀이 있기 때문이다. "믿음과 사랑의 흉배를 붙이고"(살전 5:8).

같은 개소를 여러 가지로 해석하는 것을 막을 필요는 전혀 없음

제27장 (38) 그런데, 성경의 어떤 한 구절에서 한 가지만 아니고, 둘 또는 그 이상의 의미가 감지(感知)되거나, 또는, 그 구절을 기록한 사람이 의도한 바가 감추어져 있다 하더라도, 그 구절의 의미가 성경의 다른 구절을 통해 진리와 부합한다는 사실만 밝혀질 수 있다면, 아무 문제가 없다. 단지, 하나님의 말씀을 연구하는 사람은, 성령께서 성경을 만드실 때 도구로 사용하신 성경 기자(記者)의 의도에 도달하려고 노력을 해야 한다는 조건은 있다. 그가 성경 기자의 의도를 바로 파악하느냐, 아니면 그 말씀에서 다른 의미를 포착하느냐는, 하나님의 말씀이 실린 다른 구절로부터 그것이 올바른 신앙에 저촉되지 않는다는 증거를 댈 수 있는 한, 문제가 되지 않는다. 성경 기자는, 우리가 이해하고자 하는 그 구절에서 아마도 다른 의미를 생각했을지 모르지만, 그 인물을 통해 이 작품을 만드시는 성령께서는 미래에 성경을 읽거나 들을 사람에게서 파악될 수 있는 또 다른 의미도 예견하셨을 것이 틀림 없고, 또 진리에 바탕을 두는 한, 그런 해석도 생길 수 있도록 배려하셨을 것이 확실하다. 같은 말씀이 여러 모양으로 이해가 되고, 또한 그것을 똑같이 신적(神的)인 권위를 가진 말씀이 보증해 준다면, 이보다 더 크고 풍성한 섭리가 또 있을까?

불명확한 개소는 이성적으로 밝히는 것보다 성경의 다른 개소를 통해 밝히는 것이 더 안전

제28장 (39) 그런데, [어떤 성경 구절의] 의미가 불명확하여, 성경에 나오는 명확한 증거를 통해 밝히는 것이 불가능하다면, 이성을 통해 명확히 밝히는 길밖에 없다. 만일 우리가 이해하고자 하는 그 말씀의 기록자가 혹시 그런 의미로 기록하지 않았다 하더라도[, 상관이 없다]. 그러나 이와 같이 [이성을 통해 밝히는] 방법에는 위험이 따르므로, 하나님 말씀인 성경을 통해서 가는 길이 훨씬 더 안전하다. 비유적 표현으로 인해 불명확해진 말씀을 상고하기 원한다면, 우리는, 논란의 여지가 없는 개소(個所)로부터 출발하면 될 것이다. 혹시 논란의 여지가 있다면, 같은 성경 어디에서든지 그 성경 구절에 대해 증거해 줄 수 있는 개소를 찾아 적용해 준다면, [문제가] 해결될 것이다.

전의법에 대한 지식이 필요함

제29장 (40) 배운 사람들은 그런데, 문법교사들이 헬라어로 τρόπος(="전의")라 부르는 것을 성경 기자들이 사용했던 사실을 알아야 한다. 사실, 성경 기자들은, 전의법(轉義法)을 모르는 사람들이나, 진의법을 다른 곳에서 배운 사람들이 생각하고 믿는 것보다, [훨씬] 더 많이, [훨씬] 더 풍부하게 사용하였다. 이 전의법에 대해 아는 사람들은 성경에서 전의적 표현을 찾아내며, 이에 대한 지식을 통해 성경을 이해하는 데 상당한 도움을 받는다.

그러나 여기서는 이에 대해 알지 못하는 사람들에게 [전의법이 무엇인지를] 설명해 주는 것은 온당하지 못하다. 잘못하면 내가 문법을 가르치는 것처럼 비칠 수 있기 때문이다. 나는 다만, 그것을 다른 곳에서 배우라 권하고 싶다. 물론, 나는 이런 권고를 앞에서 행한 바 있다. 곧, 언어에 대한 지식이 필요함을 논했던 [본서] 제2권에서 말이다.

사실, "문법"이라는 말은 "문자"라는 말에서 왔고, 헬라인들은 문자를 γράμματα라 부른다. [여하간,] 문자는 음성, 곧, 음절(音節)이 있는 소리의 표상이며, 우리는 말을 할 때 음성을 발한다. 그런데, 성경에는 이 같은 전의적 표현의 예가 거의 다 있을뿐더러, 심지어는 전의법과 관련된 용어도 몇 가지 나온다. 예를 들어, 풍유(諷諭), 불가사의(不可思議), 비유 등. 그렇지만, 자유학예(自由學藝)를 통해 배운다고 알려져 있는, 거의 모든 전의적 표현들이 문법교사들의 강의를 전혀 들어 본 적이 없는 사람들의 말이나, 일반 백성들이 사용하는 말로 만족하는 사람들의 말에서도 발견되는 것이 사실이다. 누가 "융성(隆盛)하십시오"라는 표현을 모르는가? 이와 같은 전의적 표현을 우리는 "은유"라 부른다. 물고기가 없고, 물고기 때문에 만들지 않았어도, 수조(水槽)를 누가 piscīna라 부르지 않는가? 하지만 psicīna는 물고기(piscis)라는 말에서 왔다. 이와 같은 전의적 표현을 우리는 "오용법"(誤用法, κατάχρησις, Lt.: catachrēsis)이라 부른다.

반어법과 반용법에 관하여

제29장 (41) 이런 식으로 [전의법의] 다른 형태를 다 살펴보자면, 한이 없을 것이다. 일반 백성이 예컨대 소위 반어법(反語法), 반용법(反用法) 등 말하는 것과 정반대의 것을 의미하는 어법(語法)을 사용하는 정도니, 참으로 놀라운 일이다. 그런데 반어법이란, 어조(語調)를 통하여 의도하는 바를 표현하는 것으로, 예를 들어, 나쁜 짓을 하는 사람에게 "참 잘한다"고 말해 주는 방법이다. 그러나, 반용법은 어조를 통해 정반대 의미를 표현하는 것이 아니다. 도리어, 상황에 맞는 단어이긴 하지만, 그 어원을 보면, 상반된 것에서 유래된 단어를 사용하는 방법이다. 예컨대, 빛이 거의 들어오지 않는 숲속의 공지(空地)를 lūcus[1]라 하는 경우가 이에 해당한다. 혹은, 정반대 의미가 아닌 것을 표현할 수도 있는 단어를 정반대 의미로 사용하는 습관도 반용법인데, 예컨대, 그 자리에 없는 것을 우리가 얻으려 하는데, "많이 있다"는 답을 우리가 듣는 경우가 그것이다. 혹은, 말을 덧붙여서, 우리가 하는 말과 정반대의 것을 생각할 수 있게 하는 것도 반용법이다. 예컨대, "그 사람 조심해! 좋은 사람이니까 말이야"라고 우리가 말하는 경우가 그것이다. 무식해서, 전의법이 무엇인지도 모르고, 전의법이라는 말조차 모르는 사람들이 이와 같은 표현을 쓰지 않는가? 그러므로 성경의 애매모호한 부분을 밝혀 내기 위해서는 전의법에 관한 지식이 필요하다. 이는, 말을 그 본래 의미로 이해하는 경우, 뜻이 이상해진다고 하면, 우리가 이해하지 못하는 표현이 혹시 이리지러한 전의법으로 표현된 것이 아닌지를 연구해 보아야 하기 때문이다. 이렇게 함으로써 감추어져 있던 있던 내용이 밝혀진 경우가 상당히 많다.

---

[1] 본디 "빛이 들어오는 곳"이라는 뜻.

도나투스파였던 튀코니우스의 규칙서를 해설함

제30장 (42) 튀코니우스(Tychonius)라는 인물은 도나투스파였으나, 도나투스파를 비판하는 글을 반박할 여지가 전혀 없이 썼고, 그럼에도 불구 그들과 완전히 결별하는 것은 원하지 않았다는 점에서, 아주 특이한 마음의 소유자였을 것으로 생각된다. 그는 『규칙서』(Liber rēgulārum)라는 제목의 책을 썼는데, 이 책에서 그는 성경의 비밀을 열어 주는 열쇠와도 같은 일곱 규칙에 대해 설명하였다. 그 첫 번째 규칙은 "주님과 그의 몸"에 관한 것이고, 둘째는 "주님의 양분(兩分)된 몸", 셋째는 "약속과 율법", 넷째는 "종(種)과 유(類)", 다섯째는 "시간", 여섯째는 "반복", 일곱째는 "악마와 그의 몸"에 관한 것이다. 그가 설명한 이들 규칙을 살펴보면, 하나님 말씀의 감추어진 뜻을 깊이 파고 들어가는 데 상당한 도움이 된다. 그렇지만, 이해하기 어려운 성경 구절 전부를 이들 규칙으로 다 풀이할 수는 없고, 다른 여러 가지 방법을 사용해야 한다. 사실, 튀코니우스가 이 일곱 가지 규칙에 포함시키지 않은 다른 방법들이 여럿 있는데, 그는 수많은 희미한 개소(個所)를 해설하면서, 이 일곱 가지 규칙 그 어느 것도 적용하지 않을 때가 많았다. 그럴 필요가 없었기 때문이다. 희미한 개소를 해설하면서 또 이런 규칙에 대해서 취급을 하거나 문제를 삼지 않았다. 예를 들어, 요한계시록에서 일곱 교회의 천사들에게 편지를 보내라는 명령이 나오는데, 그 천사들을 어떻게 이해해야 할지에 대해 문제가 제기된다. [튀코니우스는] 이 문제를 다각도로 검토한 끝에, 우리가 그 천사들을 교회로 이해해야 한다는 결론에 도달한다. 그는 이 문제에 대해 아주 상세하게 논의하지만, 예의 일곱 규칙은 전혀 적용하지 않는다. 사실, 요한계시록에서는 지극히 애매모호한 문제가 취급되고 있는 것이다. 이러한 예 하나만 이야기해도 충분할 것이다. 이는, 정경(正經)의 애매모호한 개소 중에서 이 일곱 규칙을 전혀

적용할 수 없는 개소를 전부 모으는 일은 너무 지루하고, 너무 힘든 일이 될 것이다.

튀코니우스의 규칙은 아주 신중하게 적용해야 함

제30장 (43) 그러나 튀코니우스는 이들 규칙을 권장하면서, 이들 규칙에 아주 큰 중요성을 부여하였다. 그래서, 율법, 곧, 하나님의 말씀인 성경에서 애매모호한 내용을 발견하는 경우, 이 규칙을 잘 이해하여 적용함으로써 모든 것을 파악할 수 있는 것처럼 [주장]하였다. 그는 이 책을 다음과 같은 말로 시작한다.

> 내가 이 규칙서를 써야 할 필요를 느낀 것은, 율법의 비밀을 푸는 열쇠 내지 창문과 같은 것을 만드는 일이 그 어떠한 일보다 중요하다 여겼기 때문이다. 사실, 율법의 모든 어두운 구석을 밝혀 주고, 어떤 사람들에게는 보이지 않는 진리의 보화를 볼 수 있게 만들어 주는 신비로운 규칙이 있다. 이런 규칙을 우리가 제시하는 대로 의 구심 없이 받아들인다면, 닫혀진 것이 다 열리고, 희미한 것이 밝혀질 것이다. 그래서 예언서의 광활한 숲속을 누가 거닐지라도, 이런 규칙을 [마치] 무슨, 빛이 들어오는 샛길처럼 이용함으로써, 오류에서 벗어나 안전하게 길을 갈 수 있을 것이다.

여기서 만약 그가, "율법의 여러 어두운 구석을 밝혀 주는, 신비로운 규칙이 몇 있다"라고 했든가, 아니면 최소한, "율법의 엄청난, 어두운 구석을 밝혀 주는, 신비로운 규칙이 몇 있다"라고 했다면, 그래서, "율법의 모든 어두운 구석을 밝혀 주는 신비로운 규칙이 있다"는 말을 하지 않았더라면, 또 "닫혀진 것이 다 열리고"라는 말 대신에 "닫힌 것이 많이 열리고"라는 말을 했더라면, [더] 좋았을 것이고, 그의 이처럼 공을 들인, 유익한 작품을 과도하게 높이 평가하지는 않았을 것이고, 그의 작품을 읽고 배우는 사람들에게 그릇된 희망을 부여하지 않았을 것이다.

내가 이런 말을 해야 하겠다고 생각한 것은, 이 책이 성경을 이해하는 데 아주 큰 도움이 되므로, 열심 있는 사람들이 이 책 읽는 것이 좋을 것 같아서이다. 하지만, 이 책에 없는 것까지 기대해서는 안 될 것이다. 이 책을 조심하여 읽어야 하는 것은, 튀코니우스가 몇 가지 점에서 오류를 범했기 때문만은 아니다. 가장 중요한 이유는, 그가 도나투스파라는 이단의 입장에서 말을 하기 때문이다. 이제 그러면, 그가 말한 일곱 규칙이 무엇을 가르치고 권면하는지를 간략히 제시하고자 한다.

튀코니우스의 첫 번째 규칙

제31장 (44) 첫 번째 규칙은 "주님과 그의 몸"에 관한 것이다. 이 규칙에 의하면, 머리와 몸, 곧, 그리스도와 교회는 한 인격체로 인식된다. [그래서 "너희가 아브라함의 자손"(갈 3:29)이라고 믿는 자들에게 말하면서, "오직 하나를 가리켜 아브라함의 자손이라 하였으니, 곧, 그리스도"(갈 3:16)라 한 것은 별 문제가 되지 않는다.] 이 사실을 일단 알게 되었으므로, 우리는 주저 없이 머리에서 몸으로, 혹은, 몸에서 머리로 넘어가면서도, [그리스도와 교회가] 한 인격 이룸을 잊어버리지 않는다. 그래서, 다음과 같이 말씀하시는 분은 한 인격체시다.

> [이는, 그가 구원의 옷으로 내게 입히시며 의의 겉옷으로 내게 더하심이] 신랑이 사모(紗帽)를 쓰며 신부가 자기 보물로 단장함 같게 하셨음이라 (사 61:10)

그러나 이 둘 중 어느 것이 머리에, 어느 것이 몸에 해당하는지, 곧, 어느 것이 그리스도에, 어느 것이 교회에 해당하는지 아는 것이 필요하다.

튀코니우스의 두 번째 규칙

제32장 (45) 두 번째 규칙은 "주님의 양분된 몸"에 관한 것인데, [이 규칙을] 이렇게 불러서는 안 될 것 같다. 왜냐하면 영원히 주님과 함께 할 것이 아니라면, 진정한 주님의 몸이 아니기 때문이다. 차라리 "주님의 참된 몸과 혼합된 몸" 혹은 "참된 몸과 거짓된 몸" 등으로 불러야 할 것 같다. 이는, 외식하는 자들이 비록 주님의 교회에 속해 있는 것처럼 보인다 해도, 영원히 주님과 함께 있을 수 없다 말해야 할 뿐 아니라, 지금도 주님과 함께 있지 않다고 말해야 하기 때문이다. 그러므로 이 규칙은 "주님의 혼합된 몸"에 관한 것이라 불러야 할 것이다. 이 규칙이 독자들에게 주의를 요구하는 것은, 성경이 사실은 이 사람들에게 말씀을 하면서도, 마치 저 사람들에게 말씀을 하는 것처럼 보이든지, 아니면, 이 사람들에게 말씀을 하면서도, 마치 양쪽 사람들 모두가 한 몸을 이룬 것처럼 말씀을 하시기 때문이다. 사실, 현세에서 양쪽 사람들은 서로 섞여 있고, 성례전에 함께 참예한다. 아가의 다음 구절이 이런 예가 된다.

> [예루살렘 여자들아] 내가 비록 검으나 아름다우니 게달의 장막 같을지라도 솔로몬의 휘장과도 같구나 (아 1:5)

여기를 보면, "게달의 장막"처럼 검었고 "솔로몬의 휘장"처럼 아름답다고 하지 않았고, 자기가 둘 다에 해당한다고 하였다. 이는, 그물 하나 속에 좋은 물고기와 못된 물고기가 일시적으로 결합을 이루고 있기 때문이다 (마 13:47-48 참조). "게달의 장막"은 이스마엘을 가리키는 것인데, 그는 "자유하는 여자의 아들"(갈 4:30)과 함께 상속자가 되지 못할 것이다. 그러므로 하나님이 좋은 것에 대해 이 같이 말씀하신다.

> 내가 소경을 그들의 알지 못하는 길로 이끌며, 그들의 알지 못하는 첩경으로 인도하며, 흑암으로 그 앞에 광명이 되게 하며, 굽은 데를 곧게 할 것이라. 내가 이 일을 행하여, 그들을 버리지 아니하리니, … (사 42:16-17).

[이어서,] 못된 것이 섞인 다른 부분에 대하여는 "물리침을"(사 42:17) 받을 것이라고 곧바로 말씀하신다. 비록 이 말씀은 다른 사람들을 가리키는 것이지만 말이다. 그렇지만, 지금은 한 데 [섞여] 있으므로, 앞에 말씀했던 사람들에 대해서 말씀하시는 것처럼 말씀하신다. 그러나, 그들이 항상 함께 있지는 않을 것이다. 외식하는 자는 복음서에 언급된 대로, 주인이 와서, 그 종을 "엄히 때리고 외식하는 자의 받는 율(律)에 처"할 것이다.

튀코니우스의 세 번째 규칙

제33장 (46) 세 번째 규칙은 "약속과 율법"에 관한 것인데, 이를 달리 말하면, "영과 문자"에 관한 것이라 할 수 있다. 우리는 이 문제에 관해 책을 쓰면서, 이 제목을 붙인 바 있다.[1] "은혜와 계명"에 관한 것이라고도 할 수 있다. 그러나 내 입장에서 이것은 문제 해결을 이해 사용되는 규칙이라기보다는 오히려, 크나큰 문제라고 생각된다. 펠라기우스파(Pelagius派)는 이 문제를 이해하지 못했기 때문에 자기네 이단 사상을 수립 내지 발전시켰다.

---

[1] 어거스틴은 주후 412년 『영과 문자론』(*Dē spīritū et litterā*)이라는 책을 쓴 일이 있다.

튀코니우스는 이 문제의 해결을 위한 노력을 잘하기는 하였지만, 그래도 충분히 한 것은 아니다. 그는 신앙과 행위에 관해 논하면서, 행위는 신앙의 공로로 말미암아 하나님이 주시는 것이라 했지만, 신앙 자체는 하나님에게서 비롯된 것이 아니고, 우리들에게서 비롯된 것이라고 하였다. 그는 또 "아버지 하나님과 주 예수 그리스도에게로부터 평안과 믿음을 겸한 사랑이 형제들에게 있을지어다"(엡 6:23)고 한 사도 [바울]의 말에 주의를 기울이지 않았다. 그는 우리 시대에 일어난 이 이단에 대해 잘 알지 못하였다. 이 이단에 대항해 하나님의 은혜가 우리 주 예수 그리스도로 말미암은 것임을 옹호하기 위하여 우리는 많은 어려움을 당하고 있다. 그런데 "너희 중에 편당이 있어야, 너희 중에 옳다 인정함을 받은 자들이 나타나게 되리라"(고전 11:19)고 사도 바울이 말한 것처럼, [이 이단은 우리로 하여금 튀코니우스보다] 훨씬 더 경각심과 열심을 가지고 성경에 주의를 기울이게 되었다. 튀코니우스는 적(敵)이 없었기 때문에 경각심과 주의를 덜 기울였고, 믿음이 "각 사람에게 분량대로"(롬 12:3) 나누어주시는 분의 선물임을 간과(看過)하고 말았다. [그런데, 믿음이 선물이라고 하는] 이 명제(命題)에 근거하여 다음과 같은 말씀이 나왔다.

> 그리스도를 위하여 너희에게 은혜 주신 것은, 다만 그를 믿을 뿐 아니라, 또한 그를 위하여 고난도 받게 하심이라 (빌 1:29)

이 말씀을 듣고, 믿음도, 고난도 은혜로 주신 것임을 믿고 깨닫는 사람이라면, 이 둘이 다 하나님의 선물임을 누가 의심하겠는가? 이것을 뒷받침하는 증거는 이외에도 많다. 그러나, 이에 대해서는 이 책 저책에서 아주 여러 번 논증한 바 있다.

튀코니우스의 네 번째 규칙

제34장 (47) 튀코니우스의 네 번째 규칙은 "종(種)과 유(類)"에 관한 것이다. 이 규칙을 이렇게 부르는 것은, 종은 부분으로, 유는 전체로 이해하고자 하기 때문, 곧, 종이라 일컫는 것은 유의 일부가 되기 때문이다. 예를 들어, 도시 하나하나는 전 세계 열방의 일부가 된다. 튀코니우스는 도시를 종이라 부르고, 모든 열방을 유라고 한다. 하지만, 우리는 여기서, 변론가들이 하는 것처럼, [지나치게] 정치(精緻)한 구분을 할 필요는 없다. 변론가들은, 부분과 종 사이에는 어떤 차이가 있는지를 아주 철저하게 토론한다. 하나님의 말씀[인 성경]에서 어느 한 도시에 대해서가 아니라, 어느 한 지방이나, 민족이나, 왕국에 대해서 같은 사실이 발견될 경우에도, 같은 논리가 성립된다. 즉, 예를 들어, 예루살렘이나, 이방의 어떤 도시, 곧, 두로나, 바벨론 등에 대해 성경에 무슨 말씀이 나오지만, 그 말씀이 그 [도시의] 한계를 벗어나, 오히려 모든 열방에 적용되는 경우가 있다. 뿐 아니라, 유대나, 애굽이나, 앗수르나, 기타 다른 나라에는 수많은 도시들이 있는데, 이들 나라는 실상 전 세계가 아니고, 그 일부에 지나지 않음에도 불구하고, 이들 나라에 대한 말씀이 이들 [나라]의 한계를 벗어나, 오히려 전 세계에 적용되는 경우가 있다. 이들 나라는 세계의 일부이므로, 튀코니우스가 부르는 대로라면, 이들 나라는 원래 유인데, 종으로 간주되는 경우가 생기는 것이다. 바로 이 때문에 이와 같은 표현 방법을 일반 백성들까지 알게 되었고, 그래서, 백치(白痴)들 조차도, 황제의 칙령에서 무엇이 종에 관한 것이고, 무엇이 유에 관한 것인지를 이해하게 된다. 이것은 사람들에게도 적용된다. 예컨대, 솔로몬에 대해 이야기한 것은, 솔로몬의 한계를 벗어나, 오히려 그리스도나 교회에 적용된다. 솔로몬은 분명 교회의 일부에 불과함에도 말이다.

튀코니우스의 네 번째 규칙을 예를 들어 설명함

제34장 (48) 그렇지만, 종(種)의 한계를 벗어나는 일이 항상 있는 것은 아니다. 이는, 종에도 해당하는 말씀, 혹은, 아마도 종에만 지극히 명백하게 해당하는 말씀이 자주 등장하기 때문이다. 그러나, 종에서 유(類)로 넘어가면서도, 성경이 아직 종에 대하여 이야기하고 있는 것 같이 보일 때에는, 독자의 세심한 주의가 필요하다. 즉, 유를 통해 보다 더 훌륭하고, 보다 더 확실하게 밝혀 낼 수 있는 것을 종을 통해 찾으려고 하지 말아야 한다. 선지자 에스겔이 말한 것은 [이해하기] 쉽다.

> 이스라엘 족속이 그 고토에 거할 때에 그 행위로 그 땅을 더럽혔나니 나 보기에 그 소위가 월경 중에 있는 여인의 부정함과 같았느니라 그들이 땅 위에 피를 쏟았으며 그 우상들로 더럽혔으므로 내가 분노를 그들의 위에 쏟아 그들을 그 행위대로 심판하여 각국에 흩으며 열방에 헤쳤더니 (겔 36:17-19)

내가 말하고 싶은 것은, 이 말씀을 이스라엘 민족과 연관시켜 이해하기가 쉽다는 것이다. 사도 [바울]도 이스라엘 민족에 대하여 이렇게 말하고 있다.

> 육신을 따라 난 이스라엘을 보라! [제물을 먹는 자들이 제단에 참예하는 자들이 아니냐?] (고전 10:18)

사실, 육적인 이스라엘 백성이 이 모든 것을 행히였고, [이 때문에 이 모든 일을] 당하였다. 에스겔서 36장 19절부터 22절까지의 말씀도 육적인 이스라엘 민족에게 해당한다고 볼 수 있다.

그들을 그 행위대로 심판하여 각국에 흩으며 열방에 헤쳤더니 그들의 이른 바 그 열국에서 내 거룩한 이름이 그들로 인하여 더러워졌나니 곧 사람들이 그들을 가리켜 이르기를 이들은 여호와의 백성이라도, 여호와의 땅에서 떠난 자라 하였음이니라 그러나 이스라엘 족속이 들어간 그 열국에서 더럽힌 내 거룩한 이름을 내가 아꼈노라 그러므로 너는 이스라엘 족속에게 이르기를 주 여호와의 말씀에 이스라엘 족속아 내가 이렇게 행함은 너희를 위함이 아니요 너희가 들어간 그 열국에서 더럽힌 나의 거룩한 이름을 위함이라.

그러나 에스겔은 이렇게 말하기 시작한다.

열국 가운데서 더럽힘을 받은 이름 곧 너희가 그들 중에서 더럽힌 나의 큰 이름을 내가 거룩하게 할찌라 내가 그들의 목전에서 너희로 인하여 나의 거룩함을 나타내리니 열국 사람이 나를 여호와인줄 알리라 나 주 여호와의 말이니라 (겔 36:23)

여기서 독자는 주의력을 집중하여, 종(種)의 한계를 넘어서 유(類)의 개념이 덧붙여지고 있음을 파악해야 한다. 이는, 이어서 다음과 같은 말씀이 나오기 때문이다.

열국 가운데서 더럽힘을 받은 이름 곧 너희가 그들 중에서 더럽힌 나의 큰 이름을 내가 거룩하게 할찌라 내가 그들의 목전에서 너희로 인하여 나의 거룩함을 나타내리니 열국 사람이 나를 여호와인줄 알리라 나 주 여호와의 말이니라 내가 너희를 열국 중에서 취하여 내고 열국 중에서 모아 데리고 고토에 들어가서 맑은 물로 너희에게 뿌려서 너희로 정결케 하되 곧 너희 모든 더러운 것에서와 모든 우상을 섬김에서 너희를 정결케 할 것이며 또 새 영을 너희 속에 두고 새 마음을 너희에게 주되 너희 육신에서 굳은 마음을 제하고 부드러운 마음을 줄 것이며 또 내 신을 너희 속에 두어 너희로 내 율례를 행하게 하리니 너희가 내 규례를 지켜 행할찌라 내가 너희 열조에게 준 땅에 너희가 거하여 내 백성이 되고 나는 너희 하나님이 되리라 내가 너희를 모든 더러운 데서 구원하고 … (겔 36:23-29)

이것은 새 언약에 대해 예언한 것으로, 오직 그 한 민족 [이스라엘]의 남은 자들에게만 적용되는 것이 아니다. 남은 자들에 대해서는 다른 곳에 이렇게 기록되어 있다.

> 이스라엘 뭇 자손의 수가 비록 바다의 모래 같을지라도, 남은 자만 구원을 얻으리니 (롬 9:27, 참조: 사 10:22)

이 말씀은 그러나 다른 민족에게도 해당된다. 그들은 우리의 조상이기도 한 이스라엘 민족의 조상들을 통하여 이 새 언약을 약속받았다. 이것을 의심할 사람은 아무도 없는데, 특히 "중생의 씻음"(딛 3:5)이 약속된 것임을 깨달은 사람들 중에는 아무도 없다. 이 씻음은 지금, 우리가 보는 대로, 모든 민족에게 허락되어 있다. 그리고, 사도 [바울]은 새 언약의 은혜를 높이 평가하면서, 새 언약이 옛 언약을 능가한다는 사실에 대해서 다음과 같이 이야기한다.

> 너희가 우리의 편지라. 우리 마음에 썼고, 뭇 사람이 알고 읽는 바라 너희는 우리로 말미암아 나타난 그리스도의 편지니 이는 먹으로 쓴 것이 아니요 오직 살아 계신 하나님의 영으로 한 것이며 또 돌비에 쓴 것이 아니요 오직 육의 심비에 한 것이라 (고후 3: 2-3)

이 말은, 에스겔 선지자가 한, 다음과 같은 말을 기억하면서 한 말이다.

> 또 새 영을 너희 속에 두고, 새 마음을 너희에게 주되, 너희 육신에서 굳은 마음을 제하고 부드러운 마음을 줄 것이며 (겔 36:26)

"부드러운 마음"이라는 말에 근거하여 사도 [바울]은 "육의 심비"라는 말을 쓰면서, 이것은 돌 같은 마음과는 달리, 느끼는 삶을 가리키는 것으로 보았다. 그리고 느끼는 삶은 깨닫는 삶을 가리키는 것으로 보았다. 그래서 영적인 이스라엘은 오직 한 민족의 전유물이 아니라, 모든 민족에게 속하는 것이다. 그런데 이것은 조상에게 약속된 것으로, 이 약속은 조상들의 한 자손, "곧 그리스도"(갈 3:16) 안에서 한 약속이다.

다른 예: 영적인 이스라엘과 육적인 이스라엘

제34장 (49) 이 영적인 이스라엘은 그러므로, 오직 한 민족으로만 이루어진, 육적인 이스라엘과 구별되는데, 이 구별됨은 은총의 새로움에 근거하는 것이지, 조상들의 고귀함에 근거하는 것이 아니며, 영에 근거하는 것이지, 혈통에 근거하는 것이 아니다. 그러나 선지자 [에스겔]의 혜안(慧眼)은 참으로 깊어서, 육적인 이스라엘에 대해 (혹은 육적인 이스라엘을 향하여) 이야기하다가 은연중에 영적인 이스라엘로 넘어가고, 영적인 이스라엘에 대해 (혹은 영적인 이스라엘을 향하여) 이야기하면서도, 마치 아직 육적인 이스라엘에 대해 (혹은 육적인 이스라엘을 향하여) 이야기하는 것 같은 인상을 준다. 이것은, 이 선지자가 우리에게 적대적 감정을 가지고, 우리가 성경을 이해하는 것을 시샘해서가 아니라, 마치 의사가 [우리의 건강 증진을 위해 노력하는 것]처럼, 훈련을 통해 우리의 이해력 증진을 도모하고자 하기 때문이다. 그래서 그는, "내가 너희를 … 데리고 고토로 들어가서"(겔 36:24)라는 말씀 조금 뒤에 같은 내용을 반복적으로 이렇게 이야기한다.

> 내가 너희 열조에게 준 땅에 너희가 거하여 [내 백성이 되고 나는 너희 하나님이 되리라] (겔 36:28)

우리는 이 말씀을 육신적 이스라엘처럼 육신적으로 받아들일 것이 아니라, 영적인 사람들처럼 영적으로 받아들여야 한다.

"티나 주름잡힌 것"(엡 5:27)이 없는 교회는 실로 모든 민족으로 이루어지고, 영원토록 그리스도와 함께 왕 노릇할 것인데, 이 교회가 바로 복 있는 자들의 땅, "산 자의 땅"(시 27:13)이다. 바로 이 땅이 하나님의 확고, 불변한 뜻에 따라 조상들에게 약속되고 주어진 바 된 땅이라 이해해야 한다. 이는, 약속 내지는 예정의 확고함을 생각해 볼 때, 때가 되면, 주실 것이라고 조상들이 믿었던 그 땅이 [사실은] 이미 주어졌기 때문이다. 사도 [바울]이 디모데에게 편지하면서 성도들에게 주어진 바 된 은혜에 대하여 말한 것도 마찬가지로 이해해야 한다.

> 하나님이 우리를 구원하사 거룩하신 부르심으로 부르심은 우리의 행위대로 하심이 아니요 오직 자기 뜻과 영원한 때 전부터 그리스도 예수 안에서 우리에게 주신 은혜대로 하심이라 이제는 우리 구주 그리스도 예수의 나타나심으로 말미암아 나타났으니 … (딤후 1:9-10)

바울에 의하면, 은혜는, 그것을 받을 사람들이 아직 없을 때, 주어진 것이었다. 이는, 하나님의 섭리와 예정으로 보면, 때가 되면, 장차 이루어질 일이 이미 이루어진 것이나 다름없기 때문이다. 바울이 "[그리스도 예수의] 나타나심"에 대하여 이야기한 것은 이 때문이다. 하지만, ["산 자의 땅"(시 27:13)이라는] 이 말은, 새 하늘과 새 땅이 임하게 될 때의 땅, 곧, [종말론적] 미래의 땅이라 이해할 수 있다. 그 땅에서는 불의한 자들이 살 수 없을 것이다. 그러므로 경건한 자들에게 땅이 그들의 것이라고 말씀하신 것은 [지극히] 옳다. (마 5:5) 땅은 결코 불경건한 자들의 것이 되지 않을 것이다. 이는, 주시겠다는 약속이 [아주] 확실하기 때문에, 땅을 이미 주신 것이나 마찬가지이기 때문이다.

튀코니우스의 다섯 번째 규칙

제35장 (50) 튀코니우스가 제시하는 다섯 번째 규칙은 "시간"에 관한 것이다. 이 규칙으로 성경에 숨어 있는 시간의 길이에 관한 문제를 상당히 많이 규명 내지 해결할 수 있다. 그런데 튀코니우스의 말에 따르면, 이 규칙을 적용하는 방법에는 두 가지가 있다. 하나는 제유(提喩)라고 하는 전의법(轉義法)이고, 다른 하나는 완전수(完全數)를 사용하는 방법이다. 제유법은 부분을 가지고 전체를, 혹은, 전체를 가지고 부분을 이해하게 만드는 것이다. 예를 들어, 주께서 산에 계실 때, 단 세 명의 제자들 앞에서만 주님의 얼굴이 해 같이 빛나고, 주님의 옷이 눈처럼 희어진 적이 있다. 이에 대해 어떤 복음서 기자는 "팔일 쯤 되어"(눅 9:28)라 했고, 다른 복음서 기자는 "엿새 후에"(마 17:1, 막 9:2)라 했다. 만약 "팔일 쯤 되어"라 말한 사람이, 그리스도가 장래의 일을 예고하신 날의 끝 부분과, 그것이 이루어진 것을 보이신 날의 첫 부분을 온전한 이틀로 치지 않았다고 한다면, 또, "엿새 후에"라 말한 사람들은 [수난 예고의 날과 변모 당일을 제외하고] 그 중간의 온전한 날만을 날로 치지 않았다고 한다면, 날짜에 관하여 [누가가 한 말과 마태 / 마가가] 한 말이 둘 다 맞는 일은 있을 수 없다. 부분을 가지고 전체를 의미하는, 이와 같은 표현법은 그리스도의 부활에 관한 의문도 풀어 준다. 사실, 고난당하신 날의 끝 부분, 곧, 성금요일 저녁을 온전한 하루로 치지 않는다면, 또, 부활하신 날의 첫 부분, 곧, 부활주일 새벽을 온전한 하루로 치지 않는다면, "밤낮 사흘을 땅속에 있으리라"고 예고하신 말씀이 맞을 수가 없는 것이다.

완전수에 관하여

제35장 (51) [튀코니우스는,] 성경이 특별히 선호(選好)하는 수, 예를 들어, 일곱이라든지, 열이라든지, 열 둘이라든지, 기타 열심 있는 독자라면 쉽게 간취할 수 있는 숫자들을 "완전수"라 부른다. 사실, 이와 같은 종류 숫자들은 시간 전체를 표현하는 데 자주 사용된다. 예를 들어 보자! "내가 하루 일곱 번씩 주를 찬양하나이다"(시 119:164)는 말씀은 "그를 송축함이 내 입에 계속하리로다"(시 34:2)는 말씀과 전혀 다르지 않다. 그 수를 십의 배수로 곱하여, 예컨대, 70이나 700이 된다 하여도, 마찬가지 의미를 지닌다. [예레미야가 "칠십년"(렘 25:11)이라 말한 것도 영적으로 받아들여, 교회가 이방인들 사이에서 보내는 시간 전체를 가리키는 것이라 볼 수 있는 것은 이 때문이다.] 또, 자승하는 경우도 마찬가지다. 예컨대, 10을 10으로 자승하면, 100이 되고, 12를 12로 자승하면, 144가 되는데, 계시록에서는 이 숫자가 성도의 숫자 전체를 가리킨다. 그러므로 분명한 것은, 이 같은 숫자로 시간의 문제만 해결되는 것이 아니라는 사실이다. 이 같은 숫자는 상당히 광범위한 의미를 가지고 있어서, 많은 것에 적용할 수가 있다. 이는, 이 같은 숫자가 계시록에서 시간에만 관계하는 것이 아니라, 사람에도 관계하기 때문이다.

튀코니우스의 여섯 번째 규칙

제36장 (52) 여섯 번째 규칙을 튀코니우스는 "반복"이라 부르는데, 이 규칙은 성경을 매우 주밀(周密)하게 살펴야만 발견할 수 있는 것이다. 이는, [성경의] 어떤 부분을 보면, 시간의 순서나 논리적인 연관에 따라서 이야기가 전개되는 것처럼 보이지만, 앞에서 생략하고 지나갔던 내용을 나중에 살짝 다시 끄집어내는 경우가 있기 때문이다. 이런 경우는 이 여섯 번째 규칙을 적용해야만 잘못된 해석을 하지 않게 된다. 창세기에서 예를 들어 보자!

> 여호와 하나님이 동방의 에덴에 동산을 창설하시고 그 지으신 사람을 거기 두시고 여호와 하나님이 그 땅에서 보기에 아름답고 먹기에 좋은 나무가 나게 하시니 동산 가운데에는 생명나무와 선악을 알게하는 나무도 있더라 (창 2:8-9)

[얼른 보기에] 이 대목은, 하나님이 창조하신 사람을 동산에 두신 다음에 일어난 사건을 이야기하는 것처럼 생각된다. 하지만 실상은, 두 가지 일, 곧, 하나님이 동산을 창설하신 일과, 그가 지으신 사람을 거기에 두신 일을 간단히 언급한 다음, [앞으로] 돌아가, 그가 생략하고 지나갔던 내용, 곧, 동산을 [구체적으로] 어떻게 창설하셨는지에 대해 다시 이야기하는 것이다.

> 여호와 하나님이 그 땅에서 보기에 아름답고 먹기에 좋은 나무가 나게 하시니.

그 다음에 이 말씀을 덧붙였다.

> 동산 가운데에는 생명나무와 선악을 알게하는 나무도 있더라.

그리고는, "동산을" 적시는 강이 갈라져, 동산이 네 개 강의 근원이 되었음을 설명한다. 이 모든 말씀이 에덴 동산 창설에 관한 이야기다. 이 이야기를 마친 다음, [창세기 기자는] 이미 [앞에서] 말한 바를 반복한다. 그래서 정말로 이 이야기에 이어서 이렇게 말을 한다.

> 여호와 하나님이 그 사람을 이끌어 에덴 동산에 두사 … (창 2:15)

이제 전후 사정이 보여 주는 대로, 동산을 만드신 다음에 사람을 거기 두신 것이지, 사람을 거기 두신 다음에, 동산을 만드신 것이 아니다. 앞에 생략했던 것으로 다시 돌아가는 "반복"이라는 것을 여기서 잘 이해하지 못한다면, 아까 말했듯이, [사람을 만드시고 동산을 창설하신 것처럼] 생각할 수가 있다.

언어의 혼잡과 여러 민족의 흩어짐에 관하여

제36장 (53) 같은 창세기에 노아 자손의 족보에 대한 언급이 나오면서 다음과 같은 말씀이 기록되어 있다.

> 이들은 함의 자손이라 각기 족속과 방언과 지방과 나라대로이었더라 (창 10:20)

셈의 자손을 열거한 다음에도 다음과 같은 말씀이 나온다.

> 이들은 셈의 자손이라 그 족속과 방언과 지방과 나라대로였더라 (창 10:31)

그리고는 [노아의 자손] 모두에 대하여 다음과 같은 말씀이 덧붙여진다.

> 이들은 노아 자손의 족속들이요 그 세계(世系)와 나라대로라 홍수 후에 이들에게서 땅의 열국 백성이 나뉘었더라 (창 10:32)
>
> 온 땅의 구음(口音)이 하나이요 언어가 하나이었더라 (창 11:1)

여기서 "온 땅의 구음이 하나이요, 언어가 하나이었더라"는 말씀이 덧붙여졌는데, 이것은 인류의 언어가 하나였다는 뜻이다. 그래서, 인류가 민족별로 땅 위에 흩어진 때에, 온 인류가 하나의 공통된 언어를 가지고 있었음을 의미하는 것처럼 들린다. 하지만, 이것은 위에 나오는 말씀, 곧, "그 세계(世系)와 나라대로"라는 말씀과 일치하지 않는 것이 분명하다. 이는, 온 인류가 하나의 공통된 언어를 가지고 있었다면, 각 민족이 형성한 나라마다 각기 자기 언어를 가지고 있었다는 말을 하지 않았을 것이기 때문이다. 그러므로, 다음 구절이 덧붙여진 것은 어디까지나 반복을 한 것에 불과하다.

> 온 땅의 구음(口音)이 하나이요, 언어가 하나이었더라.

즉, 이야기가 은연중 [과거로] 소급해서, 온 인류가 단 하나의 언어를 사용했는데, 어떻게 해서 여러 개의 언어로 나누어졌는지를 설명하는 것이다. 그래서, 즉시 [바벨]탑 건설 이야기가 나온다. 이 이야기에 의하면, 언어가 나누어진 것은, 교만에 대해 징벌을 하시기 위해, 하나님이 사람들에게 심판을 내리신 것이다. 이 사건 이후 사람들은 지면에 흩어졌고, 언어에 혼잡이 생겼다.

눅 17:29-32이 이야기하고 있는 경고에 관하여

제36장 (54) 이 같은 반복은 더 애매모호한 구절에도 적용된다. 예를 들면, 복음서에는 다음과 같은 주님의 말씀이 나온다.

> 롯이 소돔에서 나가던 날에 하늘로서 불과 유황이 비 오듯 하여 저희를 멸하였느니라 인자의 나타나는 날에도 이러하리라 그날에 만일 사람이 지붕 위에 있고 그 세간이 집 안에 있으면 그것을 가지러 내려오지 말 것이요 밭에 있는 자도 이와 같이 뒤로 돌이키지 말것이니라 롯의 처를 생각하라 (눅 17:29-32)

아무도 뒤를 돌아보지 말라는 명령, 곧, [이미] 청산해 버린 과거의 삶을 [더 이상] 추구하지 말라는 명령은, 주께서 재림하신 다음에야 지켜야 할 말씀인가? 아니면 오히려 [지금] 이 시간 지켜야 할 말씀인가? 사실, 주께서 재림하시면, 각 사람이 [주님의 명령을] 지켰는지, 아니면, 멸시하였는지에 따라 되갚아 주실 것이다. 물론, "그날에"라는 말이 있으니까, 주께서 재림하실 때에야 이 말씀을 지켜도 된다 생각할 수는 있다. 그러나, 반복이라는 것이 무엇인지 이해 못할 정도로, 독자의 지각이 무디지 않다면, 다른 성경 구절의 도움을 받아, 아직 사도 시대에 다음과 외쳤던 말씀에 주의를 기울일 것이다.

> 아이들아 이것이 마지막 때라 (요일 2:18)

그러므로 말세는, 주님이 재림하실 때까지, 복음이 전파되는 때로, 주님의 명령을 지켜야 할 때다. 이는, 주님의 재림이 말세와 관련되고, 말세는 심판 날에 끝을 맺을 것이기 때문이다.

튀코니우스의 일곱 번째 규칙

제37장 (55) 튀코니우스의 입곱 번째 규칙이자 마지막 규칙은 "악마와 그의 몸"에 관한 것이다. 이는, 악마가 불경건한 자들의 머리이기 때문이다. 그런데 불경건한 자들은 어떤 식으로든 그의 몸이 되는 바, 그와 함께 영원한 불 속으로 들어가 형벌을 받을 것이다. 이것은 마치 그리스도가 교회의 머리이시고, 교회는 그의 몸이 되는 바, 교회에 속한 자들이 장차 그리스도와 함께 천국에서 영원한 영광을 누리게 될 것과 흡사하다. 그러므로 튀코니우스가 "주님과 그의 몸"이라 부르는 첫 번째 규칙에서, 성경이 어느 한 동일한 인물에 대하여 말을 할 때, 어떤 말이 머리에 해당하고, 어떤 말이 몸에 해당하는지를 주밀(周密)하게 살펴야 하는 것처럼, 이 마지막 규칙에서도 때로는 악마에 대해서 하는 말이지만, 악마 자신보다는 오히려 그의 몸에 대해서 하는 말일 수 있다는 사실을 염두에 두어야 한다. 악마의 몸은 아주 명확한 "외인들"(고전 5:13) 가운데만 있는 것이 아니라, 악마에 속해 있으면서도, 잠시 교회에 섞여 있는 사람들 가운데도 있다. 그런데 잠시 교회에 섞여 있는 사람들은, 각 사람이 이 세상을 떠날 때까지, 혹은 키를 가지고 알곡과 쭉정이를 마지막에 분리시킬 때까지 섞여 있을 것이다. 이사야서에는 다음과 같은 말씀이 기록돼 있다.

> 너 아침의 아들 계명성이여 어찌 그리 하늘에서 떨어졌으며 … (사 14:12)

이 말씀은 그 콘텍스트로 보아 바벨론 왕을 비유로 삼아 동일한 인물에 대해 혹은 동일한 인물을 향하여 하는 것처럼 이해를 하되, 악마에 대하여 하는 말로 이해하는 것이 좋을 것이다. 그러나, "너 열국을 엎은 자여! 어찌 그리 땅에 찍혔는고?"(사 14:12b)라 하신 말씀을 전적으로 머리에만 적용하는 것은 적절하지 않다. 이는, 열국에 자기 사자들을 보내는 자가 악마이기는 하지만, 땅에 찍히는 것은 그의 몸이지, 그 자신이 아니기 때문이다. 물론, 악마 자신이 그 몸 속에 거한다는 점에서는, 지면에서 "바람에 나는 겨와"(시 1:4) 같이 짓밟힐 것이기는 하지만 말이다.

제3권의 결론

제37장 (56) 그런데, 소위 "약속과 율법"에 관한 규칙을 제외한다면, 이들 규칙은 다 비유법을 사용하는데, 이것이 바로 전의적(轉義的) 표현의 고유한 특징이다. 내가 생각하기에, 이런 표현법은 대단히 광범위하게 사용되기 때문에, 어느 한 가지 것을 전체에다 적용시키는 것은 불가능할 것 같다. 사실, 비유법을 사용하는 경우는 어떤 경우든, 전의(轉義)라는 용어 자체가 설령 등장하지 않는다 하더라도, 전의적 표현이 사용된 것이 분명하다. 전의법(轉義法)이 익숙한 방식으로 사용되는 경우, 그것을 이해하는 데는 별다른 어려움이 따르지 않는다. 그러나, 익숙하지 않은 방식으로 사용되는 경우에는, 그것을 이해하는 데 [상당한] 어려움이 따른다. [그래서] 하나님이 사람들에게 선물로 주신 재능 혹은 도우심에 따라, 혹자(或者)는 많이, 혹자는 적게 이해한다. 그러므로 우리가 앞에서 설명한 것처럼, 본래적 의미로 사용된 말은, 말한 그대로 이해하면 되고, 전의적 표현을 사용한 경우에는, 그것을 비유적으로 이해해야 한다.

전의적 표현에 대해서는 지금까지 [필요하다] 생각하는 만큼 충분히 취급했다 여겨진다. [그러나,] 성경을 연구하는 사람들에게 권면해야 할 것은, 성경에 어떠한 표현 방법 있는가와, 성경이 일반적으로 어떠한 표현 방법을 사용하는가에 대하여 주의 깊게 관찰, 그것을 가슴에 새겨야 한다는 것만 있는 것이 아니다. 아울러 권면해야 할 또 하나의 중요한 일, 절대

놓쳐서는 안 될 일은, 깨달음을 달라 기도하는 일이다. 이는, 성경을 연구하는 자들은 이 책에서 "여호와는 지혜를 주시며, 지식과 명철을 그 입에서 내심이며"(잠 2:6)라는 말씀을 읽을 수 있기 때문이다. 사실, 우리는 주님으로부터 열심까지도 부여받는다. [우리에게] 경건한 신앙이 있다면 말이다. 아무튼, 언어의 표상에 관해서도 이 정도면 충분히 이야기했다고 본다. [이제] 남은 것은, 우리가 생각한 바를 전달하는 방법에 관한 것인데, 이에 대해서는, 주께서 은혜 주시는 대로, 다음 권에서 논하기로 하겠다.

제4권 설교학

제4권은 전달법에 대해 취급함

제1장 (1) 『기독교 학문론』이라는 제목을 가진, 우리의 이 책은 당초 두 부분으로 나누어졌다. 이 책 [쓰는 것]을 비난할지도 모르는 사람들에 대해 머릿말에서 답변을 한 다음, 나는 [본론에서] 이런 말을 하였다.

> 모든 성경 연구는 두 가지 것에 기초하는데, 그 하나는, 우리가 이해해야 힐 대상을 발견하는 방법이고, 다른 하나는 이해한 내용을 전달하는 방법이다. 우리는 먼저 발견에 관하여 논하고, 전달에 대하여는 나중에 논할 것이다.[1]

그런데 발견법에 대하여는 우리가 이미 많은 이야기를 하였고, 이 한 가지 문제에 대해 책을 세 권씩이나 쓰기를 마쳤다. 그러므로, 우리는 하나님의 도우심을 받아, 전달법에 대한 논의를 조금 하고자 한다. 만일 할 수만 있다면, 한 권의 책에 [전달법에 관한 내용을] 전부 담아, 이 책 전체를 4권으로 끝마칠 수 있었으면 한다.

---

[1] 본서 제1권 1장 1절.

이 책의 목적은 수사학 강의에 있지 않음

제1장 (2) 나는 세상 학교에서 수사학을 공부한 적도 있고 가르친 적도 있다. 그래서 혹시 독자들은, 내가 [이 책에서] 수사학 강의를 하지나 않을까 염려할지도 모른다. 하지만, 나는 이 서두에서 먼저 이런 염려를 불식(拂拭)시키고자 한다. 그러니, 내가 [수사학 강의를] 할 것이라는 염려는 제발 하지 말기를 바란다. 물론, [수사학이] 아무 필요가 없어서가 아니다. [수사학 공부의 필요를] 조금이라도 느끼는 사람은 다른 데서 공부하는 것이 좋을 것이다. 그러므로, 교양인으로서 혹시 이 같은 것을 [= 수사학 지식을] 습득할 필요도 있다 생각하는 사람은 나에게서 이것을 기대하지 말기 바란다. 나는 이 책에서든지, 다른 무슨 책에서든지 막론하고, [수사학 강의할 생각은 없으니 말이다.]

그리스도인인 교사가 수사학 능력을 사용하는 것은 당연함

제2장 (3) 수사학 기예를 통해서 참된 것에 대해서든, 거짓된 것에 대해서든 [남을] 설득하게 된다. 그렇다면, 진리를 거짓에 대항하여 변호하는 사람을 무장해제시켜야 한다고 감히 말할 사람이 누구인가? 달리 말해, 거짓된 것을 믿게 만들고자 시도하는 자들은 [자기들의] 서언(序言)을 통해서, 듣는 사람으로 하여금 [자기네에게] 호감을 갖게 하고, 주목하게 하고, [자기네의] 가르침을 따르게 만드는 방법을 알아도 되고, 진리를 변호하는 자들은 그런 방법을 알아서는 안 된다 감히 말할 사람이 누구인가? 그 자들은 거짓된 것을 간단명료하게, 그럴듯하게 이야기하는데, 이 사람들은 참된 것을 이야기하면서도, 듣기에 지루하게, 이해하기 어렵게, 종당에는 믿지 못하게 만들어서야 되겠는가? 그 자들은 거짓된 논거를 가지고 진리를 공박하고 거짓을 주장하는데, 이 사람들은 참된 것을 변호할 힘, 거짓된 것을 논박할 힘이 없어서야 되겠는가? 저 사람들은 청중의 마음을 움직여 오류 속으로 떠다 밀면서도, 말주변으로 [사람들을] 두려워 떨게도 했다가, 눈물을 흘리게도 했다가, 또 웃기기도 했다가, 뜨겁게 달아오르게도 하는데, 이 사람들은 진리에 이바지하면서도, 둔한 상태, 차가운 상태, 졸린 상태를 유지하고 있어서야 되겠는가? 이런 말도 안 되는 소리를 할 만큼 어리석은 사람이 도대체 어디 있겠는가? 그러므로 언변의 힘 지체는 중립적인 것이고, 그릇된 것이든, 올바른 것이든 간에, 설득하는 효능이 매우 크다. 그렇다면, 악인들이 이 힘을 왜곡된 것, 허탄한 것을 얻기 위해 사악하고 그릇된 용도로 사용하는 마당에, 진리를 위해 열심히 싸우는 선한 사람들이 이 힘을 가지지 말아야 할 이유가 어디 있다는 말인가?

수사학 원리를 배울 수 있는 연령과 방법

제3장 (4) 그런데 수사학의 규칙과 원리 — 그것이 무엇이든 간에, 그것과 더불어 풍부한 어휘와 언어의 수식(修飾)으로 잘 숙달된 혀를 지극히 공교(工巧)하게 놀리는 데 익숙해야 하기 때문에, 구변 내지 언변이라 이름하는 것을 배우기는 해야 한다. 단, 우리의 이 책에서 배우려고 하지 말고, 이를 위해 따로 시간을 내야 할 것이다. [그러나 이에] 맞는 적절한 연령대의 사람, 곧, 이것을 빨리 배울 수 있는 사람만 그래야 할 것이다. 사실, 로마의 웅변 대가들도 쉴 새 없이 말하기를, 이 기술은, 빠른 속도로 배울 수 있는 사람이 아니고는, 완전히 통달하는 것이 불가능하다 하였다. 이것이 정말인지를 알아볼 필요가 있는가? 그럴 필요가 없다. 좀 둔한 사람들도 이 기술을 결국 언젠가는 습득할 수 있을지 모르지만, 이미 성인이 된 사람들이거나, 나이가 지긋한 사람들이 이 기술을 배우기 위해 애를 쓸 가치가 있다고 우리는 생각하지 않는다. 이 기술에 대해서는 젊은 사람들이 관심을 가지면 충분하고, 그들 중에서도 우리가 목회자로 양성하고 싶은 사람 전부가 아니라, 더 시급한 일, 이것보다 더 중요한 일이 분명 아직 없는 사람에 한하여, [이 기술에 관심을 가지는 것이 필요하다]. 만일 영민하고 훌륭한 재능이 있다면, 웅변의 규칙을 [이론적으로] 연구하기보다는, 웅변가들이 쓴 글을 읽거나, 그들이 하는 웅변을 [직접] 듣는 것이 웅변술을 더 쉽게 터득할 수 있는 방법이다.

정경은 산성처럼 높은 권위를 지닌 책으로, [우리의] 구원을 위하여 모아 놓은 것이지만, 이 정경 말고도 기독교 서적이 없지 않으므로, 이런 서적을 읽으면, 웅변술을 따로 배우지 않더라도, 거기에 이야기된 내용만 주의해서 읽는다면, 거기에 사용된 웅변술까지도 익히게 될 것이다. 이렇게 함과 동시에, 이에 덧붙여, 경건과 신앙의 규준(規準)에 따라 그가 생각하는 바를 [스스로] 쓰거나, 구술(口述)하고, 결국에는 [스스로] 말도 해 보는 연습을 특별히 한다면, [웅변술은] 절로 익혀질 것이다.

그러나 만약 이러한 재능이 없다면, 수사학 원리들은 이해가 되지 않는 것이고, 설령 많은 노력을 기울인 끝에 겨우 일부가 조금 이해된다 하더라도, 별 소용이 없다. 심지어는 이들 원리를 배운 사람들, 풍성한 말재주를 가진 사람들이라 할지라도, 이들 원리에 대해 논하는 경우가 아니라면, 말을 할 때, 이들 원리를 존중하며 말을 할 만큼 [철저하게] 이들 원리를 마음에 담아 둘 수는 없다. 말도 잘하면서, 이를 위한 수사학 원리도 생각하면서. 이렇게 두 가지 일을 동시에 할 수 있는 사람은 거의 없다는 것이 내 생각이다. 기술적으로 말을 하는 데 신경을 쓰다가는, 말해야 할 내용을 잊어버리기 쉽기 때문에 조심해야 한다. 그럼에도 불구하고, 달변가들의 연설이나 구술 내용을 들여다보면, 그들이 수사학의 여러 원리를 지키고 있음을 알 수 있다. 물론, 그들이 수사학 원리를 배웠든, 배우지 못했든 상관없이, 말을 잘하기 위해, 혹은, 말을 하는 도중, 수사학 원리에 대해 생각하지 않는다. 사실, 그들이 달변가이기 때문에 그 원리를 지키는 것이지, 달변가가 되기 위해서 그 원리를 지키는 것은 아니다.

아이들은 말하는 사람들의 입을 보고 말을 배움

제3장 (5) 그런데 어린 아이들은 어른들의 말하는 모습을 보고 말을 배운다. 그렇다면, 왜 웅변술을 전수받아야만 웅변가가 될 수 있다는 말인가? 웅변가들의 웅변 내용을 읽거나 들음으로써, 그리고 가능한 범위 내에서 최대한 모방을 함으로써 웅변가가 되는 길은 없다는 말인가? 우리는 실제 사례를 통해서, 이것이 가능한 일임을 보고 있지 않는가? 우리는 사실, 수사학 원리를 사용하지 않고서도, 그것을 배운 사람들보다 훨씬 더 능한 웅변가가 된 사람들이 많이 있음을 알고 있다. 그러나 웅변가들의 변론이나 구술을 읽거나 듣지 않고서 그렇게 된 사람은 아무도 없다. 사실, 어린 아이들[도] 정확하게 말하는 사람들 사이에서 자라고, 그 가운데서 산다면, 굳이 문법을 배워, 바른 말 하는 법을 익힐 필요가 없기 때문이다. 말하는 사람의 입에서 부정확한 말이 조금이라도 나오면, 그 부정확함을 수사학 용어로 무어라 표현하는지 전혀 몰라도, 자신의 올바른 언어 습관에 의거하여 [이를] 책하고, [스스로는 그런 잘못을 저지르지 않기 위해] 조심한다. 도시 사람들이, 비록 글을 모른다 할지라도, 시골 사람들[의 말씨를] 책하는 것이 그 예가 된다.

기독교 교사의 책무는 …

제4장 (6) 그러므로 성경을 가르치는 교사로서, 바른 신앙을 변호하고, 오류를 물리치려고 싸우는 자는 선한 것을 가르칠 뿐 아니라, 악한 것에 대해서도 경고해야 한다. 또한 이와 같은 목적으로 말을 함에 있어서, [서로] 적대적인 사람들을 화해시키고, 무기력한 사람들을 분발시키고, 무지한 사람들에게는, 무엇이 문제가 되는지, [앞으로] 무슨 일을 고대해야 하는지에 대해 일깨워 주어야 한다. 그런데, 듣는 사람들이 호감을 보이든지, 주목을 하든지, 가르침을 순순히 받아들이는 경우, 혹은, 그들을 그렇게 만든 경우, 상황이 요구하는 바에 따라서, 이밖의 다른 일도 철저히 해야 한다. 만약 듣는 사람들을 가르쳐야 하는 경우라면, 이야기를 통해 이를 행해야 하지만, 그것도 취급하는 문제에 대한 설명이 필요한 때에[만] 그래야 한다. 그런데, 의심스러운 것을 확실하게 하기 위해서는, 증거를 가지고 증명해야 한다. 그러나 만약 듣는 사람들을 가르치기보다는, 감동시켜야 한다면, 그래서, 그들이 이미 알고 있는 바를 실천에 옮기는 일을 게을리 하지 않게, 그들이 참이라고 인정하는 것에 진정으로 공감하게 만들고자 한다면, 보다 더 큰 설득력이 있어야 한다. 이에는 간청과 책망, 격려와 질타 등 마음을 움직이는 데 효과를 발휘할 수 있는 것은 무엇이든지 다 필요하다.

그리고 모든 유식한 사람들의 책무

제4장 (7) 방금 내가 말한 내용은 전부, 거의 모든 사람들이 연설을 하면서 쉼 없이 실행에 옮기고 있다.

기독교 웅변가에게는 언변보다 지혜가 더 중요

제5장 (7) 그런데, 혹자는 수박 겉 핥기로, 본때 없이, 무미건조하게 말을 하지만 혹자는 예리하면서도 멋스럽게, 열정적으로 말을 하므로, 우리가 취급하고 있는 이 문제에 대해서, 비록 달변은 아니라 하더라도, 지혜롭게 변론 내지 말을 할 줄 아는 사람이 나서는 것이 듣는 사람들에게 유익이 될 것이다. 물론, 그가 [지혜로움과] 달변을 겸하여 가지고 있을 때보다야 못하겠지만 말이다. 그러나, 지혜는 없으면서도 말만 잘하는 사람은 조심해야 한다. 특히 그가 들어도 유익하지 않은 것으로 청중을 즐겁게 할 때, 또 그가 [단지] 말을 잘하기 때문에, 그가 참말을 하는 것으로 청중이 여길 때는 [조심해야 한다]. 그런데 이러한 명제(命題)는, 수사학 교육이 꼭 필요하다 여긴 사람들도 간과(看過)하지 않았다. 이는, 그들이 이렇게 고백했기 때문이다.

> 달변이 없이 지혜는 나라에 조금밖에 도움이 안 되지만, 만약 지혜가 없다면, 달변은 나라에 대단히 큰 해를 끼칠 때가 많고, 도움이 되는 경우는 전혀 없다.[1]

그러므로, 웅변의 원리를 전해 준 사람들은 참다운 지혜, 곧, "위로부터 빛들의 아버지께로서"(약 1:17) 내려오는 지혜에 대해 알지 못하였지만, 그들이 웅변에 관해 취급하는 서책(書冊)에서, 진리의 [강력한] 요구에 따라 이러한 고백을 하지 않을 수 없었는데, 그렇다면, 바로 이 지혜의 자녀요 봉사자인 우리는 더더욱 딴생각을 하지 말아야 하지 않겠는가? 사람이 어느 정도 지혜로운 말을 할 수 있느냐는, 사람이 성경 연구에서 어느 정도 진보를 이루었느냐에 따라 다르다. [그러나 여기서] 내가 말하는 것은

---

[1] Cicero, *De inventione* I, i, 1.

성경을 많이 읽고 암기해야 한다는 것이 아니고, 잘 이해하고, 그 의미를 진지하게 탐구해야 한다는 것이다. 이는, 성경을 읽지만, [성경을] 경홀(輕忽)히 여기는 사람들이 있기 때문이다. 그들은 [성경을] 읽고, 암기는 하지만, [성경을] 경홀히 여기기 때문에, 이해하지는 못한다. 이런 사람들보다 말씀을 많이 외우지는 못하더라도, 말씀의 핵심을 자기 마음의 눈으로 바라볼 줄 아는 사람이 훨씬 더 낫다는 것은 의심할 여지가 없다. 물론, 이 두 종류의 사람들보다는 성경을 마음먹은 대로 인용하고, 필요한 만큼 이해하는 사람이 더 낫기는 하다.

말하는 기술은 변사들의 책을 읽음으로써 얻음

제5장 (8) 그러므로, 비록 달변의 능력은 없을지라도, 지혜롭게 말을 해야 하는 사람은, 성경 말씀을 암기하는 것이 아주 많이 필요하다. 이는, 자기의 말이 빈약하다는 사실을 절실히 느끼면 느낄수록, 성경 말씀으로 풍성해져야 할 것이기 때문이다. 그래서, 자기가 자기의 말로 말한 내용을 성경 말씀을 통해 입증할 수 있어야 할 것이고, 자기의 말을 가지고는 미약했던 사람이 [성경의] 위대한 말씀을 통하여는 상당 부분 성장을 할 수 있어야 할 것이다. 이는, 구변이 별로 없어, 재미있는 말을 별로 할 줄 모르는 사람도, [성경 말씀을 통해 증명을 하면,] 재미있는 말을 하게 되기 때문이다.

그러나, [지혜와 구변 이] 두 가지를 동시에 갖추면, 분명 더 유리할 것이기 때문에, 지혜와 구변 두 가지를 다 갖추어 말하기를 원하는 사람은 수사학 교사들을 찾아 다니라 권하기보다는, 웅변가들의 책을 읽거나, 말을 들어서, 그들을 모방하라 말하고 싶다. 물론, 웅변가들의 책을 읽거나, 말을 들을 때, 그들이 달변으로 말을 했거나 말을 하기 때문만이어서는 안 되고, 그들이 지혜롭게 말을 했거나 말을 하여, 진정한 칭송을 듣기에 합당해야 한다. 이는, 달변가의 말을 듣는 것은 기분 좋고, 지혜롭게 말을 하는 사람의 말을 듣는 것은 유익하기 때문이다. 그러므로 성경은, "변사(辯士)가 많아야, 세상이 깨끗해진다" 하지 않고, "지혜자가 많아야, 세상이 깨끗"해진다(지혜서 6:26) 하였다.

 그런데 [몸에] 좋은 약은 쓰더라도 먹어야 할 때가 종종 있지만, 해로운 것은 달더라도 항상 멀리해야 한다. 그러나, 몸에 좋으면서도 달콤한 것, 혹은 달콤하면서도 몸에 좋은 것보다 더 좋은 것이 있을까? 이는, 이런 경우 달콤한 것을 더 많이 구하면 구할수록, 몸에 좋은 것이 더 쉽게 효험을 보기 때문이다. 그러므로, 교회를 위해 일하는 사람들 중에도 하나님의 말씀을 취급함에 있어 지혜뿐 아니라 구변까지 동원하는 사람들이 있다. 이런 사람들의 [책은,] 시간이 없어서 못 읽지, 책이 없어서 읽지를 못하고 공부를 못하는 일은 없다.

성경 기자들의 언변은 세속 작가들의 언변을 뛰어넘음

제6장 (9) 여기서 이렇게 질문할 사람이 있을지 모르겠다. "우리의 성경 기자들의 책은 신적(神的)인 영감(靈感)을 받아 쓴 것으로, 우리의 구원에 지극히 유익하다 하여 정경(正經)이 되었는데, 이 기자들을 오직 지혜자들이라고만 해야 할까? 아니면, 변사(辯士)들이라고도 해야 할까?" 이 질문에 대해 답변할 말을 찾는 것은 나에게는 극히 쉬운 일이고, 그것은 나의 의견에 동조하는 사람들에게도 마찬가지다. 정말이지, 내가 알고 있는 범위 내에서, 그들보다 더 지혜로운 자들은 아무도 없고, 그들보다 더 언변이 있는 자들은 아무도 없다. 그리고, 내가 감히 말하지만, 그들이 말하는 바를

제대로 이해한 사람들은 모두, 그들이 다르게 말해서는 전혀 안 되었다는 사실을 나처럼 이해하리라고 본다.

　사실, 어떤 화술(話術)은 젊은 나이에 어울리고, 어떤 화술은 노숙한 나이에 어울린다. 그러므로, 화술을 구사하는 당사자에게 어울리지 않으면, 더 이상 달변이라고 말해서는 안 된다. 따라서, 최고의 권위를 부여받은 인물들, 진정 신적(神的)인 인물들에게 지극히 합당한 화술은 따로 있다. 그들이 이러한 화술로 말하였다면, 다른 화술은 그들에게 합당하지 않았고, 또 다른 사람들에게는 이러한 화술이 합당하지 않다. 그들에게는 정말 이런 화술이 적합하였다. 물론, 이런 화술이 다른 화술보다 천박하게 보일 수 있지만, 그럴수록 다른 화술들을 크게 능가할 수 있는 것은, 미사여구(美辭麗句) 때문이 아니라 [내용의] 견실함 때문이다.

　하지만 [성경에는] 내가 이해하지 못하는 부분이 있다. 이런 부분에서는 성경 기자들의 언변이 좀 약하게 드러났다는 생각을 나는 하게 되지만, 이런 경우에도 내가 이해하는 부분과 마찬가지로 훌륭한 내용이 들어 있음을 나는 의심하지 않는다. [우리에게] 구원을 가져다 주는 하나님의 말씀 속에 모호한 내용이 섞여 있다는 것 자체가 화술의 하나로 볼 수가 있다. 성경 속의 모호한 내용은 우리의 지성을 고양(高揚)시키되, 단지 발견을 통해서만 그렇게 하는 것이 아니고, 또한 훈련을 통해서 그렇게 하는 것이다.

성경 기자들의 언변은 지혜의 산물

제6장 (10) 시간 여유가 있다면, 언변의 힘과 화려함을 자랑하는 사람들, 언변이 정말로 훌륭해서가 아니라, 교만함 때문에 자기네 언변이 성경 기자들보다 낫다고 자랑하는 사람들에게, 언변의 힘과 화려함이 실은 성경에 모조리 나타나고 있음을 보여 주고 싶다. 성경 기자들은, 우리를 양육하고, [우리를] 이 악한 세상에서 복된 세상으로 옮겨 주시기 위해, 하나님이 섭리의 손길로 보내 주신 사람들이다.

   그러나 내게 말로 표현할 수 없는 기쁨을 주는 것은 그들에게서 이방 변사들이나 시인들과 마찬가지로 훌륭한 언변이 발견된다는 점이 아니다. 내가 오히려 탄복하고 놀라는 것은, 성경 기자들이 수사학 기법을 사용하기는 하되, 부족하지도, 지나치지도 않게 사용하였다는 점이다. 이는, 그들이 수사학 기법을 멸시할 필요도, 자랑할 필요도 없었기 때문이다. 그들이 이것을 기피하였더라면, 멸시하였을 것이고, [너무] 쉽게 인정했더라면, 자랑하였을 것이다. 그리고 혹시 [성경의] 어떤 개소(個所)에 수사학 기교가 사용된 것이 학자들의 눈에 띈다 해도, 그러한 표현이 말하는 사람에 의해 [의도적으로] 사용되었다기보다는, 마치 그 내용에 따라 자연스럽게 흘러나온 것으로 생각된다. 이것은 마치 다음과 같이 생각할 수 있다. 즉, 지혜가 자기 집, 곧, 지혜자의 가슴에서 나오는 것 같이 생각할 수 있고, 언변이 한시도 떨어지지 않는 몸종처럼 부르지 않아도 따라 나서는 것 같이 생각할 수 있다.

수사학 이론을 롬 5:3-5을 예로 하여 설명함

제7장 (11) 사도 [바울이 다음 개소(個所)에서] 무엇을 말하고자 했는지, 얼마나 지혜롭게 말했는지를 모르는 사람이 어디 있겠는가?

> 다만 이뿐 아니라 우리가 환난 중에도 즐거워하나니 이는 환난은 인내를 인내는 연단을 연단은 소망을 이루는 줄 앎이로다 소망이 부끄럽게 아니함은 우리에게 주신 성령으로 말미암아 하나님의 사랑이 우리 마음에 부은 바 됨이니 (롬 5:3-5)

여기서 만약 유식한 사람이 무식하게 (이런 표현을 좀 써 보자!), 사도 바울이 수사학 규칙을 따랐다고 주장한다면, 유식한 그리스도인이든, 무식한 그리스도인이든, 그리스도인들에게 비웃음을 어찌 사지 않겠는가?

그럼에도 불구하고, 여기에는 헬라어로 κλῖμαξ(= "사다리"), 라틴어로 차마 scāla(= "사다리")라고 부르고 싶지 않아서, gradātiō(= "점층법")라 부르는 표현법이 사용되었음을 알 수 있다. 이는, 단어 혹은 어의(語義)가 하나하나 연결되기 때문이다. 그래서, 여기서는 우리가 보는 대로, "환난"에서 "인내"로, "인내"에서 "연단"으로, "연단"에서 "소망"으로 이어져 있다.

[여기에는] 또 한가지 다른 표현법이 나타나는데, 우리들이 절(節)과 구(句)라 부르고, 헬라인들이 κῶλα와 κόμματα라 부르는 것으로, 그 다음에는 완전문(完全文)이 따르는데, 완전문을 헬라인들은 περίοδος라 한다. 하나 하나의 절과 구가 끊어실 때는 억양을 준다. 완전문의 절은, 완전문이 최종 끝날 때까지 목소리를 높여서 읽는다. [롬 5:3-5에서는] 두 번째 완전문 앞에 세 개의 절이 나오는데, 첫 번째 절은 "환난은 인내를 [이룬다]"는 것이고, 두 번째 절은 "인내는 연단을 [이룬다]"는 것, 세 번째 절은 "연단은 소망을 [이룬다]"는 것이다. 그 다음에 완전문 자체가 이어지는데, 그것도

세 절로 이루어져 있다. 첫 번째 절은 "소망이 부끄럽게 아니함은"이고, 두 번째 절은 "하나님의 사랑이 우리 마음에 부은 바 됨이니"라는 것이고, 세 번째 절은 "우리에게 주신 성령으로 말미암아"이다. 하지만, 이와 같은, 혹은 이와 유사한 표현법은 수사학에서 배우는 것이다. 우리는 그러므로 사도 [바울이] 수사학의 규칙을 따랐다고는 말하지 않지만, 그의 지혜에 언변이 따라 주었다는 것을 부인하지는 않는다.

고후 11:16-30으로 본 지혜와 언변의 놀라운 예

제7장 (12) 고린도후서에서 [사도 바울은] 그를 헐뜯고 다니는 유대인 출신의 거짓 사도들을 논박한다. 이때 그는 자기 스스로를 자랑하지 않을 수 없었고, 이런 자랑이 어리석은 일이라는 것을 인정하는 말을 했지만, 이런 말을 그가 얼마나 지혜롭게, 또 얼마나 구변 있게 하였는지 [모른다]. 그러나 그는 지혜의 동반자이면서도 언변의 선도자였다. 이는, 그가 지혜와 동행하면서도, 언변을 선도(先導)하였고, 언변이 그를 따를 때, 언변을 멸시하지 않았기 때문이다. 그는 이렇게 말한다.

> 내가 다시 말하노니, 누구든지 나를 어리석은 자로 여기지 말라! 만일 그러하더라도, 나로 조금 자랑하게 어리석은 자로 받으라! 내가 말하는 것은 주를 따라 하는 말이 아니요, 오직 어리석은 자와 같이 기탄 없이 자랑하노라. 여러 사람이 육체를 따라 자랑하니, 나도 자랑하겠노라. 너희는 지혜로운 자로서 어리석은 자들을 기쁘게 용납하는구나. 누가 너희로 종을 삼거나, 잡아먹거나, 사로잡거나, 자고하다 하거나, 뺨을 칠찌라도 너희가 용납하는도다. 우리가 약한 것 같이, 내가 욕되게 말하노라. 그러나 누가 무슨 일에 담대하면, 어리석은 말이나마 나도 담대하리라. 저희가 히브리인이냐? 나도 그러하며, 저희가 이스라엘인이냐? 나도 그러하며, 저희가 아브라함의 씨냐? 나도 그러하며, 저희가 그리스도의 일군이냐? 정신 없는 말을

하거니와, 나도 더욱 그러하도다. 내가 수고를 넘치도록 하고, 옥에 갇히기도 더 많이 하고, 매도 수없이 맞고 여러 번 죽을 뻔하였으니, 유대인들에게 사십에 하나 감한 매를 다섯 번 맞았으며, 세 번 태장으로 맞고, 한번 돌로 맞고, 세 번 파선하는데, 일주야를 깊음에서 지냈으며, 여러 번 여행에 강의 위험과, 강도의 위험과, 동족의 위험과, 이방인의 위험과, 시내의 위험과, 광야의 위험과, 바다의 위험과, 거짓 형제 중의 위험을 당하고, 또 수고하며 애쓰고, 여러 번 자지 못하고, 주리며, 목마르고, 여러 번 굶고, 춥고, 헐벗었노라. 이 외의 일은 고사하고, 오히려 날마다 내 속에 눌리는 일이 있으니, 곧, 모든 교회를 위하여 염려하는 것이라. 누가 약하면, 내가 약하지 아니하며, 누가 실족하게 되면, 내가 애타지 않더냐? 내가 부득불 자랑할찐대, 나의 약한 것을 자랑하리라.[1]

이 말이 얼마나 지혜로운 말인지는 사려 깊은 사람이라면 잘 안다. 그러나 깊은 잠에 빠진 사람이라도, [여기에] 도도한 언변이 강 같이 흐름을 감지한다.

고후 11:16-30의 예를 살펴봄

제7장 (13) 뿐만 아니라 [수사학을] 공부한 사람은 알겠지만, 절편(節片), 곧, 헬라인들이 κόμματα라 부르는 것과, 내가 잠시 전에 논한 바 있는 절(節)과 구(句)가 극히 아름답고 다채롭게 [이 글 속에] 들어가 있다. 온통 멋있는 표현으로 가득 차 있기 때문에, 마치 그의 얼굴을 보는 것 같아서, 무학자(無學者)들도 유쾌함과 감동을 느낀다.

---

[1] 고후 11:16-30.

정말이지, 우리가 인용한 글의 시작 부분부터 절편이 나타난다. 첫 문장은 극히 짧은 문장, 곧, 이절문(二節文)이다. "내가 다시 말하노니, 누구든지 나를 어리석은 자로 여기지 말라!" 이어지는 다음 문장은 삼절문(三節文)이다. "만일 그러하더라도, 나로 조금 자랑하게 어리석은 자로 받으라!" 다음 세 번째 문장은, 절이 넷이다. "내가 말하는 것은 주를 따라 하는 말이 아니요, 오직 어리석은 자와 같이 기탄 없이 자랑하노라". 네 번째 문장은, 절이 둘이다. "여러 사람이 육체를 따라 자랑하니, 나도 자랑하겠노라". 다섯 번째 문장도, 절이 둘이다. "너희는 지혜로운 자로서 어리석은 자들을 기쁘게 용납하는구나". 여섯 번째 문장도 이절문(二節文)이다. "누가 너희로 종을 삼을지라도, 너희가 용납하는도다". 다음에는 절편이 셋 나온다. "잡아먹거나, 사로잡거나, 자고(自高)하다 하거나". 다음 문장도, 절이 셋이다. "[누가] 뺨을 칠찌라도, … 우리가 약한 것 같이, 내가 욕되게 말하노라". [이어] 삼절문(三節文)이 추가된다. "그러나 누가 무슨 일에 담대하면, 어리석은 말이나마 나도 담대하리라". 이제 여기서부터는 의문문 하나가 제시된 다음, 이에 대한 답이 하나 나온다. [이것이 세 번 반복되어서,] 삼문삼답(三問三答)이 된다. "저희가 히브리인이냐? 나도 그러하며, 저희가 이스라엘인이냐? 나도 그러하며, 저희가 아브라함의 씨냐? 나도 그러하며". 그러나 네 번째 문구(文句)는, 비슷한 의문문이 [먼저] 제시되기는 하지만, [답은] 다른 것과 길이를 맞추지 않고, 소절(小節)로 화답하게 되어 있다. "저희가 그리스도의 일군이냐? [정신 없는 말을 하거니와,] 나도 더욱 그러하도다".

문답 형식을 [이렇게] 아주 멋있게 매듭지은 다음, 네 개의 문구가 연달아 제시된다. "내가 수고를 넘치도록 하고, 옥에 갇히기도 더 많이 하고, 매도 수없이 맞고 여러 번 죽을 뻔하였으니". 이어서 짤막한 문구 하나가 삽입되는데, 이것은 억양(抑揚)을 주어서 [이어지는 문구와] 구별을 하게 되어 있다. "유대인들에게 다섯 번". 이것에 다른 문구 하나가 연결되어, 두 문구가 하나의 문장을 이룬다. "사십에 하나 감한 매를 맞았으며". 여기서 절편(節片)으로 돌아가, 세 개가 연달아 나온다. "세 번 태장으로 맞고, 한 번 돌로 맞고, 세 번 파선하는데". 이어서 다음 문구가 나온다. "일주야를 깊음에서 지냈으며". 그리고는 14개의 절편(節片)이 지극히 멋진 박진감을 보이며 쏟아져 나온다. "여러 번 여행에 강의 위험과, 강도의 위험과, 동족의 위험과, 이방인의 위험과, 시내의 위험과, 광야의 위험과, 바다의 위험과, 거짓 형제 중의 위험을 당하고, 또 수고하며 애쓰고, 여러 번 자지 못하고, 주리며 목마르고, 여러 번 굶고, 춥고 헐벗었노라". 이 뒤에 삼절문(三節文)을 집어 넣었다. "이 외의 일은 고사하고, 오히려 날마다 내 속에 눌리는 일이 있으니, 곧, 모든 교회를 위하여 염려하는 것이라". 그리고, 이에 연이어서 두 개의 의문문이 나온다. "누가 약하면, 내가 약하지 아니하며, 누가 실족하게 되면, 내가 애타하지 않더냐?" 맨 마지막으로 이 인용문 전체가, 가쁜 숨을 몰아쉬는 것 같이 하며, 이절문(二節文)으로 끝을 맺는다. "내가 부득불 자랑할진대, 나의 약한 것을 자랑하리라". 이처럼 박진감 넘치는 문단(文段) 다음에 짤막한 서술을 집어 넣어, 자기 자신도 좀 쉬고, 듣는 사람도 쉬게 만든다. 이 대목이 얼마나 멋있고, 얼마나 감미로운지는 형언(形言)하기 어렵다. 이 대목은 다음과 같이 되어 있다.

> 주 예수의 아버지, 영원히 찬송할 하나님이 나의 거짓말 아니하는 줄을 아시느니라(고후 11:31).

그리고는 자기가 얼마나 큰 위험에 처했었고, [그것에서] 어떻게 빠져 나왔는지를 아주 짧게 이야기한다.

성경 기자들은 언변을 갖추었으면서도 그것을 과시하지 않음

제7장 (14) [이 대목을] 더 자세하게 취급하는 것, 혹은, 성경의 다른 대목에 대해 또 취급하는 것은 장황한 일이다. 나는 오직, 수사학에서 가르치는 비유적 표현 역시, 사도 바울이 한 말 중 최소한, 내가 인용한 대목에서 찾아볼 수 있다는 사실을 지적하고 싶을 따름이다. 진중한 사람들은, 내가 하는 이야기가 장황하다고는 생각하지 않을 것이다. 이는, 내가, 공부하는 사람이라면 누구든지 충분하다 여길 그 이상의 내용을 말하지 않았기 때문이다. 이 모든 내용을 [수사학] 교사들이 가르친다면, 대단하게 보아 줄 것이고, [학생들은] 비싼 월사금을 내고 공부할 것이며, [선생들은] 허세를 크게 부리며 비싼 월사금을 받을 것이다. 내가 만약 이 문제를 더 자세하게 논한다면, 나 역시 허세를 부리는 사람으로 비쳐질 것 같아, 두려운 마음이 든다. 그러나 나는 잘못 배운 사람, 성경 기자들을 멸시해도 좋다고 여기는 사람들에게 답변을 해 줄 필요가 있었다. 잘못 배운 사람들은 언변을 지나치게 애지중지하지만, 성경 기자들은 언변을 갖추었으면서도, 그것을 과시하지 않기 때문이다.

바울 이외의 수많은 성경 기자들이 언변에 능숙함

제7장 (15) 그러나 혹자(或者)는, 내가 사도 바울을 [예로] 선택한 이유가, 바울이 [우리] 성경 기자들 중 [가장] 훌륭한 언변을 지녔기 때문이라고 생각할지도 모르겠다. 이는, 바울이, "내가 비록 말에는 졸하나, 지식에는 그렇지 아니하니"라고 말한 곳에서(고후 11:6), 반대자들에게 겉으로만 양보하는 것처럼 보이고, 실지로는 그것을 전혀 인정하지 않는 것처럼 보이기 때문이다. 그러나 바울이, "내가 비록 말에는 졸하나, 지식에는 그렇지 아니하니"라는 말을 했다면, 이를 액면 그대로 받아들일 수밖에 없을 것 같다. 명백히 바울은, 지식이 있다는 것은 주저 없이 인정한다. 이는, 지식이 없었었다면, 바울은 이방인의 교사가 되지 못하였을 것이기 때문이다. 물론, 우리가 바울을 언변에 능한 자의 본보기로 내세우고자 한다면, 그의 서신에서 예를 찾아야 할 것이다. 이는, "몸으로 대할 때는 약하고 말이 시원치 않다"고 주장한 그의 반대자들조차, "그 편지들은 중하고 힘이"(고후 10:10) 있다는 것을 인정했기 때문이다.

그래서 나는, 선지자들의 언변에 대해서도 무언가 말을 해야 한다고 생각한다. 선지자들의 글에는 설유법(說諭法)¹으로 말미암아 많은 것이 가려져 있다. 전의적(轉義的) 표현으로 가려진 것이 많으면 많을수록, 그것이 밝히 드러날 때, 기쁨도 그만큼 더 큰 법이다. 그러나, 이 자리에서는 몇 가지 예를 제시하되, 말의 내용에 대한 설명은 억지로 하지 않고, 표현 방법에 대해서만 언급하는 방향으로 하겠다. 그리고 특별히 선지자 한 사람의 책에 나오는 예를 제시하겠는데, 그는 자기를 양치기 내지 소치기였다고 하며,² 하나님의 부르심을 받고, [목자의 자리에서] 이끌려 나와, 하나님의 백성에게 예언을 하라고 보냄을 받았다 말한다. 그러나 『칠십인경』은 비록 하나님의 영의 감동을 받은 번역자들이 번역한 것이기는 하지만, 독자들의 관심을 영적인 의미를 궁구(窮究)하는 방향으로 돌리기 위하여, 여러 개소(個所)에서 [히브리어 원문 성경과는] 다른 내용을 이야기하는 것처럼 보인다. 따라서, 적지 않은 곳이 설유법을 사용해서 그런지, 애매모호해져 버리고 말았다. [이런 이유로 나는,] 히에로뉘무스(Hierōnymus) 장로가 히브리어에서 라틴어로 번역한 대본에서 [인용하도록 하겠다]. 그는 두 언어에 다 능통한 사람이다.

---

¹ 비유 속에 질책이나 권면을 포함시키는 방법. 라틴어로 tropologia라 함.

² 암 7:14-15 참조.

아모스가 방탕한 자들을 질책함

제7장 (16) 그래서, 불경건하고, 교만하고, 사치스러운 자들, 형제 사랑은 지극히 소홀히 하는 자들을 질책하면서 시골 사람 내지 시골 출신의 이 선지자는 이렇게 외치며 말했다.

> 화 있을찐저! 시온에서 안일한 자와, 사마리아 산에서 마음이 든든한 자, 곧, 열국 중 우승하여 유명하므로, 이스라엘 족속이 따르는 자들이여! 너희는 갈레에 건너가고, 거기서 대(大) 하맛으로 가고, 또 블레셋 사람의 가드로 내려가 보라! 그곳들이 이 나라들보다 나으냐? 그 토지가 너희 토지보다 넓으냐? 너희는 흉한 날이 멀다 하여, 강포한 자리로 가까와지게 하고, 상아 상에 누우며, 침상에서 기지개 켜며, 양떼에서 어린 양과, 우리에서 송아지를 취하여 먹고, 비파에 맞추어 헛된 노래를 지절거리며, 다윗처럼 자기를 위하여 악기를 제조하며, 대접으로 포도주를 마시며, 귀한 기름을 몸에 바르면서 요셉의 환난을 인하여는 근심치 아니하는 자로다.[1]

스스로를 박식하다, 달변이다 여기면서, 우리의 선지자들에 대해서는 무식하다, 말하는 법을 모른다 멸시하는 자들이 만약 [아모스와] 같은 상황에서 [아모스와] 같은 내용의 말을 해야 할 경우, [과연 아모스와] 다른 표현을 할 생각을 할까? 그자들에게 미치광이가 될 뜻이 없다면 말이다.

---

[1] 암 6:1-6.

암 6:1-2에서 수사학 규칙을 찾아냄

제7장 (17) 제대로 된 귀를 가진 사람이라면, 이 예언에서 아쉬움을 느낄 점이 대체 어디 있겠는가? 첫째, 우선 질타(叱咤)가, 마치 마비된 감각을 일깨우려는 듯이, 얼마나 큰 굉음을 내며 쏟아지고 있는가?

> 화 있을찐저! 시온에서 안일한 자와, 사마리아 산에서 마음이 든든한 자, 곧, 열국 중 우승하여 유명하므로, 이스라엘 족속이 따르는 자들이여!

둘째, 이스라엘 사람들의 나라에 광대한 땅을 허락하신 하나님의 은총에 이스라엘 사람들이 감사하지 아니한 것, "사마리아 산에서 마음이 든든한" 것에 대해 지적하는데, 이스라엘 사람들은 사마리아 산에서 우상을 숭배하였다.

> 너희는 갈레에 건너가고, 거기서 대(大) 하맛으로 가고, 또 블레셋 사람의 가드로 내려가 보라! 그곳들이 이 나라들보다 나으냐? 그 토지가 너희 토지보다 넓으냐?

이 말을 하는 도중에도 여러 지명이 마치 별빛처럼 연설을 장식해 준다. 시온, 사마리아, 갈레, 대(大) 하맛, 블레셋 사람의 가드 등. 그리고 이들 지명에 연결된 동사들도 아주 다채로워, 멋있기 한량없다. "안일하다", "든든하다", "건너가다", "가다", "내려가다" 등.

암 6:3-4의 수사학 규칙

제7장 (18) 이어서, 장차 악한 왕 치하에서 당할 포로 생활이 임박해 오고 있음을 선포한다.

> 너희는 흉한 날이 멀다 하여, 강포한 자리로 가까와지게 하고, …

다음으로는, 사치의 죄상에 대한 질타가 이어진다.

> 상아 상에 누우며, 침상에서 기지개 켜며, 양떼에서 어린 양과, 우리에서 송아지를 취하여 먹고, …

이 여섯 절편(節片)은 세 개의 이절문(二節文)을 이룬다. 이는, 아모스가 다음과 같이 말하지 않았기 때문이다.

> 너희 흉한 날이 멀다 하는 자들, / 너희 강포의 자리로 가까워지게 하는 자들, / 너희 상아 상에 누운 자들, / 너희 침상에서 기지개를 켜는 자들, / 너희 양떼에서 어린 양을 취하여 먹는 자들, / 너희 우리에서 송아지를 취하여 먹는 자들아!

물론, 이런 식으로 말을 했어도 멋은 있었을 것이다. 즉, 여섯 절편 모두가 동일한 대명사로 매번 반복해서 시작하고, 각 절편이 마찬가지 억양으로 끝났다고 해도 말이다. 그러나, 대명사 하나에 두 절편을 묶어, 세 개의 문장을 만듦으로써 훨씬 더 멋이 있게 되었다. 곧, 첫째 문장은 포로 생활의 예고가 되어, "너희는 흉한 날이 멀다 하여, 강포한 자리로 가까와지게 하고"라 하였고, 둘째 문장은 정욕을 지적하여, "상아 상에 누우며, 침상에서 기지개 켜며"라 하였고, 셋째 문장은 식탐과 관련하여 "양떼에서 어린 양과, 우리에서 송아지를 취하여 먹고"라 하였다. 결과적으로, 낭독자의 재량에 따라 각 절편을 끊어서, 여섯 개 문장이 되게 하거나, 혹은 첫째, 셋째, 다섯째 절편에 억양을 넣고, 둘째 절편은 첫째 절편에, 넷째 절편은 셋째 절편에, 넷째 절편은 다섯째 절편에 연결시켜, 세 개의 이절문(二節文)을 아주 멋있게 만들 수도 있다. 그래서, 첫 번째 문장으로는 임박한 재앙을, 두 번째 문장으로는 부정(不淨)한 침상(寢牀)을, 세 번째 문장으로는 무절제한 식탁을 묘사할 수 있다.

암 6:5-6의 수사학 규칙

제7장 (19) 선지자는 이어서 귀를 즐겁게 하는 것을 책망한다. 그런데 "비파에 맞추어 헛된 노래를 지절거리며"라고 말할 때, 음악이 지혜로운 자들에 의해 지혜롭게 행해질 수 있기 때문에, 공격의 강도(强度)를 경이(驚異)로운 화술(話術)로 약화시키면서, 이인칭에서 삼인칭으로 살짝 바꾼다. 이는, 지혜로운 자들의 음악과 쾌락주의자들의 음악을 구별해야 한다 우리에게 권면하기 위해서다. 그래서, "비파에 맞추어 헛된 노래를 지절거리는 자들아! 너희가 다윗처럼 너희를 위하여 악기를 제조하며"라고 하지 않고, "비파에 맞추어 헛된 노래를 지절거리며"라고 쾌락주의자들이 반드시 들어야 할 말을 그들에게 한 다음, 그들의 무지함을 마치 다른 사람들에게 돌리는 것 같이 하면서, "다윗처럼 자기를 위하여 악기를 제조하며, 대접으로 포도주를 마시며, 귀한 기름을 몸에 바르면서"라는 말을 덧붙인다. 이 세 절편(節片)을 보다 세련되게 낭독하려면, 앞의 두 절편의 끝은 억양을 높여 끊고, 세 번째 절편으로 문장을 마쳐야 한다.

암 6:6의 수사학 규칙

제7장 (20) 그런데, 선지자는 지금까지의 모든 절편(節片)에 다음 문장을 덧붙인다.

> 요셉의 환난을 인하여는 근심치 아니하는 자로다.

이 문장은, 마치 절(節)이 하나인 것처럼, 통으로 낭독해도 좋지만, "요셉의 환난을 인하여는"에서 일단 숨을 멈춘 다음, 이어서 "근심치 아니하는 자로다"를 낭독하여, 마치 이절문(二節文)인 것처럼 하면, 더 멋이 있을 수 있다. 선지자가 "형제의 환난을 인하여는 근심치 아니하는 자로다"라고 말하지 않은 것, 그래서 "형제"라는 말 대신에 "요셉"이라는 말을 사용한 것은 놀라울 정도의 [수사학] 솜씨를 드러낸 것이다. 이는, 형제들 중 요셉이, 그가 당한 고난으로 보거나, 그가 베풀어 준 선행으로 보거나, 명성이 가장 탁월하여, 그 자신의 이름을 가지고 어느 형제든지 다 가리킬 수가 있기 때문이다. 요셉이 어느 형제나 다 의미한다는 전의법(轉義法)이, 우리가 배우고 가르쳤던 수사학에 있는지, 나는 알지 못한다. 그러나, 이 전의법이 얼마나 훌륭한 것인지와, 이것을 읽고 이해하는 사람들에게 어떠한 영향을 끼치는 것인지에 대해서는, 스스로 감지(感知)하지 못하는 사람에게 구태여 말해 줄 필요가 없다.

성경 기자들은 그들을 보내신 분의 뜻에 따른 사람들

제7장 (21) 그런데 수사학 규칙에 관련되는 것을, 우리가 예(例)로 제시한 이 대목에서 많이 찾아볼 수 있다. 하지만, [성경 말씀을] 듣는 사람이 제대로 된 사람이라면, 열심히 토론을 하여 많이 배우겠지만, 이보다는 불을 토하듯 낭송을 함으로써, [마음에] 불이 붙어야 할 것이다. 이는, 이 [성경] 책이 만들어진 것은 사람의 노력에 의한 것이 아니고, 하나님의 영으로 말미암아 지혜와 언변이 [성경 기자들에게] 주어졌기 때문이다. 그래서, [성경 기자들에 있어] 지혜가 언변을 짐짓 추구한 것이 아니지만, 지혜로부터 언변이 떠나지 않은 것도 사실이다. 정말이지, 수사학에서 배우는 규칙을 준수하고, 기록하고, 수사학 교과 내용 속에 포함시키는 유일한 이유는, 그 규칙을 웅변가들의 천부적 재능으로 사전에 [자연스럽게] 발견했다는 데 있다. 이런 사실을 언변이 지극히 뛰어나고, 아주 명민한 사람들 중 몇 사람이 깨달았고, 그래서 발설하였다. 이런 재능을 주신 분은 하나님이시다. 그렇다면, 하나님이 보내신 사람들에게도 이런 재능이 있다고 해서, 그것을 이상하다 여길 일이 무엇인가? 우리는 그래서, 우리의 정경(正經) 기자들 겸 교사들이 지혜로웠을 뿐 아니라, 언변도 훌륭했다 선언하는 것이다. 즉, 그들의 언변은, 그들과 같은 인물이라면, 마땅히 갖추어야 할 것이었다.

성경 기자들의 언변이 훌륭했다 해서, 그들의 애매모호한 표현법을 기독교 교사들이 모방해서는 안 됨

제8장 (22) 그러나, 성경 기자들의 글이 어렵잖게 이해가 된다 해서, 또 그들의 글에서 여러 대목을 우리가 언변의 표본으로 인용했다 해서, 그들이 애매모호하게 표현한 것까지, 우리가 모방해도 된다 생각해서는 안 된다. 그들이 애매모호한 표현을 사용한 이유는, 독자들의 정신을 연단하고, 어떤 방법으로든 갈고 닦기 위해서, 배우고자 하는 사람들의 태만함을 부수고, 열심을 불러 일으키기 위해서, 불경건한 사람들의 마음을 어둡게 하여, 그들이 경건으로 돌아서게 만들든지, 아니면, [신앙의] 신비를 깨닫는 일에서 [아예] 제외되게 만들기 위해서다. [이런 의미에서 성경의] 애매모호함은 유익한 것, 구원에 도움이 되는 것이다. 성경 기자들이 이러한 표현을 사용한 것은, 후세 사람들이 그들의 말을 올바로 이해하고 해석할 경우, [성경 기자들이 받은 은총과는] 비교할 수 없지만, 그래도 그 은총과 연결되어 있는, 제2의 은총을 하나님의 교회 안에서 받을 수 있게 하기 위해서였다. 그러므로, [성경 기자들의 글을] 해설하는 자들은 자기들의 해설이 [성경 기자들의] 말과 비슷한 권위가 있는 것처럼 내세우지 말아야 할 것이다. 도리어 무슨 말을 하든지, 일차적으로, 또 가장 주안점을 두어야 할 것은, 이해하기 쉽게 말하려고 노력하는 일이다. 그러므로, 우리가 하는 말은, 가능한 한, 명확해야 한다. 그래서, 사람들이 이해를 못하는 것이, 사람들이 매우 우둔해서든지, 아니면, 우리가 해설 내지 규명해 주려고 하는 내용의 어려움 혹은 미묘함 때문이든지 간에, 우리가 말하는 바를 사람들이 제대로 이해하지 못하거나, 이해하는 데 시간이 오래 걸리는 이유가 우리의 말 표현에 있어서는 안 될 것이다.

이해하기 어려운 내용을 취급해야 할 대상과 방법

제9장 (23) 물론, 말하는 사람이 언변에 아무리 뛰어나고, 아무리 오랫동안, 아무리 쉽게 설명을 한다 해도, 내용의 성격상 이해가 전혀 안 되거나, 거의 안 되는 대목이 있기는 하다. 이런 내용은, 일반 사람들이 듣는 데서는 절대 전혀 다룰 필요가 없고, 혹 꼭 다루어야 한다면, 불가피한 사정이 있을 때에 한하여, 극히 제한적으로 다루어야 한다. 그러나 책의 경우는, 사정이 다르다. 책의 경우는, 이해가 되는 경우, 어떤 방식으로든 독자의 마음을 사로잡을 수 있을 것이지만, 이해가 되지 않는 경우, 읽고 싶어하지 않는 사람들이 있을 수는 있어도, [책이] 이런 사람들에게 마음의 부담을 주는 것은 아니다.

그런데 우리로서는, 우리 자신이 이미 이해한 내용을, 그 내용이 아무리 이해하기 어려운 내용이라 하더라도, 사람들과의 대화를 통하여 이해시키려는 노력을 하는 것이 의무이기 때문에, 이 의무를 등한시해서는 안 된다. [경우에 따라서는,] 아무리 힘이 들더라도, 토론을 통하여 다른 사람들을 이해시키려는 노력을 끝까지 해야 할 때도 있다. 듣는 사람 혹은 함께 이야기하는 사람에게 배우려는 의욕이 있고, 이해력이 결여되어 있는 것이 아니라면, 우리가 전달한 내용을 어떤 방법으로든 받아들일 수 있을 것이다. 가르치는 사람은, 얼마나 훌륭한 언변으로 가르칠까 염려해서는 안 되고, 얼마나 명확하게 가르칠까에 신경을 써야 한다.

말을 할 때는 명확하게 하려고 노력해야 함

제10장 (24) 말의 명확성을 열심히 추구하다보면, 세련된 언어를 구사하는 일을 등한시하게 될 때가 있고, 어떻게 하면 듣기 좋게 말을 하느냐보다는, 어떻게 하면, 우리가 제시하고자 하는 내용을 잘 설명하고 전달하느냐에 관심을 기울이게 된다. 그래서 혹자(或者)는 이러한 수사법에 대해 논하면서 말하기를, 이 속에는 모종의 "고의적인 부주의"[1]가 있다고 한 적이 있다.

그러나 이렇게 [말에서] 화려한 수식(修飾)을 제거한다 해서, 저속한 말을 사용한다는 뜻은 아니다. 훌륭한 교사들은, 불명확하거나 애매모호한 단어 외에는 적절한 라틴어 단어가 없을 경우에는, 속어(俗語)를 써서라도, 불명확함이나 애매모호함을 피하고자 많은 노력을 기울이며, 또 그런 노력을 기울여야 한다. 그래서 학자들이 사용하는 것 같은 표현보다는 무학자(無學者)들이 일반적으로 사용하는 것 같은 표현을 사용한다.

우리 번역자들이 [시편을 번역하면서] "Nōn congregābō conventicula eōrum dē sanguinibus"[2]라는 표현을 거침없이 썼는데, 그들이 라틴어에서는 [원래] 오직 단수로만 사용되는 sanguis(= "피")라는 단어를 여기서 복수로 사용한 것은, 그래야 내용을 파악하는 데 도움이 된다고 여겼기 때문이다. 그렇다면, [기독교적] 경건을 가르치는 교사가 무학자(無學者)들을 상대로 os라는 단어 대신에 ossum이라는 단어를 사용하는 것을 주저할 필요가 어디 있겠는가? 이것은, os를 ossa(= "뼈들")의 단수가 아니라, ōra(= "입들")의 단수로 이해할 염려가 있기 때문이다. 사실, 북아프리카 사람들은 단모음과

---

[1] Cicerō, *Dē ōrātōre* III, x, 37-39; Quīntiliānus, *Dē īnstitūtiōne ōrātōriā* VIII, ii, 22ff.

[2] 시 16:4 ("⋯ 나는 저희가 드리는 피의 奠祭를 드리지 ⋯ 아니하리로다").

장모음을 잘 구별하지 못한다. 듣는 사람이 이해하지 못한다면, 순정(純正)한 말을 쓸 필요가 도대체 어디에 있단 말인가?

우리가 말을 하는 것은 상대방을 이해시키기 위해서다. 그런데 우리가 말하는 내용을, 상대방이 이해하지 못한다면, 우리가 하는 말은 말의 목적과는 전혀 상관이 없게 되지 않겠는가? 그러므로, 가르치는 사람은 가르침에 방해가 되는 말은 절대 하지 말아야 한다. 물론, 이 같은 속어를 사용하지 않아도, 순정(純正)하면서도 이해하기 쉬운 말이 있다면, 당연히 이런 말을 사용해야 할 것이다. 그러나, 이런 말이 없거나, 현시점에서 생각나지 않아, 이런 말을 사용할 수 없다면, 좀 덜 순정한 말이라도 사용할 필요가 있다. 문제의 핵심은, 내용을 제대로 가르치고 배울 수 있느냐 하는 것이다.

듣는 사람은 참된 것을 들어야 하고, 들은 것을 이해해야 함

제10장 (25) [우리가 하는 말을, 듣는 사람이] 이해하는 것이 매우 중요하다. 이것은, 한 사람 내지 몇 사람과 대화를 나눌 때만 그런 것이 아니다. 오히려 대중 앞에서 강론을 할 때 훨씬 더 그렇다. 우리는 이 사실을 강조해야 한다. 이는, 대화의 경우에는 모든 사람에게 질문하는 것이 허용되기 때문이다. 그런데, 모든 사람들이 한 사람의 이야기를 듣기 위해 침묵을 지키면서, 그가 하는 말에 주의를 집중하는 경우에는, 이해하지 못한 내용이 있다 해서, 아무나 질문을 하는 것은 예의도 아니고, 올바른 일도 아니다. 그러므로, 이런 경우에는 말을 하는 사람이 침묵하고 있는 사람들에게 아주 각별히 신경을 써야 한다. 물론, 청중에게 알고자 하는 열성이 있다면, 자기네가 이해했는지, 이해하지 못했는지를 보통 몸동작을 통해 표시게 되어 있다.

[그래서] 이해하고 있다는 표시를 하는 경우는, 여러 가지 다양한 수사법을 사용하여 계속 강론을 이끌고 가야 한다. [하지만,] 준비한 내용을 기억에 의존하여 축어적(逐語的)으로 발표하는 사람은, 이렇게 할 형편이 못될 것이다.

여하간, [청중이] 이해하였음을 확인하였으면, 그 즉시 강론을 끝내든지, 아니면, 다른 내용으로 넘어가야 한다. 이는, 알아야 할 내용을 잘 설명해 주는 사람에게 호감이 가는 것처럼, 이미 아는 내용을 또 이야기해 주는 사람은 힘들게 하는 사람 같이 느껴지기 때문이다. 특별히 이것은, 취급되고 있는 내용의 어려움이 해결될 것이라는 기대에 가득 차 있는 청중을 앞에 둔 경우에 명심해야 할 사항이다. 물론, 이미 아는 내용이라도 재미를 위해 이야기할 때가 있다. 하지만 이런 경우는, 이야기의 내용보다도 이야기의 방식에 관심이 쏠린다. 만약에 이야기의 방식까지 다 알고 있는데, 그래도 청중이 그 이야기를 좋아한다면, 그 이야기를 해 주는 사람이 강사이든, 낭독자이든, 상관이 없다. 이는, 잘 씌어진 글은 그 글을 처음으로 대하는 사람들에게만 재미있게 느껴지는 것이 아니고, 그 글의 내용을 이미 다 알고 있는 사람들, 그래서, 그 글의 내용을 여태 잊지 못하고 기억 속에서 지우지 못하고 있는 사람들도, 그 글이 다시 낭독될 때, 유쾌함을 금하지 못하기 때문이다. [여하간, 정말로 재미있는 이야기는] 두 부류의 사람들 모두 즐거운 마음으로 들어 준다. 그러나, 누구든 일단 잊어버린 것에 대해 다시 상기시킴을 받는다는 것은 가르침을 받는다 것을 의미한다.

하지만, 지금 나는 [이야기를] 재미있게 하는 방법에 대해 말하고 있지 않고, 도리어 배우고자 하는 열성을 가진 사람들을 어떻게 가르칠지, 그 방법에 대해 말을 하고 있다. 듣는 사람이 참된 것을 듣고, 들은 것을 이해하는 것. 이것이 일어난다면, 이것이야말로 최상의 방법이다. 이 목적이 달성된 경우에는, 같은 내용에 대해 계속 더 가르치는 것은 헛수고이므로, 할 필요가 없다. 다만, 마음에 [깊이] 새겨지도록 권면하는 것은 혹 필요할 수 있다. 그러나, 이런 권면이 필요한 것처럼 생각될 때에도, 분별 있게 하여, 지루한 느낌을 주지 말아야 할 것이다.

가르치고자 하는 자가 명확하게 말을 해야 하지만, 말을 재미없게 해서는 안 되는 이유

제11장 (26) 가르치는 데 사용되는 언변은, 우리가 말을 함으로써, 사람이 무서워하던 것을 좋아하게 만들고, 혐오하던 것을 행하게 만드는 데 목적이 있는 것이 아니라, 감추어져 있던 것을 드러나게 만드는 데 목적이 있다. 그러나 재미없는 교수법으로 가르친다면, 소수의 아주 열심 있는 사람들에게만 결실이 있을 것이다. 이런 사람들은, 일단 배워야 할 내용이라면, 비록 [교사가 아무리] 재미없게, [아무리] 세련되지 못하게 말을 한다 하더라도, [배워야 할 내용을] 알고자 하는 욕망에 불타오른다. [그리고 일단] 그 내용을 습득한 다음에는, 진리 자체로부터 꿀을 먹임 받아, 즐거움을 누리게 된다. [사실,] 훌륭한 재능을 가진 사람의 특징은 언어 [자체]를 사랑하는 것이 아니라, 언어 속에 깃들인 진리를 사랑하는 데 있다. 정말이지, 열쇠가 아무리 황금으로 되어 있다 하더라도, 열고자 하는 것을 열지 못한다면, 무슨 소용이 있겠는가? 혹은, [이렇게 말할 수도 있다]. 닫힌 것을 여는 것. 오직 이것만을 우리가 원할 때, 이것이 가능하다면야, 열쇠가 나무로 되어 있다 한들, 그것이 무슨 문제가 되겠는가? 그러나 [음식을] 먹는 사람들과 배우는 사람들 사이에는 비슷한 점이 적지 않다. 음식물이 없으면, 사람은 살 수가 없다. 하지만 많은 사람들이 입맛을 느끼지 못하기 때문에, 양념을 쳐 주어야 한다.

웅변가의 과제: 가르치기, 즐겁게 하기, 감동시키기

제12장 (27) 그래서, 어느 웅변가가 말하기를, "웅변가는 말을 하되, 가르치기 위해, 즐겁게 하기 위해, 감동시키기 위해 말을 해야 한다"고 하였는데, 이 말은 옳은 말이다.[1] [그 웅변가는] 그 다음에 이 말을 덧붙였다.

> 가르치기는 필수 사항이고, 즐겁게 하기는 유쾌함에 관계된 문제고, 감동시키기는 승리에 관계된 문제다.

이 셋 중에서 첫 번째 자리에 위치하는 것, 곧, 필수 사항인 가르치기는, [우리가 말하는] 내용에 관계하는 것이고, 나머지 둘은, 우리가 말하는 방법에 관계하는 것이다. 그래서 말을 하는 사람이 가르치고자 할 때는, [상대방이 자기의 말을] 이해하지 못하고 있는 동안은, 자기가 가르치고자 하는 내용을, 자기의 가르침을 받는 상대방에게 다 말했다고 생각해서는 안 될 것이다. 자기는 그것을 이해하고 있고, 자기가 이해하고 있는 바로 그것을 자기가 말을 했다고 하지만, 자기의 말을 이해하지 못하고 있는 상대방 입장에서는, 말을 아직 해 주지 않은 것이나 다름이 없기 때문이다. 반면, [상대방이] 이해를 했다면, 어떤 방법으로 말을 했든지 간에, 말을 한 것이다.

그런데 말을 통해 상대방을 즐겁게 하기 내지는 감동시키기까지를 원한다면, 아무렇게나 말을 해서는 안 될 것이다. 목적을 달성하기 위해서는, 어떻게 말하는가가 중요하다. 그래서, 듣는 사람으로 하여금 [자기 말에] 계속 귀를 기울이게 하려면, 그 사람으로 하여금 즐거움을 느끼게 해야 한다. 이와 마찬가지로, 그 사람을 움직여 [무슨 일을] 하게 하려면, 그 사람을 감동시켜야 한다.

---

[1] Cicerō, Ōrātor xxi, 69.

여하튼, 그대가 재미있게 말을 하면, 상대방은 즐거움을 느낀다. 이와 마찬가지로, 그대가 제시하는 것을, 상대방이 좋아하고, 그대가 경고하는 것을, 상대방이 두려워하고, 그대가 규탄하는 것을, 상대방이 증오하고, 그대가 권면하는 것을, 상대방이 받아들이고, 그대가 통탄스럽다 말하는 것을, 상대방이 통탄스럽다 여긴다면, 상대방은 감동된 것이다. [감동된 사람은,] 그대가 기뻐하자 선포하는 것을 기뻐할 것이고, 그대가 말을 통해 동정해야 할 사람들이라고 눈앞에 제시해 주는 사람들을 동정할 것이고, 조심해야 할 사람들이라고 무섭게 경고하는 사람들을 피할 것이다. 이밖의 어떠한 것이라도 장중체의 웅변을 통해 청중의 마음을 움직이기 위해 할 수가 있다. [그러나, 여기서는] 무엇을 해야 할지를 알게 하는 것이 목적이 아니고, 해야 한다는 것을 알고 있는 것을 [실제로] 행하게 하는 것이 목적이다.

가르치기보다는 감동시키기를 먼저 해야 하는 청중

제12장 (28) 그런데 [청중이 무엇을 해야 할지를] 아직 모른다면, 그들을 감동시키기 전에 먼저 가르쳐야 한다. 그래서, 그들이 [무엇을 해야 할지를] 알게 된 다음에는, 그들의 마음이 혹시 움직일지도 모르고, 그래서 그들을 감동시키기 위해, 굳이 웅변의 힘을 기창하게 사용힐 필요가 없을시도 모른다. 하지만 감동시키는 것이 필요하다면, 해야 한다. 단, 이것이 필요한 때는, 무엇을 해야 할지 알면서도 하지 않을 때다. 그리고 바로 이 때문에 가르치는 일이 필수적인 일이 된다. 이는, 사람들은 아는 것을 할 수도 있고, 하지 않을 수도 있기 때문이다. 그러나 모르는 일을 해야 한다는 말을 누가 할 수 있겠는가? 그래서, 바로 이 때문에 감동시키는 일은 필수 사항이 못

된다. 이는, 청중이 가르치기만 해도, 혹은 즐겁게 해 주기만 해도, 동의를 해 준다면, 감동시키는 것이 꼭 필요한 것이 아니기 때문이다. 그러나 승리 여부는 감동시키기가 결정한다. 이는, 가르치기와 즐겁게 하기가 성공한다 해도, 동의를 얻어내지 못할 수가 있기 때문이다. 이 세 번째 것이 불가능하다면, 앞의 두 가지가 도대체 무슨 소용이 있겠는가?

 그런데 즐겁게 하기도 필수 사항은 아니다. 이는, 가르침을 통해 진리가 제시되는 것이고, 진리의 제시가 가르침의 목적인데, 웅변을 통해서는 이 목적이 달성되지 않기 때문이다. 혹은 진리 자체 내지는 웅변 자체를 가지고는 즐겁게 하는 일을 추구하지 않기 때문이다. 도리어 진리가 진리임이 밝혀질 때, 진리가 스스로 즐거움을 불러 일으킨다. 그러므로 거짓도, 그것이 [거짓임이] 밝혀질 때, 또 논박을 당할 때, 즐거움을 불러 일으킨다. 이는, 거짓이, 거짓이기 때문에 즐거움을 주는 것이 아니라, 그것이 거짓이라는 사실이 참이기 때문에, 즐거움을 주는 까닭이다. 말이 즐거움을 주는 것도, 말을 통해 이것이 참되다는 것이 제시되기 때문이다.

말을 하는 최종적 목적은 마음을 움직이는 데 있음

제13장 (29) 그런데 까다로운 사람들은, 아무리 진리라 할지라도, 아무렇게나 말을 해서는 좋아하지 않고, 말하는 사람의 언사(言辭)가 마음에 들어야[만], 좋아하는 경우가 있다. 이런 사람들 때문에 웅변술에서 즐겁게 하기가 상당히 중요한 위치를 차지한다.

 하지만 강퍅한 사람들의 경우는, 즐겁게 하기를 보태는 것만 가지고는 충분하지 않다. 이런 사람들은, 아무리 이해를 시켜도, 또 아무리 즐겁게 해 주어도 별 도움이 되지 않는다. [어떤 연사의 말이] 참되다는 것을 인정을 하고, [그 연사의] 언변이 좋다는 것을 대단히 칭찬은 해 주면서도, 그 연사의 말대로 행동하기를 거부한다면, [가르치기와 즐겁게 하기.] 이 두 가지가 도대체 무슨 소용이 있겠는가? 연사가 무엇을 설득하고자 할 때는, 바로 이 감동시키는 일에 그가 하는 모든 말의 목적을 두는 것 아닌가? 이는, 다음과 같은 것을 가르치는 경우, 곧, 믿고 아는 것만으로도 충분한 것을 가르치는 경우에는, 그것에 동의한다는 것은, 그것이 참되다는 것을 인정하는 것과 전혀 다르지 않기 때문이다. 하지만, 해야 할 것을 가르치는 경우, 그래서 [무슨] 행동을 하도록 가르칠 경우에는, 말하는 대로 행동이 일어나지 않는 한, 아무리 말하는 바가 참되다는 사실을 인정하게 만든다 해도 헛일이고, 아무리 말하는 방법이 사람의 마음을 즐겁게 할 정도로 좋아도 헛일이다.

그러므로, 교회에서 강설(講說)을 하는 사람의 입장에서는, 청중을 설득하여 무슨 일을 행하게 하고자 하는 경우, 단순히 지식을 제공하기 위해 가르치는 것, 청중을 즐겁게 만들어 관심을 끄는 것으로는 안 된다. 도리어, 청중을 감동시켜, [그들의 마음을] 사로잡아야 한다. 진리를 제시하여, 그것이 옳다는 것을 인정하게 하였고, 거기에다 재미있는 말까지 덧붙였다 해도, 그것을 아직 행동에 옮기지 않고 있다면, 장중한 언변을 사용하여 청중을 감동시키는 일, 그래서, 그들의 마음을 얻는 일을 더 해야 한다.

청중의 관심을 끌기 위해서는 말을 재미있게 해야 함

제14장 (30) 사람들은 재미있는 것을 아주 좋아하기 때문에, 해서는 안 되는 일에 대한 이야기뿐 아니라, 피해야 할 일 내지 혐오해야 할 일에 대한 이야기도 대단히 많이 읽는다. 이런 이야기를 악랄하고 추잡한 사람들이 만들어 낸 다음, 교묘한 말로 사람들에게 주입시키지만, 사람들이 이런 이야기를 많이 읽는 것은, 그 내용에 수긍하기 때문이 아니라, 단순히 재미 때문이다. 그러나, 예레미야 선지자가 유대인의 회당에 대하여 경고하여 한, 다음과 같은 말은, 하나님이 자기 교회에 대해 경고하신 말씀으로 알아들어야 할 것 같다.

> 이 땅에 기괴하고 놀라운 일이 있도다. 선지자들은 거짓을 예언하며, 제사장들은 자기 권력으로 다스리며, 내 백성은 그것을 좋게 여기니, 그 결국에는 너희가 어찌하려느냐?[1]

참 [놀라운] 언변이다. 순수할수록 더 무섭고, 착실할수록 더 격렬하다. 아, 참으로 "반석을 쳐서 부스러뜨리는 방망이"(렘 23:29) 같다. 이는, 하나님이 거룩한 선지자들을 통하여 하신 말씀은 이와 비슷하다는 사실을 바로 이 선지자 [예레미야]를 통하여 하나님 자신이 말씀하셨기 때문이다.

그러므로 제사장들이 못된 말을 하는 사람들에게 박수를 치는 일, 하나님의 백성이 그것을 좋게 여기는 일이 있어서는 안 된다. 그런 일이 우리들에게는 있어서는 안 된다. 내가 말하지만, 이런 엄청난 광태(狂態)가 우리에게 있어서는 안 된다. 그랬다가는 결국에 우리가 무슨 일을 저지를지 [어찌 알겠는가]? 그러므로 우리가 하는 말을, 사람들이 이해를 좀 덜하고,

---

[1] 렘 5:30-31.

우리가 하는 말을, 사람들이 좀 덜 좋아하고, 우리가 하는 말에 좀 덜 감동을 받는다 해도, 우리는 참된 것을 말해야 한다. 그리고 사람들은 의로운 것을 즐거이 들어야지, 사악한 것을 즐거이 들어서는 안 된다. 그러나 사람들로 하여금 의로운 것을 즐거이 듣게 하려면, 이야기를 재미있게 하지 않으면 안 된다.

기독교적 학문은 말을 과다하게 하지 못하게 함

제14장 (31) 그런데, "내가 ... 많은 백성 중에서 주를 찬송하리이다"(시 35:18)는 말씀은 진중한 백성을 두고 하나님께 아뢴 말씀이지만, 진중한 백성은 귀만 즐겁게 하는 말을 좋아하지 않는다. 이런 말을 하는 사람은 비록 사악한 내용은 아니더라도, 하찮고, 쉽게 없어져 버릴 재화(財貨)를 놓고 현란한 말을 거품처럼 쏟아낸다. 그러나, 이런 말로는 중요하고, 쉬 없어지지 않는 재화에 대해서도 멋있으면서도 진중하게 표현하지 못한다.

[그런데, 유감스럽게도] 이런 말이 지극히 복된 퀴프리안(Cypriān)의 서한에 좀 나온다. 내가 믿기로는, 이런 말이 나온 것은 우연이든지, 아니면, 의도적인 것이라 해도, 건전한 기독교 학문은 말을 과다하게 하는 것과 거리가 멀다는 것, 언변을 사용하더라도 보다 진중하고 절도 있게 사용해야 한다는 것을 후세에 알리기 위함이 아닐까 한다. 그의 후기 작품에는 이와 같이 진중하고 절도 있는 언변이 사용되었고, 사람들은 그의 후기 작품을 아무 두려움 없이 애호하고, 열성적으로 모방하지만, 이와 같은 언변에 도달하는 것은 지극히 어려워한다. 예를 들어, 그는 어느 대목에서 다음과 같은 말을 한다.

이 자리에 앉기로 하세! 지척에 있는, 한적한 곳이 은신처가 되고 있네. 여기는, 사방으로 뻗은 포도나무 덩굴들이 얼기설기 매달려 받침목을 휘감고 있고, 지붕은 잎사귀로 가득 덮여, 마치 포도나무로 정자를 만든 것 같네.[1]

이 글에는 수사학적 기교가 놀랄 만큼 풍부하게 넘쳐나고 있는 것이 사실이다. 하지만, 지나친 미사여구가 [사용되어,] 진중한 사람들에게 호감을 주지 못한다. 그러나, 이런 것을 좋아하는 사람들은, 이런 방식으로 말하지 않고, 보다 소박한 표현을 사용하는 사람들에 대하여, 이들이 의도적으로 이런 표현 방식을 피하는 것이라 생각하지 않고, 언변을 구사할 줄 몰라서 그러는 것이라 생각한다. 이런 이유로 이 거룩한 인물은, 자기에게 그렇게 말할 능력이 있음을 [한번] 보여 주었다. [그리고는] 그후로는 말을 할 때, 절대 이런 표현 방식을 사용하지 않음으로써, 이런 표현 방식을 사용할 의사가 없음 또한 보여 주었다.

교회의 교사는 모임에서 말하기 전에 하나님께 기도해야 함

제15장 (32) 그러므로 [교회에서] 언변을 사용하는 우리는 의롭고, 거룩하고, 선한 것만을 말해야지, 이 밖의 다른 것을 말해서는 안 된다. 그런데 우리가 의롭고, 거룩하고, 선한 것을 말할 때는, 듣는 사람들이 되도록 이해하기 쉽게, 재미있게, 순종하는 마음을 가질 수 있게 해야 한다.

    그런데 우리가 과연 이렇게 말할 수 있느냐 하는 것과, 우리가 얼마만큼 이렇게 말할 수 있느냐 하는 것은, 말하는 사람의 능력에 달려 있다기보다는, 오히려 경건한 기도 생활에 달려 있다는 사실은 의심할 여지가 없다. 그러

---

[1] Cypriān, *Epistula ad Dōnātum* i.

므로 우리는 우리 자신과, 우리의 말을 듣는 사람들을 위하여 기도함으로써, 말하는 자가 되기 이전에 먼저 기도하는 자가 되어야 한다. 말을 해야 할 시간이 다가오면, 그는 혀를 놀려 말을 하기 전에, [자기의] 목마른 영혼을 하나님께 올려 드려, [자기가 먼저] 마셔 본 것을 토해 내고, [자기에게] 가득 차 있는 것을 쏟아 내야 할 것이다.

믿음과 사랑에 따라 취급해야 될 문제에 대하여는 해야 될 말이 많고, 전문가 입장에서는 말하는 방법도 가지가지가 있을 수 있다. 하지만, 지금 이 시간 우리가 무엇을 말해야 하는지, 혹은 청중이 우리를 통해서 무엇을 듣는 것이 좋은지는, 모든 사람들의 마음을 감찰하시는 분말고 누가 알겠는가? 또, 우리로 하여금 말해야 할 것을 말하게 하시고, 우리로 하여금 말해야 방도대로 말하게 하시는 분이 누구신가? 그 분의 손에 우리 자신이나, 우리의 하는 말 모두가 달려 있는데, 하나님말고 그런 분이 어디에 있겠는가?

바로 이런 이유 때문에, 알기를 원하는 사람, 가르치기를 원하는 사람은 가르쳐야 할 내용을 실로 모두 배워야 하는 것이고, 교회의 사역자에게 합당한 언어 구사 능력을 갖추어야 하는 것이다. 그러나 강론 시간에 임해서는 오히려, 선한 심령을 가지고 주께서 하신, 다음과 같은 말씀에 합치하는 사람이 되는 일에 착념(着念)해야 할 것이다.

> 너희를 넘겨 줄 때에, 어떻게 또는 무엇을 말할까 염려치 말라! 그 때에 무슨 말할 것을 주시리니, 말하는 이는 너희기 아니라. 니희 속에서 밀씀하시는 사, 곧, 너희 아버지의 성령이시니라(마 10:19-20).

그러므로 그리스도 때문에 박해자들의 손에 넘겨지는 사람들 속에서도 성령께서 말씀하신다면, 배우는 사람들에게 그리스도를 전해 주는 사람들 속에서 어찌 말씀하시지 않겠는가?

하나님이 비록 교사를 세우신다 해도, 사람이 교육의 지침을 만드는 것을 불필요하다 할 수 없음

제16장 (33) 그런데, 교사들을 성령께서 세우신다고 하면, 사람들에게 무엇을 어떻게 가르쳐야 할지에 대해 지침을 내려서는 안 된다고 말하는 사람은, 우리가 [구태여] 기도를 할 필요가 없다는 말도 할 수 있다. [그런 사람이] 이유로 내세우는 것은 주님의 다음과 같은 말씀이다.

> 구하기 전에 너희에게 있어야 할 것을 하나님 너희 아버지께서 아시느니라 (마 6:8)

[그런 사람은] 또, 사도 바울이 디모데와 디도에게, 무엇을 어떻게 남들에게 가르쳐야 할지에 대해 지침을 내리지 말았어야 했다[는 주장도 한다. 그러나] 교회에서 가르치는 위치에 선 사람은 [사도 바울의] 이 세 통의 편지에서 눈을 떼지 말아야 한다. 디모데전서에서 우리는 다음과 같은 글을 읽을 수 있지 않는가?

> 네가 이것들을 명하고 가르치라 (딤전 4:11)

이것이 무엇을 의미하는지 [나는 이미] 앞에서 말한 바 있다. 같은 편지에서 바울은 [또] 다음과 같은 말을 하지 않았는가?

> 늙은이를 꾸짖지 말고 권하되 아비에게 하듯하며, 젊은이를 형제에게 하듯하고 (딤전 5:1)

디모데후서에서 바울은 디모데에게 다음과 같은 말을 한다.

> 너는 [그리스도 예수 안에 있는 믿음과 사랑으로써] 내게 들은 바 바른 말을 본받아 지키고 (딤후 1:13)

같은 책에 다음과 같은 말씀도 나오지 않는가?

> 네가 진리의 말씀을 옳게 분변하며 부끄러울 것이 없는 일군으로 인정된 자로 자신을 하나님 앞에 드리기를 힘쓰라 (딤후 2:15)

같은 책에 다음과 같은 말씀도 있다.

> 너는 말씀을 전파하라 때를 얻든지 못 얻든지 항상 힘쓰라 범사에 오래 참음과 가르침으로 경책하며 경계하며 권하라 (딤후 4:2)

마찬가지로 디도서에서는, 모름지기 감독은 "미쁜 말씀의 가르침"(딛 1:9)을 굳게 지켜, "능히 바른 교훈으로 권면하고, 거스려 말하는 자들을 책망"할 수 있어야 한다고 말하지 않았는가? 같은 책에 다음과 같은 말씀도 나온다.

> 오직 너는 바른 교훈에 합한 것을 말하여 늙은 남자로는 절제하며 경건하며 근신하며 믿음과 사랑과 인내함에 온전케 하고 (딛 2:1-2)

같은 책에 이런 말씀도 있다.

> 너는 이것을 말하고 권면하며 모든 권위로 책망하여 누구에게든지 업신여김을 받지 말라 너는 저희로 하여금 정사와 권세 잡은 자들에게 복종하며 순종하며 모든 선한 일 행하기를 예비하게 하며 (딛 2:15-3:1)

그러므로, 우리가 어떠한 식으로 생각해야 하겠는가? 사도 [바울]이, 교사들은 성령의 역사(役事)로 말미암아 세움을 받는다 하면서도, 그들에게 무엇을 어떻게 가르쳐야 할지 몸소 지침을 주고 있으니, 이것을 자가당착(自家撞着)이라 해야 하겠는가? 아니면, 성령께서 친히 풍성하게 주신다 하여도, 교사들을 양성함에 있어서 인간이 해야 할 일을 하는 것을 중단하지 말아야 한다는 뜻으로 이해해야 할 것인가? 그렇지만, "심는 이나, 물 주는 이는 아무 것도 아니로되, 오직 자라나게 하시는 하나님뿐이"(고전 3:7) 아닌가? 그러므로 사람인 거룩한 사역자들에게서 배우든, 거룩한 천사들에게서 배우든, 하나님과 동행하는 삶에 관계된 것을 배움에 있어서는, 하나님이 친히 그를 하나님의 가르침에 순순히 따르는 사람으로 만들어 주시지 않는 한, 아무도 제대로 된 학습자가 될 수가 없다. 그래서 시편 기자는 하나님께 이렇게 아뢰었다.

> 주는 나의 하나님이시니 나를 가르쳐 주의 뜻을 행케 하소서 (시 143:10)

그래서 사도 바울도 디모데에게, 스승이 제자에게 말하는 듯, 이렇게 말하였다.

> 그러나 너는 배우고 확신한 일에 거하라 네가 뉘게서 배운 것을 알며 (딤후 3:14)

몸에 쓰는 약은, 사람이 사람에게 투여하는 것이지만, 하나님이 건강을 허락하시지 않는 사람에게는, 약도 소용이 없다. 하나님은, 약이 없어도, [병을] 고치실 수 있지만, 하나님이 돕지 않으시면, 약을 아무리 써도, [병은] 나을 수가 없다. 그럼에도 불구하고 [사람들은] 약을 [계속] 사용하고 있다. 그리고, 이 [약을 사용하는] 일이 공공을 위해 행해지면, 자선사업 내지 복지사업의 일환으로 여겨질 때가 있다. 교육 활동도 이와 마찬가지다. 교육이 사람에 의해서 실시되지만, 영혼에 유익을 끼치려면, 하나님이 역사(役事)하셔야 한다. 하나님은 사람의 손을 거치거나 통하지 않고서도 복음을 사람에게 주실 수가 있다.

웅변의 형태는 그 목표에 따라 세 가지로 나뉨

제17장 (34) 그러므로 좋은 일을 하라고 웅변을 통해 설득하려는 사람은 가르치기, 즐겁게 하기, 감동시키기라는 세 가지 목표 중 어느 하나도 소홀히 해서는 안 된다.

우리가 앞에서 말한 것처럼, 청중으로 하여금 이해력을 가지고 즐겁고 순종하는 마음으로 듣게 하려면, 기도와 노력이 [함께] 필요하다. 그가 만약 이 일을 적절하고 합당하게 한다면, 그가 비록 청중의 호응을 얻지 못한다 하더라도, 언변 있는 사람이라는 말을 듣는 것이 부당하지는 않다. 정말이지, 로마 수사학의 창시자 [키케로]도 다음과 같은 말을 할 때, 이 세 가지 목표, 곧, 가르치기, 즐겁게 하기, 감동시키기에 [웅변의] 세 가지 형태를 관련시킨 것으로 보인다.

> 그러므로 작은 것은 차분하게, 보통 것은 절도 있게, 큰 것은 장중하게 말할 줄 아는 자가 언변이 있다 할 것이다.[1]

만약 이 말을 앞에 나온 세 가지 목표에 결부시킨다면, 같은 생각을 다음과 같이 표현하여 설명할 수 있을 것이다.

> 그러므로 가르치고자 하는 자는 작은 것을 차분하게 말하고, 즐겁게 하고자 하는 자는, 보통 것을 절도 있게 말하고, 감동시키고자 하는 자는 큰 것을 장중하게 말할 줄 안다면, 그러한 자를 언변이 있다 할 것이다.

---

[1] Cicerō, Ōrātor xxix, 101.

교회를 위해 일하는 변사는 언제나 중대한 문제를 다룸

제18장 (35) 그런데 키케로는 이 세 가지를, 그가 말한 대로, 법정 송사(訟事)에서는 [예를] 제시할 수 있겠지만, 교회 문제에 대해서는 그렇게 할 수 없을 것이다. [사실,] 교회 문제에서는 우리가 다루고자 하는, [특별한] 표현 방식이 통용된다. 이는, 법정 송사에서 사소한 일이란, 금전 문제에 대해 재판을 해야 하는 경우이고, 중대한 일이란, 사람의 안위나 생사가 달린 문제에 대해 재판을 해야 하는 경우이기 때문이다. 그렇지만, 이 두 가지 문제에 대해 재판을 해야 하는 경우가 아니라면, 그래서, 청중으로 하여금 무엇을 행하거나 결정하도록 만들 필요가 전혀 없고, 단지 청중을 즐겁게 하는 것이 목적이라면, 이 두 가지 문제 중간에 위치하는 것이다. 따라서 이것을 "중간적인 것", "보통의 것"이라 부를 수 있다. 이는, modus(= "척도", "절도")라는 말에서 modica(= "중간적인 것")라는 말이 나왔으므로, modica 대신 parva(= "작은 것", "사소한 것")이라는 말을 쓰는 것은, 부정확한 것이지, 정확한 것이 아니다.

하지만 우리의 경우, 모든 것을, 특별히 높은 강단에서 회중에게 말을 하는 것이고, 말의 내용도 사람들의 구원에 관계되는 것이고, 세상의 복락에 대한 것이 아니라, 영원한 복락에 대한 것이 돼야 한다. [우리는] 또한 영원한 멸망에 대해 경종을 울려야 한다. 그러므로, 우리가 하는 말은, 모두가 중요하다. 사실, 교회의 교사가 말을 할 때에는, 금전적인 문제에 대한 것도, 그것이 금전을 취득하는 문제든, 잃어버리는 문제든, 그 금액이 크든, 작든, 사소한 문제에 대해 말하는 것으로 여겨서는 안 된다. 이는, 의(義)란 사소한 문제가 아니기 때문이다. 작은 금액에 대해서라도 우리는 의로움을 분명 지켜야 할 것이다. 이는, 주께서 말씀하시기를, "지극히 작은 것에 충성된 자는 큰 것에도 충성"되다(눅 16:10)고 하셨기 때문이다. 사실,

원주율(圓周率), 곧, 중심으로부터 주위(周圍)에 이르기까지의 모든 직선들이 이루는 비율은 커다란 원반에서나, 작은 동전에서나 모두 같은데, 이와 마찬가지로 사소한 일을 의롭게 행한다 해서, 의로움의 크기가 작아지는 것은 아니다.

고전 6:1-9을 가지고 예를 제시함

제18장 (36) 그런데, 세속 법정에서는 금전 문제말고 또 무슨 문제가 있겠는가? 사도 바울은 세속 법정에 대해서 이야기하면서, 이런 말을 하였다.

> 너희 중에 누가 다른 이로 더불어 일이 있는데, 구태여 불의한 자들 앞에서 송사하고, 성도 앞에서 하지 아니하느냐? 성도가 세상을 판단할 것을 너희가 알지 못하느냐? 세상도 너희에게 판단을 받겠거든, 지극히 작은 일 판단하기를 감당치 못하겠느냐? 우리가 천사를 판단할 것을 너희가 알지 못하느냐? 그러하거든 하물며 세상 일이랴? 그런즉 너희가 세상 사건이 있을 때에 교회에서 경히 여김을 받는 자들을 세우느냐? 내가 너희를 부끄럽게 하려 하여 이 말을 하노니, 너희 가운데 그 형제 간 일을 판단할 만한 지혜 있는 자가 이같이 하나도 없느냐? 형제가 형제로 더불어 송사할 뿐더러, 믿지 아니하는 자들 앞에서 하느냐? 너희가 피차 송사함으로, 너희 가운데 이미 완연한 허물이 있나니, 차라리 불의를 당하는 것이 낫지 아니하며, 차라리 속는 것이 낫지 아니하냐? 너희는 불의를 행하고 속이는구니! 지는 니희 헝제로다. 불의한 사가 하나님의 나라를 유업으로 받지 못할 줄을 알지 못하느냐?[1]

---

[1] 고전 6:1-6.

사도가 이처럼 분개하고, 이처럼 나무라고, 이처럼 꾸짖고, 이처럼 질책하고, 이처럼 위협하는 이유가 무엇인가? 그의 심정을 이처럼 빈번하고, 이처럼 신랄하게 어조를 바꿔 가며 토로하는 이유가 무엇인가? 끝으로, 지극히 작은 일들에 대해 이처럼 심각하게 이야기하는 이유가 무엇인가? 그에게 세상사가 그토록 중요했다는 말인가? 그럴 리가 없다. 그가 이런 일을 하는 이유는 도리어 의(義)와 사랑과 경건 때문이다. 진지한 마음 자세를 가진 사람이라면, 이것이 비록 아무리 작은 일에 관한 것이라 하더라도, [실상은] 중대한 일인 것을 절대로 의심하지 않을 것이다.

냉수를 주라 권하는 것도 중요한 말을 하는 것임

제18장 (37) 사람들이 자기 자신을 위해서든, 자기 권속을 위해서든, 세상적인 문제를 가지고 교회 법정에서 재판을 받는다 하자! 이때 우리가 그들에게 도움말을 주어야 할 경우, 우리는, 그 문제를 작은 일로 간주, 차분하게 행동하도록 권하는 것이 옳을 것이다.

그러나 우리는 지금, 우리를 영원한 악에서 벗어나게 하고, 우리로 하여금 영원한 선에 도달하게 하는 것에 대해서 가르치는 선생이 갖추어야 할 언변에 대해서 이야기하고 있다. 그러므로, 이러한 것이 어디에서 가르쳐지든 간에, [곧,] 대중 앞에서든, 개인적으로든, 한 사람에게든, 여러 사람에게든, 친구들에게든, 적(敵)들에게든, 긴 연설에서든, 사적(私的)인 대화에서든, 논문에서든, 책에서든, 아주 장문의 편지에서든, 아주 짧은 편지에서든 상관없이 [모두] 중요한 일이 된다. 냉수 한 그릇이 아주 하찮은 것이고, 값도 거의 나가지 않는 것이지만, 그렇다 해서 주님이 하신 말씀, 곧, 주님의 제자에게 "냉수 한 그릇이라도 주는 자는 … 결단코 상을 잃지 아니하리라"(마 10:42)고 하신 말씀까지 하찮고 무가치한 말씀이라고 할 수 없을 것이다. 혹은 [이것을 이렇게 표현할 수 있을 것이다]. 즉, 교사가 교회에서 이에 대해 강설(講說)을 하는 경우, 자기가 하는 이런 강설을 하찮은 일이라 여겨서, 절도 있게도, 장중하게도 말을 하지 아니하고, 차분하게만 말을 해야 한다고 생각해서는 안 될 것이다. 우리가 대중을 상대로 이와 같은 것에 대해 이야기할 일이 생겼고, 하나님이 도우사, 우리로 하여금 적절한 말을 하게 하셨다고 하면, 그것은 마치 차가운 물에서 무슨 불꽃 같은 것이 솟구치는 것과 마찬가지가 아닐까? 이 불꽃은 사람들의 차가운 가슴까지 태워서, 하늘의 상급에 대한 소망으로 말미암아 긍휼의 마음을 행동으로 옮기게 할 것이다.

상황에 따라 표현법을 달리 사용할 것

제19장 (38) 그런데 비록 [기독교] 교사가 중차대한 문제에 대해 말을 하는 사람인 것이 사실이지만, 항상 장중하게 말을 해야 하는 것이 아니고, 어떤 것을 가르칠 때는 차분하게, 어떤 것을 책망하거나 칭찬할 때는 절도 있게 말을 해야 한다. 반면에, 어떤 일을 행하도록 만들어야 할 때, 마땅히 행해야 할 일을 하기 싫어하는 사람들에게 말을 해야 할 때는, 장중하게 말을 하되, 마음을 움직이는 데 적합한 말을 사용해야 한다. 그리고, 하나의 똑같이 중대한 사안이라 할지라도, 그것을 가르쳐야 할 때는 차분하게, 그것을 칭찬해야 할 때는 절도 있게 말을 하고, 진리에서 떠난 영혼을 돌이키게 만들려는 경우에는 장중하게 말을 [해야] 한다.

정말이지, 하나님에 관한 것보다 더 중차대한 문제가 어디 있겠는가? 하나님에 관한 것을 배워야 필요가 없다는 말인가? 그렇다면, 성삼위의 하나 되심에 대해 가르치는 사람이 [항상] 차분한 어조로만 강설(講說)을 해야 한다는 말인가? 이처럼 이해하기 어려운 문제라 해도, 가능한 모든 수단을 다 동원하여 이해를 시켜야 되지 않겠는가? 이런 경우에는 말의 아름다움만 추구하고, 논증은 도외시해도 되는가? 무슨 일을 하도록 만들자면, 청중을 감동시키는 것으로 족하고, 청중을 가르쳐 배움을 가지게 할 필요는 없다는 말인가? 또한, 하나님을 찬양하되, 하나님 자신과, 하나님의 하신 일에 대하여 찬양한다 할 때, [찬양할] 능력이 있는 사람은, 그의 능력 범위 안에서 하나님께 올려 드릴, 찬란하고도 아름다운 찬양의 말을 얼마나 많이 쏟아 내겠는가? 하나님을 제대로 찬양할 수 있는 사람은 아무도 없지만, 어떤 방식으로든 찬양하지 않는 사람 역시 아무도 없다. 그러나 [사람들이] 하나님을 섬기지 않는 경우, 혹은, 하나님과 함께, 혹은 하나님 앞에서 우상이나, 악령이나, 기타 피조물을 섬기는 경우, 이것이 얼마나 큰 악인지를, 장중한 어조로 말함으로써, 사람들로 하여금 이와 같은 악에서 돌아서게 만들어야 한다.

성경에서 추출한 예 중 첫째는 차분한 어조로 말하기

제20장 (39) 설명을 좀 더 명확하게 위해서, 차분한 어조로 말하는 것의 예를 사도 바울이 다음과 같이 말하는 것에서 들도록 하겠다.

> 내게 말하라! 율법 아래 있고자 하는 자들아! 율법을 듣지 못하였느냐? 기록된 바, 아브라함이 두 아들이 있으니, 하나는 계집종에게서, 하나는 자유하는 여자에게서 났다 하였으나, 계집종에게서는 육체를 따라 났고, 자유하는 여자에게서는 약속으로 말미암았느니라. 이것은 비유니, 이 여자들은 두 언약이라. 하나는 시내산으로부터 종을 낳은 자니, 곧, 하가라. 이 하가는 아라비아에 있는 시내산으로, 지금 있는 예루살렘과 같은 데니, 저가 그 자녀들로 더불어 종노릇하고, 오직 위에 있는 예루살렘은 자유자니, 곧, 우리 어머니라.…[1]

[바울은] 다음과 같이 근거를 제시하며 말할 때도 역시 [차분한 어조로] 말을 한다.

> 형제들아! 사람의 예대로 말하노니, 사람의 언약이라도 정한 후에는 아무나 폐하거나 더하거나 하지 못하느니라. 이 약속들은 아브라함과 그 자손에게 말씀하신 것인데, 여럿을 가리켜 그 자손들이라 하지 아니하시고, 오직 하나를 가리켜 네 자손이라 하셨으니, 곧, 그리스도라. 내가 이것을 말하노니, 하나님의 미리 정하신 언약을 사백 삼십년 후에 생긴 율법이 없이 하지 못하여, 그 약속을 헛되게 하지 못하리라. 만일 그 유업이 율법에서 난 것이면, 약속에서 난 것이 아니리라. 그러나 하나님이 약속으로 말미암아 아브라함에게 은혜로 주신 것이라.[2]

---

[1] 갈 4:21-26.

[2] 갈 3:15-18.

그런데 듣는 사람의 생각에는 "유업이 율법에서 난 것이 아니라면, 도대체 왜 율법을 주셨는가?" 하는 의문이 생길 수 있다. 그래서 바울은 이러한 질문을 스스로에게 던져 본다.

> 그런즉 율법은 무엇이냐?[1]

그리고 이렇게 답을 한다.

> 범법함을 인하여 더한 것이라. 천사들로 말미암아 중보의 손을 빌어 베푸신 것인데, 약속하신 자손이 오시기까지 있을 것이라. 중보는 한편만 위한 자가 아니니, 오직 하나님은 하나이시니라.[2]

여기서 다음과 같은 반문이 제기될 수 있고, 이것을 바울이 스스로 이렇게 제기한다.

> 그러면 율법이 하나님의 약속들을 거스리느냐?[3]

바울은 "결코 그럴 수 없느니라"고 답을 한 다음, 그 이유를 다음과 같이 댄다.

> 만일 능히 살게하는 율법을 주셨더면, 의가 반드시 율법으로 말미암았으리라. 그러나, 성경이 모든 것을 죄 아래 가두었으니, 이는, 예수 그리스도를 믿음으로 말미암은 약속을 믿는 자들에게 주려 함이니라.…[4]

이와 비슷한 예는 또 있다.

---

[1] 갈 3:19a.

[2] 갈 3:19b-20.

[3] 갈 3:21a.

[4] 갈 3:21b-22.

그러므로 가르치는 일에는 감추어진 것을 드러내는 일과 난해한 문제를 푸는 일만 있는 것이 아니라, 이런 일을 행하는 중에 혹시 일어날 수 있는 여타(餘他)의 문제들에도 [잘] 대처하여, 우리가 가르치는 내용이 그런 문제들 때문에 비판을 받거나 지탄을 당하지 않게 하는 일도 포함된다. 그러나 문제가 제기될 때, 해답도 함께 생각난다면, 우리가 해결할 수 없는 다른 문제를 제기하지는 말아야 할 것이다. 하지만, 하나의 질문에 다른 여러 질문이 [꼬리에 꼬리를 물고] 일어나고, 질문에 대한 질문을 취급, 해결하는 과정에서, 우리의 추론 범위가 지나치게 확대되어, 기억력이 대단히 좋지 않는 한, 토론을 원래 시작했던 출발점으로 되돌아오기가 불가능해질 수 있다. 그러나 할 수만 있다면, 반론이 제기될 수 있는 것에 대해서는, 무엇이든지 생각나는 대로 답변을 마련해 두는 것이 아주 좋다. 이렇게 한다면, 답변할 사람이 없어서, 의문이 남는 일이 없을 것이고, 혹은 설령 [답변할 사람이] 그 자리에 있다 해도, 그가 침묵을 지키고 있을 때, [의문을 가진 사람이] 의문을 해결하지 못하고 자리를 떠나는 일이 없을 것이다.

바울 서신에 나오는, 절도 있는 어조로 말하는 것의 예

제20장 (40) 그런데, 사도 [바울]의 서신에는 절도 있는 어조로 말하는 내용이 나온다.

> 늙은이를 꾸짖지 말고 권하되, 아비에게 하듯 하며, 젊은이를 형제에게 하듯 하고, 늙은 여자를 어미에게 하듯 하며, 젊은 여자를 일절 깨끗함으로 자매에게 하듯 하라![1]

---

[1] 딤전 5:1-2.

아래 구절에도 [같은 어조의 말이 나온다].

> 그러므로 형제들아! 내가 하나님의 모든 자비하심으로 너희를 권하노니, 너희 몸을 하나님이 기뻐하시는, 거룩한, 산 제사로 드리라! 이는 너희의 드릴 영적 예배니라.[1] (롬 12:1)

이렇게 권면하는 개소(個所) 거의 전부가 절도 있는 어조를 사용하고 있다. 더 미려한 개소에서는 아주 적합한 표현을, 마치 채무를 정확히 변제하듯, 아주 멋있게 사용하고 있다. 다음을 보라!

> 우리에게 주신 은혜대로 받은 은사가 각각 다르니, 혹 예언이면 믿음의 분수대로, 혹 섬기는 일이면 섬기는 일로, 혹 가르치는 자면 가르치는 일로, 혹 권위하는 자면 권위하는 일로, 구제하는 자는 성실함으로, 다스리는 자는 부지런함으로, 긍휼을 베푸는 자는 즐거움으로 할 것이니라! 사랑엔 거짓이 없나니, 악을 미워하고 선에 속하라! 형제를 사랑하여, 서로 우애하고, 존경하기를 서로 먼저 하며, 부지런하여 게으르지 말고, 열심을 품고, 주를 섬기라! 소망 중에 즐거워하며, 환난 중에 참으며, 기도에 항상 힘쓰며, 성도들의 쓸 것을 공급하며, 손 대접하기를 힘쓰라! 너희를 핍박하는 자를 축복하라! 축복하고 저주하지 말라! 즐거워하는 자들로 함께 즐거워하고, 우는 자들로 함께 울라! 서로 마음을 같이 하며, …[2]

그리고, 이렇게 쏟아낸 모든 말이 "서로 마음을 같이 하며, 높은 데 마음을 두지 말고, 도리어 낮은데 처하며"(롬 12:16)라는 이절문(二節文)으로 끝을 맺는 것은 참으로 아름답다. 그리고 조금 뒤에는 [다음과 같은 말을 한다].

> 모든 자에게 줄 것을 주되, 공세를 받을 자에게 공세를 바치고, 국세 받을 자에게 국세를 바치고, 두려워할 자를 두려워하며, 존경할 자를 존경하라![3]

---

[1] 롬 12:1.

[2] 롬 12:6-16a.

[3] 롬 13:7.

이렇게 말을 한마디, 한마디 쏟아낸 다음, 이것 역시 두 개의 절편(節片)으로 구성된 문장으로 끝을 맺고 있다.

> 피차 사랑의 빚 외에는 아무에게든지 아무 빚도 지지 말라![1]

그리고 약간 뒤에 [이렇게 말한다].

> 밤이 깊고 낮이 가까왔으니, 그러므로 우리가 어두움의 일을 벗고 빛의 갑옷을 입자! 낮에와 같이 단정히 행하고, 방탕과 술취하지 말며, 음란과 호색하지 말며, 쟁투와 시기하지 말고, 오직 주 예수 그리스도로 옷 입고, 정욕을 위하여 육신의 일을 도모하지 말라![2]

이 말의 마지막 문장을 "육신의 일을 정욕을 위하여 도모하지 말라!"고 말의 순서를 바꾸어 말하면, 운율(韻律)상으로는 더 아름답게 들렸을 것은, 의심할 여지가 없지만, 번역자는 보다 진중한 입장을 취하여, [헬라어 원문의] 단어 배열 순서를 고수하는 쪽을 선택하였다. 물론, 사도 바울은 헬라어를 사용하였는데, 이문장이 헬라어 운율상으로 어떤 소리가 나는지는, 이런 것까지 잘 아는 헬라어 수사학 교사들이 판단할 문제다. 하지만 내가 생각하기에, [헬라어 원문의] 단어 배열 순서대로 이 문장이 번역되었다고 한다면, [헬라어 원문에서도] 운율이 미려(美麗)했을 것 같지는 않다.

---

[1] 롬 13:8.

[2] 롬 13:12-14.

운율적 결말로 이루어지는 수사학적 문장이 성경에는 별로 없음

제20장 (41) 사실, 운율적 결말로 이루어지는 수사학적 문장이 성경에는 나타나지 않는다는 것을 인정해야 한다. 이것이 번역자들 때문에 그리 된 것인지, 아니면, (나는 이쪽을 믿고 싶지만,) 성경 기자들이 [사람들의] 찬사를 받을 이런 문장을 의도적으로 기피했는지, 감히 단정적으로 말할 수는 없다. 이는, 나도 잘 모른다는 것을 인정하기 때문이다. 하지만 이것은, 내가 안다. 즉, 이러한 운율에 정통한 사람이면 누구든지, 성경 기자들의 결구(結句)를 운율 법칙에 따라 수정하면 될 것이고, 이것은 단어 몇 개를, 의미가 똑같이 통하는 범위 안에서 바꾸든지, 아니면, 같은 단어를 쓰더라도, 그 순서를 바꿈으로써 아주 쉽게 할 수가 있다. 만일 이렇게 한다면, 우리가 문법학교나 수사학교에서 중요하다고 배운 것들이 이 거룩한 사람들의 글에 전혀 결핍돼 있지 않다는 것을 알게 될 것이다. 뿐만 아니라, 아주 훌륭한 표현법을 많이 발견할 것인데, 그것이 우리 라틴어[로 번역된] 문장에서뿐 아니라, 특별히 [헬라어] 원문에서도 그렇다는 것을 알게 될 것이다. 하지만, 이런 표현법이, 이교도(異敎徒)들이 자랑하는 책에서는 전혀 발견되지 않는다.

그래도 주의해야 할 것은, 하나님 말씀에 기록된, 진중한 문장에 음율을 덧붙여서 무게를 잃게 해서는 안 된다 하는 것이다. 이는, 이런 음율에 대해 아주 자세하게 배우는 음악에 관련된 것까지도, 우리 선지자들이 쓴 글에는 빠지지가 않았기 때문이다. 사실, 박학다식한 인물인 히에로뉘무스(Hierōnymus)는, 선지자들이 사용한 음률 몇 가지를 최소한 히브리어로는 언급하였다. [다만,] 그 원의(原義)를 살리기 위해서 그 단어들을 번역하지 않은 채 남겨 두었다. 그런데, 나의 취향에 대해서 말하자면 — 나의 취향은 내가 남보다 더 잘 알고, 내가 나의 취향을 다른 사람들의 취향

보다 더 잘 알 것은 당연하지만, 내가 말을 할 때는, 내가 말을 썩 잘하지는 못해도, 이 같은 운율적 결말을 무시하지는 않는다. 그렇지만, 성경 기자들의 글에서 이런 것을 발견하기가 극히 어렵다는 사실이 오히려 더 기쁘다.

장중한 어조로 말하기

제20장 (42) 그런데 장중한 어조는 절도 있는 어조와 아주 큰 차이가 있는데, 전자(前者)의 특징은 화려한 수식어를 많이 쓰기보다는 격렬한 감정을 가감 없이 표출한다는 데 있다. 물론, 장중한 어조 역시 거의 모든 수식어를 쓸 수는 있다. 하지만, [적당한] 수식어가 없는 경우에는, [굳이] 찾지 않는다. 이 어조는 내적인 충동을 따라가는 것이어서, 말의 아름다움이란, 우연히 표현되는 경우에도, 내용이 지닌 힘에 끌려서 나오는 것이지, 의도적으로 아름다움을 추구해서 나오는 것이 아니다. 즉, [의식적인] 노력으로 적절한 말을 골라, 입에서 튀어나오게 만드는 것이 아니고, 가슴 속의 격한 감정을 따라 적절한 표현이 따라만 준다면, 추구하는 목적은 충분히 달성하는 것이다. 비근한 예를 들어 보자! 어떤 용사가 금과 보석으로 장식된 검을 가지고 아주 열심히 전투에 임한다고 하면, 그가 그 무기로 [훌륭한] 전공(戰功)을 세우는 것은, 그가 보검을 가졌기 때문이 아니라, 무기를 가졌기 때문이다. 그가 지극히 훌륭한 공을 세운다 해도, 그는 똑같은 사람이다. 다만, "분노가 극에 달하면, 손에 잡히는 것이 다 무기가 된다".[1]

---

[1] Vergilius, *Aenēis* VII, 508.

사도 [바울]은 복음 사역을 위하여 금세(今世)의 모든 고통을 하나님의 은사를 위로 삼아 참을성 있게 견디라고 애써 권면한 바 있다. [이것은] 중대한 사안(事案)인 만큼, 장중한 어조로 말하고 있고, 수식어도 포함시키고 있다. 그는 이같이 말한다.

> 보라! 지금은 은혜 받을 만한 때요, 보라! 지금은 구원의 날이로다. 우리가 이 직책이 훼방을 받지 않게 하려고, 무엇에든지 아무에게도 거리끼지 않게 하고, 오직 모든 일에 하나님의 일군으로 자천하여, 많이 견디는 것과 환난과, 궁핍과, 곤난과, 매 맞음과, 갇힘과, 요란한 것과, 수고로움과, 자지 못함과, 먹지 못함과, 깨끗함과, 지식과, 오래 참음과, 자비함과, 성령의 감화와, 거짓이 없는 사랑과, 진리의 말씀과, 하나님의 능력 안에 있어, 의의 병기로 좌우하고, 영광과 욕됨으로 말미암으며, 악한 이름과 아름다운 이름으로 말미암으며, 속이는 자 같으나 참되고, 무명한 자 같으나 유명한 자요, 죽은 자 같으나, 보라! 우리가 살고, 징계를 받는 자 같으나, 죽임을 당하지 아니하고, 근심하는 자 같으나 항상 기뻐하고, 가난한 자 같으나 많은 사람을 부요하게 하고, 아무 것도 없는 자 같으나, 모든 것을 가진 자로다. 고린도인들이여! 너희를 향하여 우리의 입이 열리고 우리의 마음이 넓었으니, …[1]

계속 인용하는 것은 장황한 일이 될 것이다.

---

[1] 고후 6:2-11.

장중한 어조의 예: 롬 8:28-39

제20장 (43) [바울은] 로마 사람들에게도 이 세상의 환난을 하나님의 도우심에 대한 확고한 소망 가운데서 사랑으로 이기라고 권면한 바 있다. 이때도 그는 장중한 어조로 많은 수식어를 사용하고 있다. 그는 이렇게 말한다.

> 우리가 알거니와, 하나님을 사랑하는 자, 곧, 그 뜻대로 부르심을 입은 자들에게는 모든 것이 합력하여 선을 이루느니라. 하나님이 미리 아신 자들로 또한 그 아들의 형상을 본받게 하기 위하여 미리 정하셨으니, 이는, 그로 많은 형제 중에서 맏아들이 되게 하려 하심이니라. 또 미리 정하신 그들을 또한 부르시고, 부르신 그들을 또한 의롭다 하시고, 의롭다 하신 그들을 또한 영화롭게 하셨느니라. 그런즉, 이 일에 대하여 우리가 무슨 말 하리요? 만일 하나님이 우리를 위하시면. 누가 우리를 대적하리요? 자기 아들을 아끼지 아니하시고 우리 모든 사람을 위하여 내어 주신 이가 어찌 그 아들과 함께 모든 것을 우리에게 은사로 주지 아니하시겠느뇨? 누가 능히 하나님의 택하신 자들을 송사하리요? 의롭다 하신 이는 하나님이시니, 누가 정죄하리요? 죽으실 뿐아니라, 다시 살아나신 이는 그리스도 예수시니, 그는 하나님 우편에 계신 자요, 우리를 위하여 간구하시는 자시니라. 누가 우리를 그리스도의 사랑에서 끊으리요? 환난이나, 곤고나, 핍박이나, 기근이나, 적신이나, 위험이나, 칼이랴? 기록된 바, '우리가 종일 주를 위하여 죽임을 당케 되며, 도살할 양 같이 여김을 받았나이다' 함과 같으니라. 그러나 이 모든 일에 우리를 사랑하시는 이로 말미암아 우리가 넉넉히 이기느니라. 내가 확신하노니, 사망이나, 생명이나, 천사들이나, 권세자들이나, 현재 일이나, 장래 일이나, 능력이나, 높음이나, 깊음이나, 다른 아무 피조물이라도, 우리를 우리 주 그리스도 예수 안에 있는 하나님의 사랑에서 끊을 수 없으리라.

장중한 어조의 다른 예: 갈 4:10-20

제20장 (44) 갈라디아서는 비록, 편지 전체가 차분한 어조로 되어 있지만, 마지막 부분은 예외다. 즉, 이 편지의 마지막 부분은 절도 있는 어조로 되어 있다. 단지, 어떤 개소(個所)에는 감정의 움직임이 역력히 보이는 대목이 들어 있는데, 이런 대목에는, 방금 우리가 제시한 예문에서 보는 것과 같은, [현란한] 수식어가 전혀 없지만, 장중한 어조를 사용하는 것 외에는 다른 방도가 없을 정도로, 감정의 움직임이 강하게 표현되어 있다. 이를 인용해 보자!

> 너희가 날과, 달과, 절기와, 해를 삼가 지키니, 내가 너희를 위하여 수고한 것이 헛될까 두려워 하노라. 형제들아! 내가 너희와 같이 되었은즉, 너희도 나와 같이 되기를 구하노라. 너희가 내게 해롭게 하지 아니하였느니라. 내가 처음에 육체의 약함을 인하여 너희에게 복음을 전한 것을 너희가 아는 바라. 너희를 시험하는 것이 내 육체에 있으되, 이것을 너희가 업신여기지도 아니하며, 버리지도 아니하고, 오직 나를 하나님의 천사와 같이, 또는 그리스도 예수와 같이 영접하였도다. 너희의 복이 지금 어디 있느냐? 내가 너희에게 증거하노니, 너희가 할 수만 있었더면, 너희의 눈이라도 빼어 나를 주었으리라. 그런즉, 내가 너희에게 참된 말을 하므로 원수가 되었느냐? 저희가 너희를 대하여 열심 내는 것이 좋은 뜻이 아니요, 오직 너희를 이간 붙여, 너희로 저희를 대하여 열심 내게 하려 함이라. 좋은 일에 대하여 열심으로 사모함을 받음은, 내가 너희를 대하였을 때뿐 아니라, 언제든지 좋으니라. 나의 자녀들아! 너희 속에 그리스도의 형상이 이루기까지, 다시 너희를 위하여 해산하는 수고를 하노니, 내가 이제라도 너희와 함께 있어 내 음성을 변하려 함은, 너희를 대하여 의심이 있음이라.

여기에서는 반대말에 반대말로 응수하는 대구법(對句法)과, 점차 어조가 강해지는 점층법(漸層法)이 사용되고 있지 않은가? 혹은 구(句), 혹은 절(節), 혹은 절편(節片)이 사용되는 것을 소리를 통해 알 수 있지 않은가? 그러나 이런 것 때문에 장중한 느낌이 식어지지 않기 때문에, 우리로 하여금 이것이 열변임을 깨닫게 만든다.

퀴프리안은 차분한 어조를 사용함

제21장 (45) 그런데 사도 [바울]의 말은 매우 명료하지만, [그 뜻이] 깊기도 하여, 그것이 기록, 전승된 과정을 보면, 그것을 읽는 사람 내지는 듣는 사람만 필요한 것이 아니었다. [이는,] 혹자(或者)가 피상적인 것에만 만족하지 못하고, 깊은 뜻을 추구할 경우, 해설자도 필요하였[기 때문이]다. 이런 이유로 우리는 성경을 읽고서, 하나님에 관한 지식과, 구원에 관한 지식에서 진보를 이루어, 그 지식을 교회를 위해 사용한 사람들의 글에 보이는 어조를 고찰해 보기로 하자!

 복된 퀴프리안은 잔(盞)에 관련된 성례(聖禮)에 대해 논하는 [편지 형식의] 논문에서 차분한 어조를 사용하였다. 이 논문에서 그는, 주님의 잔에 물만 담아야 하는지, 아니면, 포도주와 섞은 물을 담아야 하는지를 묻는 질문에 대해 답변을 하고 있다. 그런데, 이 논문에 나오는 [문장 중] 일부를 예로 제시하는 것이 좋겠다. 이 논문의 서론이 끝난 다음, 제기된 질문에 대한 답변을 [퀴프리안은] 다음과 같이 하고 있다.

잔을 봉헌할 때, 우리에게 전해진 주님의 가르침을 [정확히] 따라야 하고, 주께서 먼저 우리를 위하여 행하신 방식과는 다르게 해서는 안 된다는 권고를 우리는 받았는데, 당신은 이 사실을 [꼭] 알아야 합니다. 그러므로 주님을 기념하면서 봉헌하는 잔에는 포도주를 타서 바쳐야 합니다. 이는, 주께서 "내가 참 포도나무"(요 15:1)라 하셨으므로, 그리스도의 피는 물이 아니고, 포도주이기 때문입니다. 우리는 그리스도의 피로 구속(救贖)함을 받고 살림을 받았지만, 잔 속에 포도주가 없을 때에는, 잔 속에 그의 피가 있을 수 없는 것입니다. 포도주는 그리스도의 피를 상징하는 것이고, 이것은 성경 전체의 계시와 증거를 통해 미리 선포되었습니다. 사실, 우리는 창세기에서 이 성례와 관련하여, 노아가 예고편을 미리 보여 주었고, 거기에는 주님의 고난의 예표(豫表)되어 있음을 발견합니다. 노아는 포도주를 마시고 취하여, 자기 장막 안에서 벌거벗고 있었고, 벌거벗은 하체를 드러내고 누워 있었습니다. 둘째 아들은 아비의 벌거벗은 것에 대해 지적하였으나, 첫째 아들과 셋째 아들은 하체를 덮어 드렸습니다. 그 다음 이야기는 다 이야기할 필요가 없습니다. 이는, 노아가 장래의 진리에 대한 예표를 보여 줄 때, 물을 마시지 않고 포도주를 마셨고, 이를 통해 주님의 고난의 이미지를 표현해 주었다는 사실을 붙들기만 하면 충분하기 때문입니다. 제사장 멜기세덱의 경우에도, 주님의 성례가 예표되고 있음을 알 수 있습니다. 이에 대해 성경은 이렇게 증거합니다. "살렘 왕 멜기세덱이 떡과 포도주를 가지고 나왔으니, 그는 지극히 높으신 하나님의 제사장이었더라. 그가 아브라함에게 축복하여 …". 그런데 시편을 보면, 멜기세덱이 그리스도의 예표가 되는 것을 성령께서 공언하고 계십니다. 즉, 성부께서 성자에게 이르시기를, "[나는 너를 새벽별보다 먼저 낳았노라.] 너는 멜기세덱의 반차를 좇아 영원한 제사장이라"(시 110:4) 하셨습니다.

이 대목과, 이 편지의 이 대목에 이어지는 부분을 보면, 차분한 어조가 유지되고 있음을 독자들은 쉽게 파악할 수 있을 것이다.

암브로시우스도 마찬가지임

제21장 (46) 거룩한 암브로시우스도 『성령론』(*Dē Spīritū Sānctō*)라는 중요한 책을 쓰면서, 성령이 성부, 성자와 동등함을 증명하기 위해 차분한 어조를 사용하고 있다. 이는, 취급하는 문제가 수식어를 필요로 하는 것도 아니고, 마음을 움직이기 위해 감동적인 표현을 써야 하는 것도 아니고, 내용을 입증하기 위한 근거만 제시하면 되기 때문이다. 그래서 암브로시우스는 이 책 서언에서 특별히 다음과 같은 말을 하고 있다.

> 기드온은, 비록 수많은 사람들이 하나님의 목전을 떠났을지라도, 단 한 사람을 통해서 자기 백성을 원수들의 손에서 구원하신다는 말씀을 듣고 감동을 받아, 염소 새끼를 제물로 바쳤습니다. 기드온은 천사의 명에 따라 염소 새끼의 살코기와 무교전병(無酵煎餅)을 반석 위에 두고, 그 위에 국을 쏟았습니다. 하나님의 사자가 손에 잡은 지팡이 끝으로 그것을 대는 순간, 불이 반석에서 나와, 바친 제물을 다 살라 버렸습니다. 이 표적을 통하여 그 반석은 그리스도의 몸의 예표(豫表)임이 선포된 것으로 보입니다. 이는, "저희를 따르는 신령한 반석으로부터 마셨으매, 그 반석은 곧 그리스도"(고전 10:4)라 기록되어 있기 때문입니다. 물론, 이것은 그리스도의 신성과 관련되는 것이 아니고, [그리스도의] 육신에 관련되는 것입니다. 그리고 [그리스도의 육신은] 목마른 백성의 심령을 샘물처럼 끝없이 흘러 나오는 그의 피로 적셔 줍니다. 그래서 주 예수께서 십자가에 못 박히사, 그의 몸으로 온 세상의 죄를 제하여 주신 것, 죄악된 행위뿐 아니라, 영혼의 [악한] 욕망까지도 없애 주신다는 것을 이미 당시에 [이 성례의] 신비를 통해 선포하셨습니다. 이는, 염소 새끼의 살코기는 죄악된 행위와 연관되고, 국물은 욕망으로 인한 유혹과 연관되기 때문인데, 이것은, "백성이 심히 악한 욕망을 품고 가로되, 누가 우리에게 고기를 주어 먹게 할꼬?"(민 11:4)라 기록된 것과 같습니다. 그러므로 천사가 지팡이를 내밀어 반석을 치자, 거기서 불이 나왔다는 것은, 하나님의 영으로 충만한 주님의 육신이 인간의 모든 죄를 불태워 없애 주셨음을 보여 주는 것입니다. 그래서 주님도 "내가 불을 땅에 던지러 왔노니"(눅 12:49)라고 말씀하신 것입니다.

암브로시우스가 이것에 이어서 이야기하는 것도, 특별히 이것을 가르치고 증명하고자 하기 때문이다.

퀴프리안에게서 보이는 절도 있는 어조

제21장 (47) 절도 있는 어조는 퀴프리안의 동정을 예찬(禮讚)하는 편지에서 찾아볼 수 있다.

> 이제 우리는 동정녀들에게 말을 해야 하겠다. 동정녀들은, 영광이 큰 만큼, [그들에 대한 우리의] 염려도 크다. 그들은 교회의 새싹에서 나온 꽃이고, 영적 은총에서 비롯된 아름다운 장식이고, 칭송과 명예를 얻기에 합당한, 기쁨의 샘이고, [하나님의] 순전무구(純全無垢)한 작품이고, 주님의 거룩함에 부응하는, 하나님의 형상이고, 그리스도의 양떼 중 가장 훌륭한 무리가 된다. 어머니 되는 교회의 모태도 그들로 인하여 즐거워하고, 그들로 말미암아 활짝 꽃을 피운다. 영광스러운 동정을 지키는 자들의 수가 더 많아지면 많아질수록, 어머니의 기쁨도 더 커진다.[1]

이 편지의 끝부분에 있는 다른 대목에서는 이렇게 말한다.

> '우리가 흙에 속한 자의 형상을 입은 것 같이, 또한 하늘에 속한 자의 형상을 입으리라'(고전 15:49)는 말씀이 있는데, 바로 이 형상을 동정이 지니고, 순전함이 지니고, 거룩함이 지니고, 진리가 지닌다. 하나님의 말씀을 기억하는 자들, 경건함으로 의를 지키는 자들, 믿음 안에 굳게 선 자들, 두려워하는 중에 겸손한 자들, 모든 것을 굳세게 견디는 자들, 불의를 온유하게 감내하는 자들, 긍휼을 잘 베푸는 자들, 형제들과 화목한 가운데 한마음 한뜻이 되는 자들이 이 형상을 지닌다. 오, 선한 동정녀들아! 너희는 이 [모든 것] 하나하나를 지키고, 사랑하고, 온전히 이루어야 한다. 너희는 하나님과 그리스도에게 충성된 자들이다. 그러므로 너희가

---

[1] Cypriān, *Dē habitū virginum* iii.

헌신한 주님 앞으로 나아갈 때, 더 크고 더 좋은 몫을 가지고 나아가는 것이다. 연장자들은 연소한 자들을 [잘] 지도하고, 연소한 자들은 연장자들을 [잘] 섬기고, 동년배들에게는 격려가 되라! 너희는 서로를 북돋움으로 자극하고, 서로 경쟁적으로 선덕(善德)을 증명함으로써 영광에 이르기까지 열심을 불러 일으키라! 용기를 가지고 인내하며, 영적인 진보를 이루고, 복된 목표에 도달하라! 다만, 동정이 너희 가운데 영광을 누리기 시작할 때에, 우리를 권념(眷念)하라![1]

암브로시우스에게서 보이는 절도 있는 어조

제21장 (48) 암브로시우스도 서약을 한 동정녀들에게, 그들이 본받아야 할 것을 귀감으로 제시하면서 절도 있고 미려한 어조로 다음과 같이 말하고 있다.

동정녀 [마리아]는 몸뿐 아니라 영혼도 순결하여, 거짓된 행실로 깨끗한 마음을 더럽히지 아니하였다. 심령은 겸손하였고, 말은 진중하였으며, 영혼은 명석하였고, 말수는 적은 대신 책은 많이 읽었다. 허탄한 재물보다는 가난한 자의 기도에 소망을 두었다. 일은 열심히 하고, 말은 조신하게 하였다. 사람보다는 하나님을 마음을 살피는 자로 구하는 것이 보통이었다. 입으로는 아무의 마음도 상하게 하지 않았고, 모든 사람들에게 선한 마음을 품었다. 연장자들이 오면, [공손히] 일어났고, 동년배들은 시샘하지 않았다. 칭찬받는 것을 피하였고, 도리를 따랐으며, 덕을 사모하였다. 그녀가 언제 부모에게 표정만으로라도 불손한 모습을 보였던가? 언제 가까운 사람들과 다투었던가? 언제 미천한 자를 멸시하였던가? 언제 힘없는 자를 조소하였던가? 언제 궁핍한 자를 멀리했던가? 그녀는 자선을 행하기 위해 [남자들을] 부끄러워할 필요가 없을 때가 아니면, 또 정숙함을 지키기 위해 피해야 할 때가 아니면, 남자들의 모임에 참석하지 않기 위해 노력하였다. 눈을 치켜뜨는 일이

---

[1] Cypriān, *Dē habitū virginum* xxiii - xxiv.

전혀 없었고, 말이나 행동을 불손하게 하는 일도 전혀 없었다. 자세와 걸음걸이에는 흐트러짐이 없었고, 음성은 조야(粗野)하지 않았고, 그녀의 몸가짐은 영혼의 표상이자, 단정함의 모형이었다. 사실, 좋은 집은 현관에서부터 [좋은 집인 것을] 알 수가 있고, 초입부터 집안에 아무 어두운 구석이 없는 것을 알 수가 있다. 마치 등잔 속의 불이 안에 있으면서도, 밖으로 빛이 나오는 것과 같다. 그러니까, 음식을 절제한 것이나, 의무를 극진히 수행한 것에 대해 자세히 말할 필요가 어디 있겠는가? 의무를 행함에 있어서는 자연적 능력의 한계를 뛰어넘었고, 음식을 절제함에 있어서는 자연의 요구를 다 충족시키지 않았다. 의무를 행할 때는 촌음(寸陰)을 아꼈지만, 금식일은 두 배로 늘렸다. 몸을 회복시켜야겠다는 마음이 생길 때는, 주어진 음식을 보통 죽음을 면할 만큼 먹었지만, 맛있는 것을 찾지는 않았다.…[1]

이 대목을 내가 절도 있는 어조의 본보기로 제시한 것은, 암브로시우스가 동정의 서원을 아직 하지 않은 여자들로 하여금 동정을 서원하도록 만들기 위해 이런 말을 하는 것이 아니고, 이미 서원을 한 여자들은 어떠한 종류의 사람들이 돼야 하는가를 이야기하기 때문이다. 사실, [동정의 서원 같은] 엄청난 결심을 하게 만들려면, 장중한 어조를 사용하여 [사람의] 마음에 자극을 주고 불을 붙여 주어야 한다. 그런데, 순교자 퀴프리안은 동정녀들의 자세에 대해 글을 쓴 것이지, 동정 생활을 결심하라 촉구하기 위해서 글을 쓴 것이 아니다. 반면, 암브로시우스 감독은 장중한 어조를 함께 사용하여 동정의 서원을 하도록 독려하고 있다.

---

[1] Ambrosius, *Dē virginibus* II, ii, 7-8.

퀴프리안이 사용한 장중한 어조의 예

제21장 (49) 그러면 이제 두 사람이 하는 말 중에서 장중한 어조를 사용한 예를 들어 보도록 하겠다. 물론, 두 사람 다 얼굴에 화장을 하는 여자들에 대해, 사실은, 얼굴에 흉한 칠을 하는 여자들에 대해 질책을 하였다. 우선, 퀴프리안은 이 문제를 논하면서 특별히 다음과 같은 말을 하였다.

> 어떤 화가가 어떤 사람의 얼굴 모습과 몸의 특징을 천연색으로 아주 비슷하게 그려 놓았다 하자! 그런데, 다 그려서 완성된 이 그림을 다른 사람이, 자기 솜씨가 더 낫다고 믿고, 손을 대서 고친다는 것은 원래의 화가에 대한 심한 모독이 될 것이고, 원래의 화가가 이에 대해 분노한다 해도, 그것은 정당한 일일 것이다. 그대가 그처럼 불경하고 오만불손한 일, 창조주 하나님을 모독하는 일을 행하고서도 벌을 받지 않으리라 생각하는가? 그대가 정숙하지 못하게 남자들 주위를 맴돌면서 요염하게 입술 연지를 바르고 다닌다면, 비록 음란한 일을 하지 않는다 하더라도, 하나님께 속한 것을 왜곡, 훼손하는 일이므로, 간음한 여자보다 더 나쁘다는 책망을 받을 것이다. 그대는 몸단장, 머리 단장을 한 것이라고 믿겠지만, 실상은 하나님의 작품을 망가뜨린 행위가 되고, 진실을 왜곡하는 행위가 된다. 사도 [바울]이 권면하는 소리를 들어 보자! "너희는 누룩 없는 자인데, 새 덩어리가 되기 위하여 묵은 누룩을 내어버리라! 우리의 유월절 양, 곧, 그리스도께서 희생이 되셨느니라. 이러므로 우리가 명절을 지키되 묵은 누룩도 말고 괴악하고 악독한 누룩도 말고 오직 순전함과 진실함의 누룩 없는 떡으로 하자!"(고전 5:7-8) 순전한 것을 더럽히고, 색칠을 하여 가짜로 만들고, 화장품으로 진실된 모습을 거짓된 것으로 바꾸는데, 순전함과 진실됨이 유지되겠느냐? 그대의 주님은 [이렇게] 말씀하셨다. "이는, 네가 한 터럭도 희고 검게 할 수 없음이라"(마 5:36). 그런데도, 그대는 그대 주님의 음성을 무시할 수 있을 만큼 권세 있는 자가 되기를 원하고 있다. 그래서 언감생심(焉敢生心) 불경하게도 [주님의 말씀을] 무시하고 그대의 머리카락에 염색을 한다. [그리고,] 그대의 불꽃 같이 붉은 빛으로 물들인 머리카락으로 장래에 닥칠 재난을 미리 선포한다.[1]

---

[1] Cypriān, *Dē habitū virginum* xv - xvi.

이어지는 문장을 전부 다 인용한다면, 장황해질 것이다.

암브로시우스가 사용한 장중한 어조의 예

제21장 (50) 그런데, 암브로시우스는 이런 여자들에 대해서 다음과 같이 이야기한다.

> 바로 이 때문에 시험을 받아 죄 짓는 일이 생긴다. 곧, 남편의 눈에 들지 않을까 염려하여 입술 연지를 바르는데, 얼굴을 거짓되이 꾸미는 것은 [결국] 정숙함을 잃게 되는 첩경이다. 타고난 용모를 바꾸는 것, 거짓된 것을 추구하는 것, 그리하여, 남편의 [부정적] 판단을 두려워하다 자기 스스로 판단력을 잃고 마는 것은 얼마나 정신 없는 짓인가? 이는, 타고난 것을 바꾸고 싶어하는 여자는 누구보다 먼저 자기 스스로가 자기 자신에 대하여 [부정적] 판단을 내리는 것이기 때문이다. 다른 사람의 마음에 들려고 노력하다가, 먼저 자기가 자기 마음에 들지 않게 되는 것이다. 여자여! 그대가 자기 자신을 [있는 그대로] 보여 주기를 두려워한다면, 그대의 못생긴 것에 대하여 그대 자신보다 더 솔직한 재판관을 우리가 어디서 찾을 수 있겠는가? 그대가 아름답다면, 자신을 왜 숨기는 것인가? 못생겼다면, 왜 아름다운 것처럼 속이는 것인가? 거짓된 모습에 그대 자신의 양심이 즐거울 리 없고, 다른 사람 역시 기쁨을 느낄 수 없을 것이다. [화장으로 그대 모습이 바뀐다면, 그대 남편은] 정말이지 다른 여자를 사랑하게 되는 것이고, 그대는 다른 사람의 사랑을 받는 걸 원하는 것이나 마찬가지가 된다. 그대 남편은 그대로 인해 바람 피우는 것을 배운다. 그런데도, 그대 남편이 다른 여자를 사랑한다고 분을 낼 수 있는가? 그대야말로 죄를 가르친 장본인이다. 그리고 이로 인해 죄를 받고 있다. 사실, 뚜쟁이한테 피해를 당해 본 여자는 스스로 뚜쟁이 짓하기를 꺼리게 된다. 그녀가 아무리 값싼 여자라 해도, 자기 자신에게는 몰라도, 남에게는 죄를 짓지 않는다. 어쩌면, 간통죄가 더 문제가 덜할지도 모른다. 이는, 간통은 정조를 잃는 것이지만, 이것은 자연을 훼손하는 것이기 때문이다.[1]

---

[1] Ambrosius, *Dē virginibus* I, vi, 28.

내가 생각하기에, 여자들이 [진한] 화장을 하여, 자기 외모를 [지나치게] 꾸미는 것을 방지하는 목적, 여자들로 하여금 정숙하고 공경하는 태도를 가지게 하는 목적을 달성하기 위해서는 이와 같이 유창한 언변으로 강하게 몰아세우는 것이 필요할 것 같다. 여하간 우리는, 이것이 차분한 어조나 절도 있는 어조로 한 말이 아니고, 장중한 어조로 한 말임을 알 수 있다.

　그런데, 내가 교회에 속한 모든 인물들 중에서 예거하고자 했던 이 두 분[1]이나, 혹은, 다른 인물들은 좋은 내용을 훌륭하게, 다시 말해, 내용이 요구하는 바에 따라, 때로는 예리하게, 때로는 화려하게, 때로는 열정적으로 말하였다. 그들의 수많은 책이나 강설 속에는 이 세 가지 어조 내지 문체가 발견된다. 그래서, 이것을 부지런히 읽거나 듣고, 연습을 해 본다면, 배우고자 하는 열심을 가진 사람은 이 세 가지 스타일을 [잘] 익힐 수 있을 것이다.

---

[1] 퀴프리안과 암브로시우스.

모든 종류의 스타일을 다 동원하여야 함

제22장 (51) 그런데 이런 [여러] 스타일을 [함께] 섞어 사용하는 것을 수사학 규칙에 어그러지는 것이라는 생각을 절대 해서는 안 된다. 할 수만 있다면, 오히려 모든 종류의 스타일을 다 동원하는 것이 좋다. 이는, 한 가지 스타일만을 계속 사용하면, 청중을 사로잡는 것이 어려워지기 때문이다. 하지만 스타일에 변화를 주면, 강설(講說)이 좀 길어지더라도, 좀 더 재미 있는 진행이 가능하기 때문이다. 그런데, 웅변가의 연설을 보면, 스타일 하나 하나에도 [미세한] 변화가 있는 것을 알 수 있다. 그래서, 듣는 사람들의 감각이 냉각되거나 둔화되는 것을 허용하지 않는다. 물론, 계속 차분한 어조 하나만 사용하는 것이, 장중한 어조 하나만 사용하는 것보다는 청중의 인내심을 장시간 확보하기가 더 쉽다. 이는, 청중으로 하여금 우리의 말에 동의하도록 만들기 위해, [그들의] 마음을 감동시키는 일을 많이 하면 할수록, 그들을 감동된 상태로 붙들어 매 두기가 어려워지기 때문이다. 그 상태를 계속 잘 유지시키려면, 계속적인 자극이 필요하다. 그러므로 이미 고양(高揚)돼 있는 마음을 더욱 더 고양시키려다가, 자극에 의해 이미 고양돼 있던 마음이, 고양돼 있던 그 위치에서 도리어 추락하는 일이 없도록 조심해야 한다. 그러나, 좀 더 차분한 어조로 말해야 할 내용을 중간에 삽입했다가, 장중한 어조로 말해야 할 내용으로 돌아오는 일을 능숙하게 해낸다면, 강설(講說)은 물러갔다 다시 밀려오는 바다의 파도처럼 변화무쌍한 위력을 발휘할 것이다. 그러므로, 장중한 어조의 말을 오래 해야 할 경우에는, 이 어조만 사용하지 말고, 다른 스타일을 중간 중간에 삽입시켜 변화를 주는 것이 좋다. 다만, 전체적으로는 장중한 어조가 강설 내내 우세하게 나타나도록 배정하는 것이 좋다.

여러 가지 스타일을 혼용하는 방법

제23장 (52) 어떤 스타일을 어떤 스타일과 섞어 써야 할지에 관한 문제, 혹은 어떤 스타일을 꼭 필요적절한 곳에 적용하는 문제는 중요하다. 예컨대, 장중한 어조가 주를 이루는 경우는, 서두를 절도 있는 어조로 시작하는 것이 항상, 혹은 거의 항상 필요하다. 그리고 장중한 어조가 주를 이루는 강설(講說)에서 차분한 어조를 종종 섞어 쓰는 것은 말하는 사람의 재량인데, 이렇게 하면, 장중하게 말하는 대목이 대조가 되어, 더 장중한 느낌을 줄 수 있다. 이것은 마치, 그늘진 곳에서 빛나는 물체가 더 밝히 보이는 것과 같다. 물론, 어떤 스타일로 말을 하든, 해결해야 될 어려운 문제가 반드시 제기되기 마련이고, [이를 해결하기 위해서는] 예리한 안목이 필요하고, [이를 설명하기 위해서는] 차분한 어조를 사용하는 것이 좋다. 그러므로 다른 두 가지 스타일을 주로 사용하는 경우에도, 어려운 문제에 대한 해결책이 추구될 때에는, 차분한 어조를 사용하는 것이 좋다. 예를 들어, 무엇을 칭찬하거나 책망하기는 하지만, 누구의 단죄나 무죄방면을 호소하는 경우가 아니라면, 또, 어떤 행동에 동참하도록 요구하는 경우가 아니라면, 주된 스타일이 무엇이냐에 상관없이, 반드시 절도 있는 어조를 섞어서 사용해야 한다. 따라서, 장중한 스타일이 주로 사용되는 곳에서도 다른 두 가지 스타일을 사용하는 것이 적절할 때가 있다.

비슷한 원리가, 차분한 스타일이 주로 사용되는 곳에서도 적용된다. 그러나 절도 있는 스타일은 차분한 스타일을 항상 필요로 하는 것이 아니고, 가끔만 필요한데, [앞에서] 말한 것처럼, 어떤 문제의 매듭을 풀어야 할 일이 생길 때, 혹은, [화려한] 수식어를 사용할 수 있지만, 그렇게 하지 않고 차분한 스타일로 말함으로써, [화려한] 수식어를 사용했을 때보다 더 강한 인상을 주고자 할 때, 그러하다. 그러나, 절도 있는 어조는 장중한 스타일을 꼭 필요로 하는 것은 아니다. 이는, 절도 있는 어조는 [청중의] 마음을 유쾌하게 만들기 위한 것이지, 감동시키기 위한 것이 아니기 때문이다.

장중한 어조의 효과

제24장 (53) 그런데 사람들이 연사(演士)에게 뜨거운 박수를 자주 보낸다 해서, 그 연사가 장중한 어조로 말한다고 믿어서는 안 된다. 이는, 차분한 어조에서 나오는 예리함이나, 절도 있는 어조로 나열하는 수식어 역시 청중의 뜨거운 박수를 불러 일으킬 수 있기 때문이다. 하지만 장중한 스타일은 자신의 무게 때문에 목소리를 낮출 때가 많지만, 눈물을 자아낸다.

언젠가 마우리타니아(Mauritānia)의 캐사레아(Caesarēa)에서 백성들 사이에 석전(石戰)[1]이라 불리는 편싸움이 있었다. 이것은 내란보다 더한 것이었기에, 나는 백성들에게 그것을 하지 말라고 설득하였다. [편싸움이 나면,] 시민들뿐 아니라, 친지들과 형제들, 심지어는 부모들과 자식들까지도 두 편으로 나뉘어, 여러 날 동안 계속 서로 돌을 던지며 싸웠다. 매년 무슨 절기가 오면, 이런 행사가 거행되었는데, 경우에 따라서는 [상대방] 사람들을 죽이기도 하였다. 그래서 나는 장중한 어조를 사용하여 설교를 하였고, 그와 같은 악습을, 오래되었지만, 아주 잘못된 습관을 그들의 마음과 행실에서 추방하도록 내 힘껏 설득하였다. 그렇지만, [나의 설교에] 무슨 효과가 있었음을 믿게 된 것은, 그들의 박수 소리를 들었을 때가 아니라, 그들이 눈물 흘리는 모습을 보았을 때였다. 이는, 그들이 [나의 설교에서] 교훈과 기쁨을 얻은 것은 박수를 통해 나타내 주었지만, [나의 설교에서] 감동을 받은 것은 눈물을 통해 나타내 주었기 때문이다. 그들의 눈물을 보고 나는, 그들이 조상 대대로 물려받은 비인간적인 습속(習俗), 그들 마음을 적대적으로 에워싸고 있던, 아니, 점령하고 있던 습속이 극복되었음을 믿을 수 있었다. 물론, 그들은 이 사실을 나중에 그들의 행동을 통해서 증명해 보여 주었는데, 설교가 끝나자마자, 그들은, 자기네가 돌이킨 사실을 마음과 입을 열어 [고백하면서] 하나님께 감사를 드렸다. 그리고 이제 어언 거의 8년, 아니, 그 이상의 세월이 흘렀지만, 그리스도의 은혜로 그곳에서는 그와 같은 악습이 더 이상 전혀 행해지지 않고 있다.

---

[1] 라틴어로 caterva라 하는데, 이것은 본디 "무리" 혹은 "군대"라는 뜻이다.

이밖에도 나는 여러 가지 체험을 통해서, 지혜로운 자가 장중한 어조로 말을 하면, 사람들이 감동을 받는다는 사실을 배우게 되었다. 물론, 이런 사실은 함성보다는 한숨으로, 때로는 눈물로 표현되는 경우가 더 많고, 최종적으로 삶의 변화로 표현되는 경우가 더 많다.

차분한 어조의 말로도 상당수의 사람을 감동시켜 선하게 바꿀 수 있음

제24장 (54) 차분한 어조의 말로도 많은 사람들을 변화시킨 일이 있다. 하지만 이런 일은, 몰랐던 것을 그들이 알게 되고, 그들이 믿을 수 없다 생각했던 것을 믿게 되는 경우에 생겼다. 그러나 이것은, 행해야 함을 알면서도 행하고 싶어하지 않던 것을 행하게 만드는 것과는 다른 일이다. 이런 정도로 강퍅한 심령을 감동시키려면 장중한 어조로 말을 해야 한다. 이는, 칭찬하는 말이든, 책망하는 말이든, 웅변적으로 말을 할 경우에는, 차분한 어조로 말을 한다 해도, 어떤 사람들에게는 [깊은] 감동을 주어, 칭찬하는 말이나 책망하는 말을 즐거운 마음으로 들을 뿐 아니라, 칭찬받을 일은 하고 싶어지고, 책망받을 일은 피하고 싶어지는 마음이 생기기 때문이다. 그런데 즐거운 마음으로 들은 사람 전부가 변화된다든지, 장중한 어조로 말을 하면, 그 말을 들은 사람 모두가 감동을 받아, 그 말을 행동에 옮긴다든지, 차분한 어조로 말을 하면, 그 말을 들은 사람 모두가 가르침을 받아, 그들이 모르는 사실을 알게 되는 일, 혹은 그 사실이 참되다는 것을 믿게 되는 일이 정말로 생기는 것일까?

절도 있는 어조를 어떤 목적에 사용하는 것이 옳은가?

제25장 (55) 그러므로 우리는 다음과 같은 결론을 내릴 수 있다. 즉, 장중한 어조를 사용하든, 차분한 어조를 사용하든, 가장 중요한 것은 그것을 가지고 달성하고자 하는 목적이다. 지혜로우면서도 능란하게 말하기를 원하는 사람들은 이것을 염두에 두는 것이 매우 중요하다. 그러나 절도 있는 어조를 사용하는 경우에는, 웅변 그 자체로 [사람들을] 즐겁게 하는 것이 중요하지만, [그렇다고] 그것 자체가 목적이 되어서는 안 된다. 우리가 말하려는 내용이 유익하고 덕스러운 것일 뿐 아니라, 청중이 그 내용을 [이미] 알고 있고, 그 내용에 대해 호감을 가지고 있기 때문에, 말로써 가르치는 일이나, 감동시키는 일이 꼭 필요한 것이 아니라 가정해 보자! 이런 경우 즐거움을 주는 말은 공감을 상당히 쉽게 불러 일으킬 수 있거나, 아니면, [사람들로 하여금] 공감하는 일에 보다 더 강한 애착을 가지게 만들 수 있다.

 위의 세 가지 스타일 중 어느 것을 사용하든지 간에, 웅변의 일반적 목적은, 설득에 적합한 말을 하는 것이다. 사실, 웅변의 목적은 말을 통해 설득하는 데 있다. [그러므로,] 이 세 가지 스타일 중 어느 것을 사용하든지 간에, 웅변가는 설득에 적합한 말을 [해야] 하는 것이고, 만약 설득에 성공하지 못한다면, 그는 웅변의 목적을 달성하지 못하게 되는 것이다.

그런데 말하는 내용이 참되다는 것을 설득하는 데는 차분한 스타일을 사용하며, 행해야 한다는 것을 이미 알면서도 행하지 않는 것을 행하게 만들기 위해서는 장중한 스타일을 사용하고, 자기가 미려(美麗)하고 멋있게 말하고 있다는 사실을 설득하기 위해서는 절도 있는 스타일을 사용한다. 이러한 목적을 [달성하기] 위해서 우리에게 필요한 것은 무엇인가?

[자기의] 언변에 자부심이 있는 사람, 예찬 연설과 같은 것을 잘한다고 뽐내는 사람은 절도 있는 스타일을 좋아한다. [물론,] 청중에게 가르침을 줄 필요가 없거나, 청중으로 하여금 무엇을 하도록 [마음을] 감동시킬 필요가 없고, 오직 청중을 즐겁게 하는 것이 목적일 때 그렇다.

하지만 우리는 이 목적을 다른 목적과 연결시킬 수 있다. 즉, 우리가 장중한 스타일로 말을 함으로써 달성하고자 하는 것, 곧, [사람들로 하여금] 선한 행실을 사랑하게 하고, 악한 행실은 피하게 하고자 할 때, 우리는 절도 있는 스타일을 통해서도 같은 목적을 달성할 수 있다. 사람들이 선한 행동을 하는 데 별다른 거부감이 없어서, 굳이 장중한 스타일을 사용할 필요가 없는 것처럼 보인다든지, 그들이 이미 선한 행동을 하고 있는 관계로, 그런 행동을 더 열심히 하고, 그런 행동을 하는 데 끝까지 굳세게 매진할 것을 [독려하는 것으로] 족하다면, [절도 있는 스타일만 사용해도 된다]. 그러므로, 우리는 절도 있는 스타일을 사용하되, [자기의] 훌륭한 언변을 자랑하는 데 사용하지 말고, 지혜롭게 사용해야 할 것이다. [즉, 절도 있는 스타일을 사용할 때는,] 청중을 즐겁게 하는 것으로만 만족하지 말고, 오히려 선을 행하도록 설득하는 일에 힘써야 한다. [정말이지,] 우리가 설득하고자 하는 것은, 선을 행해야 한다는 사실이며, [청중으로 하여금 선을 행하도록] 돕기 위하여 [우리는 강설(講說)을 한다].

어떠한 스타일을 사용하든, 변사가 추구해야 할 것은, 청중이 이해하기 쉬운 말, 즐거운 마음으로 들을 수 있는 말, 순종하고자 하는 마음을 불러일으키는 말을 하는 것임

제26장 (56) 그러므로, 위에서 우리가 제시한 세 가지 목적을 생각해 볼 때, 지혜로운 변사(辯士)가 만약 능란하게 말하는 것도 원한다고 한다면, 청중이 이해하기 쉬운 말, 즐거운 마음으로 들을 수 있는 말, 순종하고 싶은 마음을 불러일으키는 말을 해야 한다. 그렇다고, [이들 목적] 하나하나를 세 가지 강설(講說) 스타일 중 어느 하나에[만] 연관시켜서는 안 된다. 즉, 차분한 스타일은 이해하기 쉬운 말과[만] 연관시키고, 절도 있는 스타일은 즐거운 마음으로 들을 수 있는 말과[만] 연관시키고, 장중한 스타일은 순종하는 마음을 불러일으키는 말과[만] 연관시켜서는 안 된다. 오히려 이들 세 가지 목적을 항상 염두에 두어야 한다. 그래서, 가능하다면, 세 가지 스타일 중 어느 하나만을 사용하는 경우라도, [이들 세 가지 목적을 항상 염두에 두는 것이] 좋다. 이는, 우리가 차분하게 말을 하는 경우에도, 청중이 싫증을 내는 것을, 우리가 바라지 않기 때문이다. 사실, 이런 이유 때문에 우리는, 청중이 이해하기 쉬운 말만 하기를 원하지 않고, 즐거운 마음으로 들을 수 있는 말도 하기를 원하는 것이다.

정말이지, 우리가 말하는 내용을 하나님의 말씀을 가지고 증명하는 이유도, 청중에게 순종하는 마음을 불러일으키는 목적 외에 무엇이 있겠는가? 즉, "주의 증거하심이 확실"(시 93:5)하여, 지극히 믿음직스럽다는 말씀이 있지만, 주님의 도우심으로 말미암아 우리가 하는 말을 사람들이 믿어 주는 것말고, [우리가 바랄 것이 무엇인가]? 비록 무엇을 차분한 어조로 이야기한다 하더라도, 배우는 사람들이 [우리의] 이야기를 믿어 주는 것말고, 우리가 원하는 것이 대체 무엇인가? 또한, [우리가 하는 말이] 상당히 재미가 있어서, 청중을 사로잡지 못한다면, [우리] 말을 들으려고 하겠는가? 그리고, [우리 말을] 이해하지 못한다면, 즐거운 마음이나 순종하는 마음으로 들을 수 없다는 사실을 누가 모르겠는가?

그러나 차분한 스타일의 강설(講說)로 대단히 어려운 문제를 해결할 뿐 아니라, 예상밖으로 명확한 설명을 하여 준다 하자! 그리고 어느 곳에서 나왔는지는 모르지만, [전혀] 상상하지 못했던 곳에서 지극히 예리한 생각들을 끄집어내어 제시한다고 하자! [그래서] 논적(論敵)의 오류를 밝히 증명하고, 논박의 여지가 없는 것처럼 보이던 그 사람 말이 허위임을 드러낸다고 하자! 거기다가 특별히, 이 강설에 꾸밈이 없는, 상당히 자연스러운 멋이 깃들어 있고, 허세를 부리는 것이 전혀 없으면서도, 필연적으로 흘러나오는 것만 같은, 말하자면, 내용 자체에서 흘러나오는 것만 같은, 결구(結句)의 운율(韻律)까지 적지 않게 포함되어 있다 하자! 이러한 경우, 이것이 과연 차분한 스타일의 강설인지를 알 수 없을 정도로, 엄청난 박수갈채를 이끌어 낼 때가 많다. 사실, 이러한 스타일은 아무런 장식이나 무장이 없이 전진하여, 거의 맨몸으로 싸움에 임한다. 그럼에도 적을 힘찬 팔로 찍어 누르며, 저항하는 거짓을 엄청 건장한 육신으로 때려 눕히고야 만다.

그런데 이러한 스타일로 말하는 변사(辯士)를 향해 커다란 박수갈채가 자주 터져 나오는 이유는 무엇인가? [그의 말을 통해] 진리가 증명되고, 변호를 받고, 진리는 [절대] 무너지지 않는다는 사실이 밝혀지기 때문에, 기뻐서 그런 것이 아니겠는가? 그러므로, 우리의 교사와 변사는 차분한 스타일을 사용할 때에도, 청중이 이해하기 쉬운 말만 할 것이 아니라, 청중에게 진리를 사랑하고 싶은 마음, [진리에] 순종하고 싶은 마음이 생기게 하는 말도 해야 한다.

절도 있는 스타일을 사용할 때 기독교 변사가 주의해야 할 사항

제26장 (57) 절도 있는 스타일로 강설(講說)을 할 때에도, 교회의 변사(辯士)는 수식어를 전혀 쓰지 않아서도 안 되지만, 걸맞지 않는 수식어를 써서도 안 된다. 다른 변사들이 오직 [사람들을] 즐겁게 하는 일에만 몰두한다 해도, 교회의 변사는 그들과는 달리, 그가 칭찬을 하든, 책망을 하든, 듣는 사람들에게 순종하는 마음이 생기도록 해야 한다. 그래서, 칭찬할 만한 것은 사랑하거나 굳게 붙들도록 해야 하고, 책망받아 마땅한 것은 피하거나 혐오하도록 해야 한다. 그러나, [귀에] 들려 오는 말이 이해가 되지 않는다면, 그 말을 즐거운 마음으로 들을 수 없다. 따라서, 즐거움을 주안점으로 삼는 [절도 있는] 스타일의 경우에도, 이 세 가지 목저, 곧, 청중을 이해시키고, 즐겁게 만들고, 순종하게 만드는 것 [모두]를 추구해야 한다.

장중한 스타일을 사용할 때 기독교 변사가 주의해야 할 사항

제26장 (58) 하지만 청중을 감동, 변화시켜야 할 때에는 장중한 스타일을 사용해야 한다. (이것은, 말을 옳고 재미 있게 한다는 것을 인정함에도 불구하고, 그 말을 청중이 행하고 싶어 하지 않을 때 그렇다.) 이런 경우에는 무조건 장중하게 말을 해야 한다. 그러나, 말하는 바를 이해하지 못한다면, 누가 감동을 받겠는가? 또, 재미를 느끼지 못한다면, 누가 계속 듣고[만] 있겠는가? 그러므로, 장중한 스타일의 말을 통해 강퍅한 심령을 변화시켜, 순종하는 마음이 생기도록 하려면, 청중이 이해하기 쉬운 말, 재미 있게 들을 수 있는 말을 해야 한다. 그렇지 않으면, 순종하는 마음으로 들을 수가 없다.

변사의 삶이 그의 말과 일치할 때, 사람들은 더욱 더 그의 말을 따르게 됨

제27장 (59) 그러나, [청중으로 하여금] 순종하는 마음으로 듣게 하려면, 장중한 스타일로 말하는 것보다 더 중요한 것은 변사(辯士)의 삶이다. 이는, 지혜롭고 능란하게 말하는 사람이 형편없는 삶을 산다면, 그가 비록 배우는 열심을 가진 사람들을 많이 길러낼 수 있을지는 몰라도, "자기 자신의 영혼에는 무익"(집회서 37:22)할 것이기 때문이다. 그래서, 사도 [바울]은 말하기를, "외모로 하나, 참으로 하나, [무슨 방도로 하든지,] 전파되는 것은 그리스도니"(빌 1:18)라 하였다. 물론, 그리스도는 진리이시다. 하지만 진리도 비진리에 의하여 전파될 수 있다. 즉, 사악하고 거짓된 마음을 가진 자도 바르고 참된 것을 선포할 수 있다. 그래서, "자기 일을 구하고, 그리스도 예수의 일을 구하지 아니"(빌 2:21)하는 자들에 의해서도

예수 그리스도는 전파되신다. 그러나, 착한 신자들은 아무 사람의 말이나 [다] 순종하는 마음으로 듣는 것이 아니고, 주님의 말씀만 [순종하는 마음으로] 듣는다. 그런데, 주님은 이렇게 말씀하셨다.

> [그러므로,] 무엇이든지, 저희의 말하는 바는 행하고 지키되, 저희의 하는 행위는 본받지 말라! 저희는 말만 하고 행치 아니하며.[1]

그러므로, "유익"하게 처신하지 않은 사람들의 말도 듣는 것이 "유익"하다. 이는, 그들이 "자기 일을 구"한다 해도, 교회의 상좌(上座)에 앉아 있는 한, 감히 자기 마음대로 가르치지 못하는 까닭이다. 교회에 상좌를 둔 것은 건전한 교리 때문이다. 이런 이유로 주님께서도 이런 자들에 대하여, 내가 방금 인용한 말씀을 하시기 직전에, "[저희가] 모세의 자리에 앉았으니"(마 23:2)라는 말씀을 먼저 하셨다. 그러므로, 교좌(敎座)는 그들의 것이 아니고, 모세의 것이다. 그래서, 그 교좌 때문에라도 선한 말을 할 수밖에 없다. 비록 선한 행위는 하지 않는다 해도 말이다. 그러므로, 그들이 자기네 삶에서는 자기네 방식대로 살겠지만, 그들의 교좌가 자기네 것이 아니기 때문에, 그들로 하여금 다른 것을 가르치도록 허락하지 않는다.

---

[1] 마 23:3.

말을 실천하는 사람들이 더 많은 사람들에게 유익을 끼침

제28장 (60) 그러므로, 자기가 실천하지 않는 바를 말함으로써 많은 사람들에게 유익을 끼치지만, 자기가 하는 말을 실천하는 사람은 훨씬 더 많은 사람들에게 유익을 끼칠 것이다. 이는, 자기가 못된 삶을 사는 것에 대한 핑계를 자기 윗사람들이나 스승들에게서 찾는 사람들이 많기 때문이다. 이런 사람들은 자기 마음 속으로, 혹은, 불쑥 말이 튀어나올 경우에는, 자기 입으로도 이렇게 항변하여 말한다. "당신 자신도 실천하지 못하는 것을 왜 내게 명령하는 것이오?" 자기가 자기 말을 듣지 않는데, 남이 [그 말을] 듣고 순종할 리가 없다. 설교자를 멸시하다 보면, [설교자를 통해] 전파되는 하나님의 말씀까지 멸시하게 된다. 그래서, 사도 [바울]은 디모데에게 편지를 쓰면서, "누구든지 네 연소함을 업신여기지 못하게 하고"라는 말을 한 다음에, 어떻게 하면 업신여김을 당하지 않는지를 설명하면서 다음과 같은 말을 덧붙였다.

> 오직 말과, 행실과, 사랑과, 믿음과, 정절에 대하여 믿는 자들에게 본이 되어.[1]

진리를 언변보다 더 사모해야 함

제28장 (61) 훌륭한 교사는, 청중에게 순종하는 마음이 생기도록 하기 위하여, 차분한 스타일이나 절도 있는 스타일뿐 아니고, 장중한 스타일도 아무 부끄러움 없이 사용하는데, 이는, 그의 삶이 떳떳하기 때문이다. 이는,

---
[1] 딤전 4:12.

선한 삶을 살기로 작정한다는 것은, 좋은 평판도 무시하지 않는 것을 의미하면서, 동시에 "주 앞에서만 아니라 사람 앞에서도 선한 일에 조심"(고후 8:21)하여, 하나님께 대하여는 최대한의 경외심을 바치고, 사람들에 대하여는 최대한의 배려를 아끼지 않으려 한다는 것을 의미하기 때문이다.

[훌륭한 교사는] 강설(講說)을 할 때도, 말의 모양보다는 말의 내용으로 사람들의 마음에 들고자 노력하며, 진리에 합당한 말이 아니면, 결코 좋은 말이라 여기지 않고, 교사는 언변의 노예가 되어서는 안 되고, 언변이 교사의 노예가 되어야 한다는 것을 명심한다. 정말이지, 사도 [바울]이 다음과 같은 말을 한 것도 이 때문이다.

… 말의 지혜로 하지 아니함은, 그리스도의 십자가가 헛되지 않게 하려 함이라.[1]

이것은 디모데에게 한 말에도 해당된다.

… 말다툼을 하지 말라[고 하나님 앞에서 엄히 명하라]! 이는, 유익이 하나도 없고, 도리어 듣는 자들을 망하게 함이니라.[2]

그러나 이 말이, 진리에 대항하는 자들 앞에서 우리가 진리를 변호하는 일을 전혀 하지 말라는 의미는 아니다. 또한, 감독이 어떠한 사람이 되어야 하는가를 제시하면서, [바울이] 여러 말을 하는 중에 다음과 같은 말을 한 것은 무슨 이유인가?

… 이는, 능히 바른 교훈으로 권면하고 거스려 말하는 자들을 책망하려 함이라.[3]

---

[1] 고전 1:17.

[2] 딤후 2:14.

[3] 딛 1:9.

이는, 말다툼이라 하는 것은, 어떻게 하면 오류를 진리로 극복할까에 마음을 쓰는 것이 아니라, 어떻게 하면 그대의 언변이 다른 사람의 언변보다 낫다는 소리를 들을까에 마음을 쓰는 것인 까닭이다. 그러므로 말로 다투지 않는 사람은, 차분하게 말하든, 절도 있게 말하든, 장중하게 말하든, 진리를 널리 밝히고, 사람들로 하여금 진리를 기뻐하게 하고, 진리로 인하여 감동을 받게 하고자 하는 목적으로 말을 한다. 이는, 사랑이 계명의 목적이요, 율법의 완성이라 해도, 사랑의 대상이 참된 것이 아니고, 거짓된 것이라 하면, 결단코 올바른 사랑일 수 없기 때문이다. 육신은 아름답지만, 영혼이 흉칙하다면, 육신마저 흉칙한 것보다 더 통탄할 일인 것 같이, 거짓된 것을 구변 좋게 말하는 사람은, 그러한 것을 흉측하게 말하는 사람보다 더 불쌍한 사람이다.

 그러므로 능란하게 말을 할 뿐 아니라, 지혜롭게 말을 한다는 것은, 차분한 어조로는 충분한 말을, 절도 있는 어조로는 화려한 말을, 장엄한 어조로는 격렬한 말을 하되, 어디까지나 참된 내용을 들려주기 위해서 이런 어조를 사용한다는 뜻이 아니면 무엇이겠는가? 그러나 [구변과 지혜] 이 두 가지를 다 구사하지 못하는 사람은, 능란하게 말 못할지언정, 차라리 지혜롭게 말하는 것이, 어리석은 말을 능란하게 말하는 것보다 더 낫다.

제29장 (61) 그러나, 지혜롭게 말을 하지 못한다고 하면, 자기 자신도 상급을 받을 수 있도록 생활할 뿐 아니라, 남들에게도 본이 될 수 있도록 생활해야 할 것이다. 즉, 삶의 모습이 마치 풍부한 언변이 되도록 해야 할 것이다.

교역자가 자기보다 더 경험이 많은 설교자의 원고를 입수하여 회중에게 그것을 전해 준다 해도 나무랄 일이 아님

제29장 (62) 그런데 전달 능력은 뛰어난데, 정작 무엇을 전해야 할지 생각해 내지 못하는 사람들이 있다. 이런 사람들이, 다른 사람들이 언변과 지혜를 다하여 써 놓은 설교문을 설교문을 입수하여 암기를 한 다음, 그것을 회중에게 전해 준다 하자! 이것은 일종의 연기(演技)를 하는 것이므로, 나무랄 행동이 아니다. 이는, 이를 통해 훌륭한 교사는 많이 나오지 않는다 해도, 진리의 선포자는 많이 나오게 될 것이니, 분명 유익한 일이 되기 때문이다. 단, 그들 모두가 유일하게 참된 스승 되신 (마 23:8 참조) 그 분의 동일한 말씀을 전하되, 그들 "가운데 분쟁이"(고전 1:10) 없다는 전제 하에서 말이다. 그들은, 예레미야 선지자의 음성을 통해 하시는 하나님의 책망을 두려워할 필요가 없다. 하나님은 자기 말씀을 "도적질하는"(렘 23:30) 자들, 각기 자기 이웃에게서 [말씀을 도적질하는 자들을] 책망하셨다. 이는, 도적질하는 자들은 남의 것을 훔치는 자들이기 때문이다. 하지만 하나님 말씀은 그 말씀에 순종하는 자들에게 남의 것이 아니다. 오히려, 말은 잘하면서, 삶은 엉망으로 사는 사람이 남의 것을 [훔쳐] 말하는 자라 할 수 있다. 이런 사람이 아무리 좋은 내용을 말한다 해도, 또, 그것을 그 사람 재능으로 생각해 낸 것처럼 생각된다 해도, 그가 말한 내용은 그의 삶과 거리가 있다. 그래서, 하나님은 이런 사람들을 두고 당신 말씀을 "도적질"하는 사람들이라고 말씀하신 것이다. 이런 사람들은 선하게 보이기 위해, 하나님의 것을 말하기는 한다. 하지만 악하기 때문에, 자기네의 것을 실천에 옮긴다. 면밀히 살펴 본다면, 정말이지 이들은 입으로는 선한 것을 말하는지 몰라도, 실상으로는 선한 것을 말하지 않는 것이나 다름이 없다.

행동으로 부정하는 것을 도대체 어떻게 입으로 말한다 할 수 있겠는가? 그러므로 사도 바울이 이런 사람들에 대해서 다음과 같이 말한 것은 공연한 일이 아니었다.

> 저희가 하나님을 시인하나, 행위로는 부인하니, …[1]

따라서 이들은 어떤 면에서는 말을 하는 것이지만, 다시 어떤 면에서는 말을 하지 않는 셈이다. 정말이지, 진리 [되신 주님]께서 이 두 가지 면을 두고 하신 말씀은 다 옳다. [첫째,] 이런 사람들에 대하여 주님은 "저희의 말하는 바는 행하고 지키되, 저희의 하는 행위는 본받지 말라!"(마 23:3) 하셨는데, 이것은, 이런 사람들의 입에서 나오는 말은, 듣는 대로 행하되, 이들의 행위를 보고는 [따라]하지 말라는 뜻이다. 그래서, 주님은 덧붙여 말씀하셨다. "저희는 말만 하고 행치 아니하며"(마 23:3). 그러므로, 이런 사람들은 행하지는 않으면서도, 말은 하는 것이다. [둘째,] 다른 구절을 보면, 주님은 이런 사람들을 꾸짖어 말씀하신다.

> 독사의 자식들아! 너희는 악하니, 어떻게 선한 말을 할 수 있느냐?[2]

따라서 이들이 선한 말을 할 때에도, 이들이 말한 것은, 이들 스스로 말한 것이 아니다. 이는, 이들이 말한 것을 이들이 의지로는, 곧, 행실로는 부정(否定)하기 때문이다.

그러므로 악하면서도 말은 잘하는 사람이 진리를 선포하는 설교문을 작성하는 일이 있을 수 있다. 그리고 선하면서도 말은 잘하지 못하는 사람이 이 설교문을 이용하는 일이 있을 수 있다. 그런데 이런 일이 실지로 생기는

---

[1] 딛 1:16.

[2] 마 12:34.

경우, 악한 사람이 내어 주는 것은 자기 것인 것 같지만, 자기 것이 아니고, 선한 사람이 받는 것은 남의 것인 같지만, 자기 것이다.

그러나 선한 신자들이 [다른] 선한 신자들에게 이와 같은 봉사를 한다면, 둘 다 자기 말을 하는 셈이 된다. 이는, 하나님이 그들의 하나님이시고, 그들이 하는 말은 하나님의 소유이기 때문이다. 그리고 그들에게 비록 설교문을 직접 작성하는 능력이 없었다 할지라도, 그들이 그 말씀대로 합당하게 산다고 하면, 그 말씀은 그들의 소유가 되기 때문이다.

설교자는 먼저 하나님께 기도하는 사람이 되어야

제30장 (63) 그런데 누구든지 회중 앞에서나 어떤 몇몇 사람들 앞에서 말을 하려 하거나, 회중 앞에서 말할 내용을 받아쓰게 하거나, 읽고 싶은 마음과 읽을 능력이 있는 사람들로 하여금 받아쓰게 하려 한다면, 하나님이 자기 입에 좋은 말을 담아 주시도록 기도해야 할 것이다. 사실, 에스더 왕비도 자기 백성의 현세적(現世的) 구원을 위해 임금에게 [청원하는] 말을 하려고 할 때에, 하나님이 자기 입에 적절한 말을 담아 주시도록 기도하였다.[1] 그렇다면, 사람들의 영원한 구원을 위해 말씀을 전하고 가르치는 일에 종사하는 사람은 이러한 은사(恩賜)를 받기 위해 얼마나 더 많이 기도해야 하겠는가?

---

[1] 에 4:16 참조.

한편, 다른 사람들에게서 받은 글을 [자기 입으로] 전해야 할 사람들은, 글을 받기 전에 작성자들을 위해 기도하되, 자기가 그들에게서 받기 원하는 것을, [하나님이] 그들에게 주시도록 기도해야 할 것이다. 그리고 글을 받은 다음에는, 자신이 잘 전할 수 있도록, 그리고 청중이 잘 받아들일 수 있도록 기도해야 할 것이다. 또한, 강설(講說)이 잘 끝났을 경우에는, 자기에게 의심할 여지 없이 은혜를 베푸신 바로 그 분에게 감사를 올려야 할 것이다. 그리하여, 자랑하는 자는, 우리와 우리의 하는 말을 다 자기 장중에 두고 계신 분 안에서 자랑해야 할 것이다.[1]

글이 길어진 것에 대한 유감 표명과 하나님께 대한 감사

제31장 (64) 이 책이, 내가 바라고 생각했던 것보다 길어지고 말았다. 하지만 이 책이 나온 것을 환영하는 독자나 청중에게는 길게 느껴지지 않을 것이다. 그러나 길게 느끼기는 하지만, 책의 내용을 알고 싶은 사람은 나누어서 읽으면 될 것이다. 물론, 내용을 알고 싶은 마음이 없는 사람은, [책이] 긴 것에 대해 불평하지 말았으면 한다. 그래도 내가 하나님께 감사하는 것은, 내가 많이 부족한 사람이지만, 이 네 권의 책을 통해 내가 어떤 사람인지를 논한 것이 아니라, 건전한 학문, 곧, 기독교 학문을 통해서 자기 자신만을 위해서가 아니라 다른 사람들을 위해서 수고하기를 원하는 사람은 어떠한 사람이 되어야 하는지를 논하였기 때문이다.

---

[1] 고전 1:31 및 지혜서 7:16 참조.

해 제

1. 성격과 중요성

이 책은 본디 성경에서 지혜를 <발견(invenīre)>하고자 하는 사람들, 그리고 성경에서 얻은 지혜를 자기 혼자만 가지지 아니하고 다른 사람들에게 <전달(prōferre)>하고자 하는 사람들을 위해서 씌어졌다. 그러므로 이 책은 본디 성경해석학 책 겸 설교학 책으로 씌어진 것이다.

그런데 지혜의 <발견>과 <전달>이야말로 교육에 종사하는 모든 사람들의 최대 관심사가 아닐 수 없다. 이 책이 단순한 성경해석학과 설교학 책 이상의 책이 된 것, 어거스틴의 교육사상이 담긴 책이 된 것은 이 때문이다.

하지만 어거스틴의 입장에서 기독교인으로 교육에 종사하는 사람들은 <지혜>와 함께 <지식> 내지 <교양>도 광범위하게 가져야 하였다. 하늘의 신령한 <지혜>를 추구한다 해서, 세상 <지식> 내지 <교양>을 무시하는 것은 크리스챤 지성인의 올바른 태도가 아니다. 어거스틴이 이 책의 제목을 『기독교 학문론』(Dē doctrīnā Chrīstiānā)으로 삼은 것은, 이유가 없지 않았다.

사실, 오늘날의 크리스챤 지성인들은 영성과 지성 사이에서 심각한 방황을 느끼고 있다. 기독교적 영성을 추구하는 사람들은 지성인이기를 포기해야 하는가? 신앙과 학문은 대립적인 것인가? 기독교 역사(歷史)가 배출한 가장 위대한 사상가 어거스틴은 이 책에서 분명한 답을 제시해 주고 있다.

2. 저작 배경

2.1. 저작 시기 및 장소

어거스틴(354~430)의 『기독교 학문론』은 모두 4권으로 구성되어 있다. 이 중 제1권 및 제2권과 제3권 전반부(제25장 35절까지)를 주후 396년부터 주후 397년 사이에 썼고, 제3권 후반부(제25장 36절 이후)와 제4권을 주후 426년부터 주후 427년 사이에 썼다. 저작 장소는 힙포였다.

2.2. 예상 독자층

이 책은 본디, 앞에서 말한 대로, 성경에서 지혜를 <발견>하고자 하는 사람들, 그리고 성경에서 얻은 지혜를 자기 혼자만 가지지 아니하고 다른 사람들에게 <전달>하고자 하는 사람들을 위해서 씌어졌다. 그러므로 이 책의 타겟이 되는 독자층은 모든 성경 연구자들과, 모든 성경 교사들, 곧, 모든 현재적 및 잠재적 크리스챤들이다.

3. 구조와 내용 요약

이 책은 서언을 제외하면, 모두 4권으로 구성되어 있다.

제1권 ~ 제3권	지혜의 <발견법(modus inveniendī)> 성경해석학	
제4권	발견한 지혜의 <전달법(modus prōferrendī)> 설교학	

3. 1. 서언

어거스틴은 여기에서, 이 책의 목적이 성경 연구의 규칙 내지 지침을 제시하는 데 있음을 밝히고, 이러한 지침서의 필요성을 부정하는 사람들에게 이러한 지침서가 필요함을 역설한다.

3. 2. 제1권 (대상론)

여기에서 어기스틴은 먼지 <대성(rēs)>과 <표싱(sīgna)>의 개념을 구분한 다음, 대상에는 <향유(fruī)>의 대상과 <사용(ūtī)>의 대상이 있고, 하나님이 우리의 <향유>의 대상임을 밝힌다.

3. 3. 제2권 (표상론 및 학문론)

여기에서 어거스틴은 표상을 종류별로 설명하는 한편, 성경 연구에 필요한 여러 가지 세상 학문, 예컨대, 자연과학, 역사학, 수사학, 논리학 등에 대하여 논한다.

3. 4. 제3권 (성경 해석의 규칙)

여기에서 어거스틴은 성경의 애매한 개소를 해석하는 방법을 자세히 논한다. 그리고 주후 4세기 후반에 활약한 개혁파 도나티스트 튀코니우스(Tyconius, 330?~?390)가 그의 『규칙서』에서 제시한 성경 해석의 규칙 일곱 가지를 자세히 소개한다.

3. 5. 제4권 (설교학)

여기에서 어거스틴은 성경 연구를 통해 <발견>한 지혜를 설교를 통해 <전달>하는 방법에 대해 논한다. 이때 그는 수사학적 지식을 원용(援用)한다. 어거스틴은 또 여기에서 퀴프리안(Cypriān, 190/210~258)이나 암브로시우스(Ambrosius, 334?~397) 같은 교부들의 설교문을 인용하기도 한다. 말하자면, 어거스틴은 이미 교부학(教父學) 연구의 필요성을 느끼고 있었던 것 같다.

역자 후기

본서는 이미 2011년 번역되어, <어거스틴 교육사상 텍스트>라는 책 속에 수록된 바 있다. 세월이 지나, <어거스틴 교육사상 텍스트>는 절판되었으므로, 이제 <기독교 학문론>을 따로 출간하게 되었다.

    이 책의 중요성에 대해서는 해제에서 이미 이야기하였으므로 반복하지는 않겠다. 진리를 사랑하고 발견하기를 원하는 사람들, 또 자기가 발견한 진리를 이웃과 나누기를 원하는 사람들은 교부 어거스틴의 이 책을 통해 반드시 큰 도움을 얻을 수 있을 것이다. 주님의 은혜와 사랑이 모두에게 함께 하기를 빌며.

2018. 6. 8

대한민국 서울 수유리 한구석에서 김광채

역자: 김광채 (金光采)

서울대학교 (BA, MA)
독일 Heidelberg Univ. (Dr. theol.)
전 개신대학원대학교 역사신학 교수
국제신학대학원대학교 명예교수

저서:

<근세 · 현대교회사> 서울: CLC, 1990.
<신학논문작성법> 제2판. 서울: 참말, 1992.
<라틴어 강좌> 서울: 예영커뮤니케이션, 1994.
<교부 열전 상권> 서울: 정은문화사, 2002; CLC, 2010.
<교부 열전 중권> 서울: CLC, 2005.
<고대 교리사> 서울: 보라상사, 2003.
<중세교회사> 서울: 신성, 2002; 아침동산, 2009.
<도해 종교개혁사> 서울: 아침동산, 2009.
<그림으로 본 10대 박해> 서울: CLC, 2010.
<라틴어 문법 차트> 서울: Essay, 2013.
<믿음의 여인 모니카> 서울: 북랩, 2013.
<청년 어거스틴> 서울: Essay, 2014.
<초대교회사 서설> 서울: 노드, 2016.
<중세교회사> 서울: CLC, 2016 (중세 신학사 포함).
<도해 근세교회사> 서울: 마르투스, 2016.
<오토 대제> 서울: Essay, 2016.
<신국론 연구노트> 서울: 부크크, 2018.

역서:

<성 · 어거스틴의 고백록> 서울: CLC, 2004.
<어거스틴 교육사상 텍스트> 서울: 아침동산, 2011.
루터, <크리스챤의 자유> 서울: 좋은땅, 2013.
어거스틴, <신망애 편람> 서울: Essay, 2014.
어거스틴, <삼위일체론> 서울: Essay, 2015.
어거스틴, <신국론> 서울: 아우룸, 2017 (전자책), 2017/18 (종이책).